LAS LEYES DE MANÚ

MANAVA - DHARMA - SASTRA

Instituciones Religiosas y Civiles De La India

Traducción al castellano de la versión francesa
con prólogo, índice analítico, y notas
de
JUAN BAUTISTA BERGUA

Colección **La Crítica Literaria**
www.LaCriticaLiteraria.com

Copyright del texto: ©2010 J. Bergua
Ediciones Ibéricas - Clásicos Bergua - Librería-Editorial Bergua
Madrid (España)

Copyright de esta edición: ©2010 LaCriticaLiteraria.com
Colección La Crítica Literaria
www.LaCriticaLiteraria.com
ISBN: 978-84-7083-146-1

Ediciones Ibéricas - LaCriticaLiteraria.com
Calle Ferraz, 26
28008 Madrid
www.EdicionesIbericas.es
www.LaCriticaLiteraria.com

Impreso por LSI

Todos los derechos reservados. Esta publicación no puede ser reproducida, ni en su totalidad ni en parte, ni ser registrada en, o transmitida por, un sistema de recuperación de información, en ninguna forma ni por ningún medio, sea mecánico, fotoquímico, electrónico, magnético, electroóptico, por fotocopia, o cualquier otro, sin el permiso previo por escrito de la editorial.

Cualquier forma de reproducción, distribución, comunicación pública o transformación de esta obra solo puede ser realizada con la autorización de sus titulares, salvo excepción prevista por la ley. Diríjase a CEDRO (Centro Español de Derechos Reprográficos - www.cedro.org) para más información.

All rights reserved. No part if this book may be reproduced or transmitted in any form, by any means (digital, electronic, recording, photocopying or otherwise) without the prior permission of the publisher.

CONTENIDOS

EL CRÍTICO - Juan Bautista Bergua 5
PRÓLOGO 7
    Autor 7
    Contenido y forma de Las Leyes De Manú 8
    Antigüedad de Las Leyes De Manú 9
    Comentaristas y traductores del Manú 10

LAS LEYES DE MANÚ 13

LIBRO PRIMERO: Creación 15
LIBRO SEGUNDO: Sacramentos: Noviciado 23
LIBRO TERCERO: Matrimonio: Deberes del jefe de la familia 41
LIBRO CUARTO: Medios de subsistencia: Preceptos 63
LIBRO QUINTO: Reglas de abstinencia y de purificación 83
LIBRO SEXTO: Deberes del anacoreta y del ascético 97
LIBRO SEPTIMO: Conducta que deben observar los reyes y la clase militar 105
LIBRO OCTAVO: Oficio de los jueces. Leyes civiles y militares. 121
LIBRO NOVENO: Leyes civiles y criminales.
    Deberes de la clase comerciante y de la clase servil. 151
LIBRO DÉCIMO: Clases mezcladas. Epocas de miseria. 175
LIBRO UNDÉCIMO: Penitencias y expiaciones 185
LIBRO DUODÉCIMO: Transmigración de las almas. 205
NOTA GENERAL 215
NOTAS 217
ÍNDICE ANALÍTICO 235
LA CRÍTICA LITERARIA 237

EL CRÍTICO - JUAN BAUTISTA BERGUA

Juan Bautista Bergua nació en España en 1892. Ya desde joven sobresalió por su capacidad para el estudio y su determinación para el trabajo. A los 16 años empezó la universidad y obtuvo el título de abogado en tan sólo dos años. Fascinado por los idiomas, en especial los clásicos, latín y griego, llegó a convertirse en un célebre crítico literario, traductor de una gran colección de obras de la literatura clásica y en un especialista en filosofía y religiones del mundo. A lo largo de su extraordinaria vida tradujo por primera vez al español las más importantes obras de la antigüedad, además de ser autor de numerosos títulos propios.

Su librería, la editorial y la "Generación del 27"

Juan B. Bergua fundó la Librería-Editorial Bergua en 1927, luego Ediciones Ibéricas y Clásicos Bergua. Quiso que la lectura de España dejara de ser una afición elitista. Publicó títulos importantes a precios asequibles a todos, entre otros, los diálogos de Platón, las obras de Darwin, Sócrates, Pitágoras, Séneca, Descartes, Voltaire, Erasmo de Rotterdam, Nietzsche, Kant y las poemas épicos de La Ilíada, La Odisea y La Eneida. Se atrevió con colecciones de las grandes obras eróticas, filosóficas, políticas, y la literatura y poesía castellana. Su librería fue un epicentro cultural para los aficionados a literatura, y sus compañeros fueron conocidos autores y poetas como Valle-Inclán, Machado y los de la Generación del 27.

El Partido Comunista Libre Español y las amenazas de la izquierda

Poco antes de la Guerra Civil Española, en los años 30, Juan B. Bergua publicó varios títulos sobre el comunismo. El éxito, mucho mayor de lo esperado, le llevó a fundar el Partido Comunista Libre Español que llegaría a tener mas de 12.000 afiliados, superando en número al Partido Comunista prosoviético oficial existente. Su carrera política no duró mucho después que estos últimos le amenazaran de muerte viéndose obligado a esconderse en Getafe.

La Censura, quema de libros y sentencia de muerte de la derecha

Juan B. Bergua ofreció a la sociedad española la oportunidad de conocer otras culturas, la literatura universal y las religiones del mundo, algo peligrosamente progresivo durante la dictadura de Franco, época reacia a cualquier ideología en desacuerdo con la iglesia católica.

En el 1936 el ejército nacionalista de General Franco llegó hasta Getafe, donde Bergua tenía los almacenes de la editorial. Fue capturado, encarcelado y sentenciado a muerte por los Falangistas, la extrema derecha.

LaCriticaLiteraria.com

Mientras estuvo en la cárcel temiendo su fusilamiento, los falangistas quemaron miles de libros de sus almacenes por encontrarlos contradictorios a la Censura, todas las existencias de las colecciones de la Historia de Las Religiones y la Mitología Universal, los libros sagrados de los muertos de los Egipcios y Tibetanos, las traducciones de El Corán, El Avesta de Zoroastrismo, Los Vedas (hinduismo), las enseñanzas de Confucio y El Mito de Jesús de Georg Brandes, entre otros.

Aparte de los libros religiosos y políticos, los falangistas quemaron otras colecciones como Los Grandes Hitos Del Pensamiento. Ardieron 40.000 ejemplares de La Crítica de la Razón Pura de Kant, y miles de libros más de la filosofía y la literatura clásica universal. La pérdida de su negocio fue un golpe tremendo, el fin de tantos esfuerzos y el sustento para él y su familia…fue una gran pérdida también para el pueblo español.

PROTEGIDO POR GENERAL MOLA Y EXILIADO A FRANCIA

Cuando General Emilio Mola, jefe del Ejército del Norte nacionalista y gran amigo de Bergua, recibe el telegrama de su detención en Getafe intercede inmediatamente para evitar su fusilamiento. Le fue alternando en cárceles según el peligro en cada momento. No hay que olvidar que durante la guerra civil, los falangistas iban a buscar a los "rojos peligrosos" a las cárceles, o a sus casas, y los llevaban en camiones a las afueras de las ciudades para fusilarlos.

¿El General y "El Rojo"? Su amistad venia de cuando Mola había sido Director General de Seguridad antes de la guerra civil. En 1931, tras la proclamación de la Segunda República, Mola se refugió durante casi tres meses en casa de Bergua y para solventar sus dificultades económicas Bergua publicó sus memorias. Mola fue encarcelado, pero en 1934 regresó al ejército nacionalista y en 1936 encabezó el golpe de estado contra la República que dio origen a la Guerra Civil Española. Mola fue nombrado jefe del Ejército del Norte de España, mientras Franco controlaba el Sur.

Tras la muerte de Mola en 1937, su coronel ayudante dio a Bergua un salvoconducto con el que pudo escapar a Francia. Allí siguió traduciendo y escribiendo sus libros y comentarios. En 1959, después de 22 años de exilio, el escritor regresó a España y a sus 65 años comenzó a publicar de nuevo hasta su fallecimiento en 1991. Juan Bautista Bergua llegó a su fin casi centenario.

Escritor, traductor y maestro de la literatura clásica, todas sus traducciones están acompañadas de extensas y exhaustivas anotaciones referentes a la obra original. Gracias a su dedicado esfuerzo y su cuidado en los detalles, nos sumerge con su prosa clara y su perspicaz sentido del humor en las grandes obras de la literatura universal con prólogos y notas fundamentales para su entendimiento y disfrute.

Cultura unde abiit, libertas nunquam redit.
Donde no hay cultura, la libertad no existe.

El Editor

PRÓLOGO

Las palabras MANAVA-DHARMA-SASTRA significan literalmente: EL LIBRO DE LAS LEYES DE MANÚ. Voy, pues, aprovechando las pocas noticias concretas que se han podido reunir sobre el particular, a hacer unas breves consideraciones sobre este Manú, autor de las famosas leyes; sobre el contenido y forma de las mismas, sobre su antigüedad y sobre sus comentadores y traductores.

Autor

Manú es el nombre de cada uno de los catorce personajes heróicos de la India, cada uno de los cuales es jefe y principio de un espacio de tiempo, al cabo del cual experimenta el mundo una destrucción momentánea. Hasta ahora han venido al mundo siete, el primero de los cuales, padre del género humano, escribió estas extraordinarias leyes, que un pez inteligente salvó del diluvio en un arca que condujo a través de los inundados abismos. Este primero y más poderoso de los Manúes procedía, según el propio libro primero de estas leyes, en línea directa e inmediata del mismísimo Dios universal, principio y esencia de todas las cosas. En efecto, habiendo el soberano Maestro dividido su cuerpo en dos partes, se transformó mitad en macho, mitad en hembra, y uniéndose a esta parte hembra engendró a Viradj. Entonces Viradj, hijo del Ser Supremo, produjo de él mismo, entregándose a una devoción austera, a Manú (nieto, por consiguiente, del Dios Soberano), creador, a su vez, de todo el Universo, y quien, deseando dar nacimiento al género humano, produjo, después de haberse entregado a las más penosas austeridades, a diez Santos eminentes, señores de las criaturas, que a su vez engendraron a otros siete Manúes, a los dioses menores, a toda una caterva de semidioses y, finalmente, a la Naturaleza entera. He aquí por qué al primer Manú se le apellida Swayambhuova, es decir, salido del ser que existe por sí mismo. Y he aquí por qué también, al atribuirle a él este famoso Libro de las Leyes, se añade que le fue revelado por el mismo Brahama.

Pero la leyenda no se detiene aquí: la leyenda asegura que Manú, a su vez, dio a conocer su Libro a Kishi Bhrigú. Constaba entonces la totalidad de estas Leyes sabias de cien mil slokas o dísticos, dispuestos bajo veinticuatro rúbricas en mil capítulos. Pero Narada, el sabio entre los dioses, las abrevió con objeto de que pudiera usarlas el género humano, dejándolas reducidas a doce mil versos, es decir, a seis mil slokas, e hizo conocer su reducción a Sumati, hijo de Bhrigú, el cual, para mejor facilitar aún la tarea del género humano en cuanto a la comprensión y aplicación de tan portentosas Leyes, hizo de ellas una nueva reducción, concretando su extracto en cuatro mil slokas, o sea a ocho mil versos. Así, pues, los mortales no leen sino este segundo resumen hecho por Sumati, quedando reducido el estudio del código primitivo a los dioses del cielo inferior y a los músicos celestiales, código que, por cierto, empieza en el quinto verso un poco modificado de la obra que existe actualmente en la Tierra.

En cuanto al compendio de Narada, todo lo que queda de él se reduce a un breve epítome de un noveno título original sobre la administración de justicia.

Ahora bien: no constando las Leyes de Manú tal cual han llegado a nosotros, sino de dos mil seiscientas ochenta y cinco dísticos (5.370 versos), es evidente que no puede ser la obra atribuida a Sumati, debiendo ser esta obra probablemente la que se designa con el nombre de Vriddha-Manava, o antiguo código de Manú, que no se encuentra ya sino fragmentada o pasajes de contenido que por tradición se citan en el código actual.

Y si de la leyenda pasamos a la realidad, lo probable es que de ser dicho código obra de un antiguo legislador, éste se llamaría Manú, habiendo sido con el tiempo divinizado y confundido con uno de los santos personajes que, según creencia de los hindúes, rigen el mundo.

Contenido y forma de Las Leyes De Manú

Conservado en un principio de edad en edad por medio de la tradición oral, debió llegar un momento en que alguno de los doctos y versados en su doctrina, (tal vez un cuerpo de ellos a instancias de algún príncipe), lo redactó en la forma que hoy ofrece: es decir, en versos; más propiamente aún, en pareados, en dísticos, que es lo que significa exactamente la palabra sánscrita "sloka" (estancia de dos versos), metro cuya invención se atribuye a Valmiki, sabio ermitaño que vivió, según se cree, quinientos años antes de nuestra era.

Pero he empleado varias veces la palabra "código" para designar esta recopilación de leyes, y, en verdad, hay que preguntar: ¿Son ciertamente las Leyes de Manú tal código en el sentido que se da a esta palabra de colección de reglas que determinan las relaciones de los hombres entre sí, es decir, de sus relaciones públicas y de las penas en que incurren por la comisión de faltas y delitos? Evidentemente, no. Su contenido es mucho más amplio, pues en sus doce libros no tan sólo se trata de lo que pudiéramos llamar Derecho público, sino del privado. Más aún: saliendo de la esfera del Derecho entra en la de la Moral y salta de lleno en la religiosa. Es decir, que su contenido abarca cuanto a la conducta, no sólo civil, sino moral y religiosa del hombre, respecta. Así vemos, en efecto, que, además de las materias de que se ocupa ordinariamente un código, se hallan reunidas en las Leyes de Manú cosas tan complejas y diversas como un sistema cosmogónico, ideas metafísicas, preceptos morales, a modo de normas, a que el hombre debe ayustar su vida en los diversos períodos de su existencia; numerosas reglas relativas a los deberes religiosos, a las ceremonias del culto, a las prácticas piadosas y a las expiaciones; otras de purificación y de abstinencia, y máximas morales, y nociones de política, y de arte militar, y de comercio; en fin, hasta una exposición de las penas y recompensas después de la muerte, así como de las diversas transmigraciones del alma y medios de alcanzar la beatitud.

Es decir, que las Leyes de Manú, como el Chu-King, el Corán y demás libros fundamentales que recogen, por decirlo así, la esencia de un pueblo y de su civilización, es, por ello mismo, un amasijo de reglas y preceptos para lo divino y lo humano, tan prolijamente desordenados, que hace falta una verdadera y especial sabiduría (la de sus doctores y comentadores), no sólo para aclararlos, desentrañarlos y aplicarlos, sino para descifrar, ordenar y explicar asimismo toda la maraña de leyendas, primorosas en su mayor parte, que han brotado al feliz consorcio de la poesía con la religión.

Y he aquí por qué, para que el curioso lector pueda bucear en este caos de preceptos, reglas y consejos de todas clases, he hecho el índice analítico que va al final del volumen.

Antigüedad de Las Leyes De Manú

Para deducir la época en que pudieron ser redactadas estas leyes no hay más remedio que acudir a conjeturas y suposiciones, pues la fecha verdadera, o aproximada, cuando menos, nos es tan desconocida como los datos ciertos referentes a su autor. William Jones trató de situar la redacción de los textos que se conservan bien hacia el año 1280, bien en el 880, antes de nuestra era; pero apoyándose en tan débiles razones, que hay que desechar sus hipótesis. Lo mejor es, pues, para tratar de hacer luz sobre este importantísimo punto[1], acudir, como hizo Loiseleur, a las que ofrece el código mismo. "Los dogmas religiosos, en efecto—dice el citado comentarista—, presentan en él toda la simplicidad antigua: un Dios único, eterno, infinito, principio y esencia del mundo; Bradhma o Paramatma (la gran Alma); bajo el nombre de Brahama, rige el Universo del que es, alternativamente, creador y destructor." No se ve huella alguna en el código de Manú de esa tríada o trinidad (Trimurtí) tan famosa en los sistemas antológicos, sin duda posteriores. Vichnú y Siva, a quienes las colecciones de leyendas llamadas Puranas presentan como dos divinidades iguales, y aun superiores a Brahama, no están nombradas sino una sola vez de pasada, y no representan ningún papel, ni siquiera secundario, en el sistema de creación y en el del mundo expuesto por el legislador. Las nueve encarnaciones de Vichnú no están allí mencionadas, y todos los dioses nombrados en las Leyes de Manú no son sino personificaciones del cielo, de los astros, de los elementos y de otros objetos tomados de la Naturaleza. Este

---

[1] Tanto más importante cuanto que estando contenidas en esencia y muchas veces a la letra en las leyes de Manú las doctrinas atribuídas muchos siglos después al Cristo, la demostración absolutamente cierta y evidente de su prioridad incontestable daría un manotazo de muerte a esta sociedad de seguros espirituales que tan crecidas primas corporales cobra y cuyo centro está en Roma. Claro que se apresurarían a echar mano, como acostumbran cada vez que su negocio se tambalea, a toda clase de embaucaciones, falsedades y hasta milagros, pues no hay agudeza comparable a la del comerciante que trata de valorar su desprestigiada mercancía.

sistema mitológico parece tener las más estrechas relaciones con el de los Vedas, cuya antigüedad es incontestable; es, por lo demás, una obra eminentemente ortodoxa; en ella está invocada sin cesar la autoridad de los Vedas, y el legislador de Vrihaspati ha dicho: "Manú ocupa el primer lugar entre los legisladores porque ha expresado en su código el eterno sentido del Veda; ningún código está aprobado cuando contradice el sentido de una ley promulgada por Manú." Esta simplicidad de los dogmas religiosos es quizá una de las pruebas más evidentes que se pueden alegar en favor de la antigüedad del código de Manú.

Es decir, que, en definitiva, abogan por la antigüedad del Manava-Dharma-Sastra las siguientes razones:

1. La simplicidad evidente de sus dogmas religiosos.
2. La falla de otros de cuya posterioridad se tiene pruebas fehacientes.
3. Su estrecha relación con los Vedas, cuya remota antigüedad está ya fuera de toda duda.
4. El no hacerse referencia en él a personaje alguno posterior al siglo XII antes de nuestra era, ni mención, desde luego, de Buda, a pesar de su enorme consideración, lo que prueba de modo vivísimo e irrefutable que el Manú es anterior a este personaje, que ya vivía mil años antes de Jesucristo.

Es decir, que, con visos de la más probable verosimilitud, podemos remontar la antigüedad del código de Manú — de acuerdo con Chezy — al siglo XIII antes de nuestra era.

Comentaristas y traductores del Manú

Tal vez el más importante de los comentaristas del Manava-Dharma-Sastra sea Kuluka-Bahtta, que ha explicado la parte metafísica de la cosmogonía por que empieza el código de Manú, siguiendo ideas tomadas del sistema filosófico Sankya. Son también dignos de ser citados los siguientes escoliastas: el sutilísimo Medhatithi, hijo de Biraswami-Bhatta; Govindaradja y Dharanidhara. Mas, sin disputa, el mejor es el citado Kuluka-Bhatta, de quien dice William Jones: "Su comentario es quizá el más precioso, el más luminoso, el menos fastuoso, el más sabio, el más profundo y aun el más agradable que se haya compuesto sobre cualquier autor europeo o asiático." Pero ninguna noticia concreta se tiene sobre él, a no ser la que él mismo da, asegurando que pertenecía a una familia honorable del distrito de Gaur, en Bengala, pero que había fijado su residencia entre los sabios en las orillas del Ganges, en Kasi (Benares).

En cuanto a los traductores del Manú, tal vez no haya otro de méritos superiores a los de William Jones, de quien, haciendo estricta justicia, ha podido decir Schlegel: "La traducción de Jones es, en general, de una gran exactitud; a veces cae en la paráfrasis; pero esto era casi inevitable si se atiende a la brevedad de las estancias del original. Es, sobre todo, admirable el colorido de su estilo, que respira al mismo tiempo la majestad legislativa y no sé qué simplicidad santa y patriarcal. Nos transporta como por encanto, en una palabra, a los siglos, las costumbres y la esfera de ideas que concurrieron a poner en vigor estas leyes religiosas y sociales, las cuales, a su vez, han dominado a una gran nación durante miles de años."

LAS LEYES DE MANÚ

MANAVA - DHARMA - SASTRA

LIBRO PRIMERO:

Creación

1. Estaba sentado Manú, con el pensamiento dirigido hacia un solo objeto, cuando los Maharshis[1] se le acercaron y después de saludarle con respeto, le dirigieron estas palabras:

2. "Señor, dígnate declararnos, con exactitud y por orden, las leyes concernientes a las clases primitivas[2] y a las clases nacidas de sus mezclas.

3. Tú solo, oh Maestro, conoces los actos, el principio y el verdadero sentido de la regla universal, existente por sí misma e inconcebible, cuya extensión no puede apreciar la razón humana, y que es el Veda[3]."

4. Así interrogado aquel cuyo poder es inmenso, después de haber saludado a los Maharshis, les dijo: "Escuchad:

5. "Este mundo estaba sumergido en la oscuridad, imperceptible, desprovisto de todo atributo, de todo distintivo; sin poder ser descubierto por el raciocinio, ni ser revelado; parecía entregado enteramente al sueño.

6. "Cuando el término de la disolución hubo concluido, entonces el señor existente por sí mismo y que no está al alcance de los sentidos externos, haciendo perceptible este mundo con los cinco elementos y los otros principios, resplandecientes del más puro brillo, apareció y disipó la oscuridad, es decir, desarrolló la naturaleza.

7. "Entonces aquel que sólo el espíritu puede percibir, que escapa a los órganos de los sentidos, que no tiene partes visibles, eterno, alma de todos los seres y a quien nadie puede comprender, desplegó su propio esplendor.

8. "Y habiendo resuelto, en su mente, hacer emanar de su sustancia las diversas criaturas, produjo primero las aguas y depositó en ellas un germen.

9. "Este germen se tornó en un huevo brillante como el oro, tan esplendoroso como el astro de mil rayos y en el cual el mismo ser supremo nació bajo la forma de Brahama[4], el abuelo de todos los seres.

10. "Las aguas han sido llamadas naras por ser obra de Nara (el Espíritu divino), y habiendo sido estas aguas el primer lugar del movimiento (ayana) de Nara, ha sido llamado en consecuencia Narayana (aquel que se mueve sobre las aguas).

11. "Por lo que existe, por la causa imperceptible, eterna, que existe realmente y no existe para los órganos, ha sido producido este divino macho, célebre en el mundo bajo el nombre de Brahama.

12. "Después de haber permanecido en este huevo un año de Brahama[5], el señor, por obra de su pensamiento únicamente, separó este huevo en dos partes.

13. "Y de estas dos partes formó el cielo y la tierra; en el medio colocó la atmósfera, las ocho regiones celestes y el depósito permanente de las aguas.

14. "Expresó del Alma suprema el sentimiento que existe por su naturaleza y no existe para los sentidos; y antes de la producción del sentimiento el Ahankara[6]

monitor y soberano maestro,

15. "Y antes del sentimiento y la conciencia, produjo el gran principio intelectual[7], y todo lo que recibe las tres cualidades[8], y los cinco órganos de la inteligencia destinados a percibir los objetos exteriores y los cinco órganos de la acción[9] y los rudimentos (Tanmatras)[10] de los cinco elementos.

16. "Habiendo unido moléculas imperceptibles de estos seis principios dotados de una gran energía, a saber, los rudimentos sutiles de los cinco elementos y la conciencia, o partículas de estos mismos principios, transformados y tornados en los elementos y los sentidos, formó entonces todos los seres.

17. "Y porque las seis moléculas imperceptibles emanadas de la sustancia de este ser supremo, a saber, los rudimentos sutiles de los cinco elementos y la conciencia para tomar una forma se juntan a estos elementos y a estos órganos de los sentidos; a causa de esto los sabios han designado la forma visible de este Dios bajo el nombre de Sarira (el que recibe las seis moléculas).

18. "Los elementos penetraron allí con funciones propias, así como el sentimiento, fuente inagotable de los seres, con atributos infinitamente sutiles.

19. "Por medio de partículas sutiles dotadas de forma y de estos siete principios dotados de una gran energía, la inteligencia, la conciencia y los rudimentos, sutiles de los cinco elementos, ha sido formado este perecedero universo, emanación de la imperecedera fuente.

20. "Cada uno de estos elementos adquiere la cualidad del que le precede, de suerte que, mientras más alejado está un elemento en la serie, mayores calidades posee.

21. "El ser supremo asignó también desde el principio, a cada criatura en particular, un nombre, actos y una manera de vivir, según las palabras del Veda.

22. "El soberano Maestro produjo una multitud de Dioses esencialmente activos, dotados de un alma, y un tropel invisible de Genios.

23. "Del fuego, del aire y del sol extrajo para la celebración del sacrificio los tres Vedas eternos llamados Rich, Tadyur y Sama.

24. "Creó los tiempos y las divisiones de los tiempos, las constelaciones, los planetas, los ríos, los mares, las montañas, las llanuras, los terrenos desiguales.

25. "La devoción austera, la palabra, la voluptuosidad, el deseo, la cólera y esta creación, pues quería dar la existencia a todos los seres.

26. "Para establecer diferencia entre las acciones, distinguió lo justo de lo injusto y sometió a esas criaturas sensibles al placer y al dolor y a las otras condiciones opuestas[11].

27. "Con partículas (matras) tenues de los cinco elementos sutiles, y que son perecederos en el estado de elementos groseros, ha sido formado sucesivamente todo lo que existe.

28. "Cuando el soberano Maestro ha destinado desde luego a tal o cual ser animado a cualquiera ocupación, este ser la desempeña por sí mismo todas las veces que vuelve al mundo.

29. "Cualquiera que sea la cualidad que le ha tocado en suerte en el momento de

la creación, maldad o bondad, dulzura o rudeza, virtud o vicio, veracidad o falsedad, esta cualidad le viene a buscar espontáneamente en los nacimientos que siguen.

30. "Del mismo modo que las estaciones en su vuelta periódica readquieren, naturalmente, sus atributos especiales, así también las criaturas animadas desempeñan de nuevo las ocupaciones que les son propias.

31. "Mientras tanto, para la propagación de la raza humana produjo de su boca, de su brazo, de su muslo y de su pie el Bracmán, al Chatrya, al Vaisya y al Sudra.

32. "Habiendo dividido su cuerpo en dos partes, el soberano Maestro se volvió mitad macho y mitad hembra y, uniéndose a esta parte hembra, engendró a Viradj.

33. "Sabed, nobles Bracmanes, que aquel a quien el divino macho llamado Viradj ha producido de sí mismo, entregándose a una austera devoción, soy yo, Manú, el creador de todo este universo.

34. "Soy yo quien, deseando dar nacimiento al género humano, después de haber practicado las austeridades más penosas, he producido primero diez santos eminentes, señores de las criaturas, a saber:

35. "Marichi, Atri, Angiras, Pulastya, Pulaha, Kratu, Prachetas o Daksha, Vasishtha, Brigú y Narada.

36. "Estos seres todopoderosos crearon otros siete Manúes, los Dioses (Devas)[12], y sus moradas y dos Maharshis dotados de inmenso poder.

37. "Crearon a los Gnomos (Yakshas)[13], los Gigantes (Rakshasas)[14], los Vampiros (Pisatchas), los músicos celestes (Gandhaharbas)[15], las Ninfas (Apsarasas)[16], los Titanes (Asuras)[17], los Dragones (Nagas)[18], los serpientes (Sarpas)[19], los Pájaros (suparnas)[20] y las diversas tribus de Antepasados divinos (Pitris)[21].

38. "Los relámpagos, los rayos, las nubes, los arcos coloreados de Indra, los meteoros, las trombas, los cometas y las estrellas de diversas magnitudes.

39. "Los Kinaras[22], los monos, los peces, las diferentes especies de aves, el ganado, los animales salvajes, los hombres, los animales carniceros provistos de doble fila de dientes,

40. "Los gusanillos de tierra, los gusanos, las langostas, los piojos, las moscas, las chinches y toda clase de mosquitos que pican; en fin, los diferentes cuerpos privados de movimiento.

41. "Así fue como, por orden mía, estos magnánimos sabios crearon, por el poder de sus austeridades, todo este conjunto de seres móviles e inmóviles, regulándose por sus actos.

42. "Voy ahora a declararos qué actos particulares han sido asignados aquí abajo a cada uno de estos seres y de qué manera vienen al mundo.

43. "Los ganados, las bestias salvajes, los animales carniceros provistos de doble fila de dientes, los gigantes, los vampiros y los hombres, nacen de una matriz.

44. "Los pájaros salen de un huevo, lo mismo que las serpientes, los cocodrilos, los peces, las tortugas y otra clase de animales, ya sea terrestres, como el lagarto, ya sea acuáticos, como el pez de concha.

45. "Los mosquitos que pican, los piojos, las moscas, las chinches, nacen del

vapor caliente; son producidos por el calor, lo mismo que todo lo que se les asemeja, como la abeja, la hormiga.

46. "Todos los cuerpos privados de movimiento y que brotan, ya sea de un grano, ya de una rama puesta en la tierra, nacen del desarrollo de un botón: las hierbas producen una gran cantidad de flores y de frutas y perecen cuando los frutos han llegado a su madurez.

47. "Los vegetales llamados reyes de los bosques no tienen flores y dan frutos; y ya sea que den también flores o solamente frutos, reciben el nombre de árboles bajo ambas formas.

48. "Hay diferentes clases de arbustos que crecen, ya sea en matorral, ya en espesura; además, diversas especies de césped, de plantas rampantes y trepadoras. Todos estos vegetales brotan de una semilla o de una rama.

49. "Rodeados de la cualidad de sombra, manifestada bajo una multitud de formas, a causa de sus acciones precedentes, estos seres, dotados de una conciencia interior, sienten el placer y la pena.

50. "Tales han sido declaradas, desde Brahama hasta los vegetales, las transmigraciones23 que ocurren en este mundo espantoso, que se destruye sin cesar.

51. "Después de haber así creado a este universo y a mí, aquel cuyo poder es incomprensible desapareció de nuevo, absorbido en el alma suprema, reemplazando el tiempo de la creación por el tiempo de la disolución (Pralaya).

52. "Cuando este Dios se despierta, en seguida este universo cumple sus actos; cuando se duerme, sumido su espíritu en un profundo reposo, el mundo entonces se disuelve.

53. "Pues durante su apacible sueño los seres animados, dotados de los principios de la acción, dejan sus funciones, y el sentimiento cae en la inercia, así como los otros sentidos.

54. "Y cuando se han disuelto al mismo tiempo en el Alma suprema, esta alma de todos los seres duerme tranquilamente en la quietud más perfecta.

55. "Después de haberse retirado a la oscuridad primitiva, permanece allí largo tiempo con los órganos de los sentidos como apagados, no desempeña sus funciones y se despoja de su forma.

56. "Cuando, reuniendo de nuevo principios elementales sutiles, se introduce en una semilla vegetal o animal, se reviste de una forma nueva.

57. "Así es como, por un despertar y un reposo alternativos, el ser inmutable hace revivir o morir eternamente a todo este conjunto de criaturas móviles e inmóviles.

58. "Después de haber compuesto él mismo desde el principio este libro de la ley, me lo hizo aprender de memoria y yo lo enseñé a Marichi y los otros sabios.

59. "Brigú, aquí presente, os dará a conocer plenamente el contenido de este libro; pues este Muni lo ha aprendido entero por conducto mío."

60. "Entonces el Maharshi Brigú, así interpretado por Manú, dijo con benevolencia a todos estos Rishis. "Escuchad:

61. "De este Manú Swayambthuva (salido del ser existente por sí mismo)

descienden seis otros Manúes, que dieron, cada uno, nacimiento a una raza de criaturas; estos Manúes, dotados de un alma noble y de una energía superior, eran:

62. "Swarochisha, Otomi, Tamasa, Raivata, el glorioso Eshakshusha y el hijo de Vivaswat[24].

63. "Estos siete Manús todopoderosos, de los cuales Swayambthuva es el primero, durante su respectivo periodo (Autara), han producido y dirigido cada uno este mundo compuesto de seres móviles y de seres inmóviles.

64. "Diez y ocho nimechas (parpadeos) hacen una kashtha. Treinta kaschos, una kala, treinta kalas, una muhurta; otros tantos muhurtas componen un día y una noche.

65. "El sol establece la división del día y de la noche para los hombres y para los Dioses; la noche es para el sueño de los seres y el día para el trabajo.

66. "Un mes de los mortales es un día y una noche de los Pitris[25], se divide en dos quincenas: la quincena negra, para los Manes, el día destinado a las acciones; y la quincena blanca, la noche, consagrada al sueño.

67. "Un año de los mortales es un día y una noche de los Dioses; y he aquí cómo está dividido: el día responde al curso septentrional del sol y la noche a su curso meridional.

68. "Ahora aprended por orden y sucintamente cuál es la duración de una noche y de un día de Brahama, y de cada una de las cuatro edades (sugas)[26].

69. "Cuatro mil años divinos[27] componen, al decir de los sabios, el Krita-Juga; el crepúsculo que precede tiene otros tantos centenares de años; el crepúsculo que sigue es semejante.

70. "En las tres otras edades, igualmente precedidas y seguidas de un crepúsculo, los millares y los centenares de años están disminuidos sucesivamente de una unidad[28].

71. "Computadas juntas estas cuatro edades que acaban de ser enumeradas, la suma de sus años, que es de doce mil[29], está llamada la edad de los Dioses.

72. "Sabed que la reunión de mil edades divinas[30] compone en total un día de Brahama, y que la noche tiene igual duración.

73. "Los que saben que el santo día de Brahama no concluye sino con mil edades, y que la noche abraza semejante espacio de tiempo, conocen verdaderamente el día y la noche.

74. "Al expirar aquella noche, Brahama, que estaba dormido, se despierta; y, despertándose, hace emanar el espíritu divino (Manes), quien por su esencia existe, y no existe para los sentidos exteriores.

75. "Impulsado por el deseo de crear, probado por el Alma suprema, el espíritu divino o el principio intelectual opera la creación y da nacimiento al éter, que los sabios consideran dotado de la cualidad del sonido.

76. "Del éter, operándose una transformación, nace el aire, vehículo de todos los olores, puro y lleno de fuerza, cuya propiedad reconocida es la tangibilidad.

77. "Por una metamorfosis del aire prodúcese la luz que alumbra, disipa la oscuridad y brilla, y está declarado que tiene por cualidad la forma aparente.

78. "De la luz, por una transformación, nace el agua, que tiene por cualidad el sabor; del agua proviene la tierra, cuya cualidad es el olor: tal es la creación operada desde el principio.

79. "Esta edad de los dioses, arriba enunciada, y que abraza doce mil años divinos, repetida setenta y una veces, es lo que se llama aquí el período de un Manú (Manwantara).

80. "Los períodos de los Manúes son innumerables, así como las creaciones y las destrucciones del mundo, y el ser supremo los renueva como jugando.

81. "En el Krita-Juga, la justicia, bajo la forma de toro, se mantiene firme sobre sus cuatro pies; la Verdad reina y ningún bien obtenido por los mortales deriva de la iniquidad.

82. "Pero en las otras edades, por la adquisición ilícita de las riquezas y de la ciencia, la justicia pierde sucesivamente un pie; y reemplazadas por el robo, la falsedad y el fraude, las ventajas honestas disminuyen gradualmente de una cuarta parte.

83. "Los hombres, exentos de enfermedades, obtienen el cumplimiento de todos sus deseos y viven cuatrocientos años durante la primera edad; en el Tretayuga y las edades siguientes su existencia pierde una cuarta parte de su duración.

84. "La vida de los mortales, declarada en el Veda, las recompensas de las acciones y los poderes de los seres animados, llevan en este mundo frutos proporcionados a las edades.

85. "Ciertas virtudes son peculiares de la edad Krita, otras de la edad Treta, otras de la edad Dwapara, otras de la edad Kali, en proporción a la decrecencia de estas edades.

86. "La austeridad domina durante la primera edad, la ciencia divina durante la segunda, el cumplimiento del sacrificio durante la tercera; al decir de los sabios, sólo la liberalidad durante la cuarta edad.

87. "Para la conservación de esta creación entera, el ser soberanamente glorioso asignó ocupaciones diferentes a las que habrá producido de su boca, de su brazo, de su muslo y de su pie,

88. "Dio en lote a los Bracmanes el estudio y enseñanza de los Vedas, el cumplimiento del sacrificio, la dirección de los sacrificios ofrecidos por otros, el derecho de dar y el de recibir.

89. "Impuso como deber el Chatriya proteger al pueblo, hacer la caridad, sacrificar, leer los libros sagrados y no abandonarse a los placeres de los sentidos.

90. "Cuidar los ganados, dar limosna, sacrificar, estudiar los libros santos, hacer el comercio, prestar a rédito, labrar la tierra, son las funciones del Vaisya.

91. "Pero el soberano Dueño no asignó al Sudra sino un oficio: el de servir a las clases precedentes, sin menospreciar el mérito de ellas.

92. "Encima del ombligo, el cuerpo del hombre ha sido proclamado como más puro y la boca ha sido declarada como en parte más pura por el ser que existe por sí mismo.

93. "Por su origen, que él deriva del miembro más noble, porque ha nacido

primero, porque posee la Santa Escritura, el Bracmán es legítimamente el dueño de toda esta creación.

94. "En efecto; él fue a quien el ser existente por sí mismo, después de haberle entregado a las austeridades, produjo desde el principio de su propia boca, para el cumplimiento de las ofrendas a los dioses y a los Manes, para la conservación de todo lo que existe.

95. "Aquel por cuya boca los habitantes del paraíso comen sin cesar la mantequilla clarificada y los Manes la comida fúnebre; ¿qué otro ser tendría por superior?

96. "Entre todos los seres, los primeros son los seres animados; entre los seres animados, los que subsisten por medio de su inteligencia: los hombres son los primeros entre los seres inteligentes, y los Bracmanes entre los hombres.

97. "Entre los Bracmanes, los más distinguidos son los que poseen la ciencia sagrada; entre los sabios, los que conocen su deber; entre éstos, los hombres que lo cumplen con exactitud; entre estos últimos, aquellos a quienes el estudio de los libros santos conduce a la beatitud.

98. "El nacimiento del Bracmán es la encarnación eterna de la justicia; pues el Bracmán, nacido para la ejecución de la justicia, está destinado a identificarse con Brahama[31].

99. "El Bracmán, al venir al mundo, está colocado en primera línea sobre esta tierra; soberano señor de todos los seres, debe velar por la conservación del tesoro de leyes civiles y religiosas.

100. "Todo lo que el mundo encierra es en cierto modo la propiedad del Bracmán; por su primogenitura, por su nacimiento eminente, tiene derecho a todo lo que existe.

101: "El Bracmán no come sino su propio alimento, no lleva sino sus propios vestidos, no da sino su haber; se debe sólo a la generosidad del Bracmán el que los otros hombres gocen de los bienes de este mundo.

102. "Para distinguir las ocupaciones del Bracmán y las de las otras clases en el orden conveniente, el sabio Manú, que procede del ser existente por sí mismo, compuso este código de leyes.

103. "Este libro debe ser estudiado con perseverancia por todo Bracmán instruido y ser explicado por él a sus discípulos; pero jamás por otro hombre alguno de una clase inferior.

104. "Leyendo este libro, el Bracmán que cumple exactamente sus devociones no se mancha con ningún pecado en pensamiento, en palabra o en acción.

105. "Purifica a una asamblea, a siete de sus antepasados y siete de sus descendientes, y sólo él merece poseer toda esta tierra.

106. "Este excelente libro hace obtener toda cosa deseada; aumenta la inteligencia, procura gloria y una larga vida conduce a la beatitud suprema.

107. "Allí se encuentra completamente expuesta la ley, así como el bien y el mal de las acciones y las costumbres inmemoriales de las cuatro clases.

108. "La costumbre inmemorial es la principal ley aprobada por la Revelación

(Sruti) y la Tradición (Surviti)[82], en consecuencia, quien desea el bien de su alma debe conformarse siempre con perseverancia a la costumbre inmemorial.

109. "El Bracmán que se aparta de la costumbre no prueba el fruto de la Santa Escritura; pero si la observa exactamente, obtiene una cosecha completa.

110. "Así los Manúes, habiendo reconocido que la ley deriva de la costumbre inmemorial, han adoptado estas costumbres aprobadas por base de toda piadosa austeridad.

111. "El nacimiento del mundo, la regla de los sacramentos (Sanskaras), los deberes y la conducta de un alumno en teología (Brahmachari), la importante ceremonia del baño que toma el alumno antes de dejar a su maestro, cuando su noviciado ha concluido,

112. "La elección de esposa, los diversos modos de matrimonio, la manera de celebrar las cinco grandes oblaciones (Maha-Jadinas), y la celebración del servicio fúnebre (Sraddha)[33] instituido desde el principio;

113. "Los diferentes medios de sostener la vida, los deberes de un dueño de casa (Grihastha), los alimentos permitidos y los prohibidos, la purificación de los hombres y la de los utensilios empleados.

114. "Los reglamentos que conciernen a las mujeres, el deber austero de los Vanaprasthas o anacoretas, el de los Samyasis o devotos ascéticos y que conduce a la beatitud (Moksha), la renuncia al mundo, todos los deberes de un rey, la decisión de los asuntos judiciales.

115. "Los estatutos que conciernen el testimonio y la información, los deberes de la esposa y del marido, la ley del reparto de las herencias, las prohibiciones contra el juego, los castigos que infligir a los criminales.

116. "Los deberes de los Vaisjás y de los Sudras, el origen de las clases mezcladas, la regla de conducta de todas las clases en caso de miseria y los modos de expiación.

117. "Las tres clases de transmigraciones que son en este mundo el resultado de las acciones, la felicidad suprema reservada a las buenas obras, el examen del bien y del mal.

118. "Y, en fin, las leyes eternas de las diferentes comarcas, de las clases y de las familias y los usos de las diferentes sectas de heréticos y de las compañías de mercaderes, las ha declarado, en este libro, Manú.

119. "De igual modo que antaño, a ruego mío, Manú declaró el contenido de este libro, así vosotros aprendedlo hoy de mí, sin supresión ni aumento."

LIBRO SEGUNDO:

SACRAMENTOS: NOVICIADO

1. "Aprended cuáles son los deberes observados por los hombres virtuosos, sabios en el Veda, y tan inaccesibles al odio como al amor apasionado; deberes que están grabados en los corazones como los medios de alcanzar la beatitud.

2. "El amor a sí mismo no es digno de elogio; no obstante, nadie en este mundo está exento de él; en efecto, el estudio de la Santa Escritura tiene por motivo el amor a sí propio lo mismo que la práctica de los actos que prescriben los libros sagrados.

3. "De la esperanza de un provecho nace la diligencia; los sacrificios tienen por móvil la esperanza; está reconocido que las prácticas de devoción austera, la observancia piadosa, provienen de la esperanza de recompensa.

4. "No se ve jamás aquí abajo acto alguno realizado por un hombre a quien no mueva un interés; en efecto, haga lo que quiera, el interés es su solo motivo.

5. "Cumpliendo perfectamente los deberes prescritos, sin tener por móvil la espera de recompensa, el hombre alcanza la inmortalidad, y en este mundo goza del cumplimiento de todos los deseos que su espíritu ha podido concebir.

6. "La ley tiene por bases el Veda entero, las prescripciones y las prácticas morales de los que lo poseen, las costumbres inmemoriales de las gentes de bien, y en los casos sujetos a duda, la satisfacción interior.

7. "Cualquiera que sea el deber impuesto por Manú a tal o cual individuo, tal deber está completamente declarado en la Santa Escritura; pues Manú posee toda la ciencia divina.

8. "El sabio, después de haber examinado enteramente ese sistema completo de leyes con la mirada del saber piadoso, debe, reconociendo la autoridad de la Revelación, encerrarse en su deber.

9. "En verdad, el hombre que se conforme a las reglas prescritas por la Revelación (Sruti) y por la Tradición (Smiviti), adquiere gloria en este mundo y felicidad perfecta en el otro.

10. "Es preciso saber que la Revelación es el Libro santo (Veda) y la Tradición, el Código de Leyes (DharmaSastra); una y otra no deben ser discutidas en ningún punto, pues el sistema de los deberes procede enteramente de ellas.

11. "Todo hombre de las tres primeras clases que, abrazando las opiniones de los libros escépticos, desprecie estas dos bases fundamentales, debe ser excluido de la compañía de las gentes de bien como ateo y despreciador de los libros sagrados.

12. "El Veda, la Tradición, las buenas costumbres y el contento propio, están declarados por los sabios como las cuatro fuentes del sistema de deberes.

13. "El conocimiento del deber les basta a los que no están apegados a la riqueza ni a los placeres; y para los que tratan de conocer el deber con miras interesadas, la autoridad suprema es la Revelación divina.

14. "Pero cuando la Revelación presenta los preceptos, contradictorios en

apariencia, los dos están reconocidos como leyes, y ambas leyes han sido declaradas perfectamente válidas por los sabios.

15. "Por ejemplo, se dice en los Libros sagrados que el sacrificio debe celebrarse después de la salida del sol, antes de su salida, cuando no se ve el sol ni las estrellas; en consecuencia, el sacrificio puede tener lugar en uno u otro de estos momentos.

16. "A aquel para quien se celebran todas las ceremonias con las plegarias usuales desde la ceremonia de la concepción hasta la traslación al cementerio, se le debe reconocer el privilegio de leer este código; lo que ningún otro puede tener[34].

17. "Entre los dos ríos divinos de Sarawati[85] y de Drishadwati[36], se halla encerrado un espacio; esta comarca, digna de los Dioses, ha recibido el nombre de Brahmawarta.

18. "La costumbre perpetuada en este país, por la tradición inmemorial, entre las clases primitivas y las clases mezcladas, está declarada buena costumbre.

19. "Kurukshetra[37], Matsya, Panthala o Kanyakubja[88], Surasenaka o Mathurd[39], forman la comarca denominada Bramarshi, vecina a la de Brahmawata.

20. "De labios de un Bracmán, nacido eri este país, todos los hombres, sobre la tierra, deben aprender sus reglas de conducta especiales.

21. "La región situada entre los montes Himavat[40] y Vindya[41], al Este de Vinasana[42] y al Oeste de Prayag[43], es llamada Madhyadesa (país del medio).

22. "Desde el mar oriental hasta el mar occidental, el espacio comprendido entre estas dos montañas está designado por los sabios con el nombre de Aryavarta (mansión de los hombres honrados).

23. "Todo lugar en que se encuentra naturalmente la gacela negra, está reconocido como conveniente para el cumplimiento del sacrificio; no sucede lo mismo con el país de los Vlechhas.

24. "Los que pertenecen a las tres primeras clases deben tener sumo cuidado en establecerse en los lugares que acaban de ser designados; pero un Sudra, si tiene dificultad de procurarse sustento, puede habitar en cualquier sitio.

25. "El origen de la ley y la producción de este universo os han sido expuestos sumariamente; aprended ahora las leyes que conciernen a las clases.

26. "Con los ritos propicios ordenados por el Veda deben cumplirse los sacramentos que purifican el cuerpo de los Dwidjas, el de la concepción y los otros, que quitan toda impureza en este mundo y en el otro.

27. "Por ofrendas al fuego para la purificación del feto, por la ceremonia efectuada al nacer, por la de la tonsura y por la de la investidura del cordón sagrado, todas las manchas que el contacto de la simiente o de la matriz ha podido imprimir a los Dwidjas se borran enteramente.

28. "El estudio del Veda, las prácticas piadosas, las oblaciones al fuego, el acto de devoción del Traividya, las ofrendas a los Dioses y a los Manes durante el noviciado, la procreación de los hijos, las cinco grandes oblaciones y los sacrificios solemnes, preparan el cuerpo a la absorción en el ser divino.

29. "Antes del corte del cordón umbilical, está prescrita una ceremonia para el nacimiento del niño; debe hacérsele probar miel y mantequilla clarificada en una

cuchara de oro, recitando palabras sagradas.

30. "Que el padre cumpla, o si está ausente haga cumplir, la ceremonia de dar nombre al niño el décimo o duodécimo día después del nacimiento o en un día lunar propicio, en un momento favorable, bajo una estrella de feliz influencia.

31. "Que el nombre de un Bracmán, por la primera de las dos palabras de que se compone, exprese el favor propicio; el de un Chatria, la potencia; el de un Vaisya, la riqueza; el de un Sudra, la abyección.

32. "El nombre de un Bracmán por su segunda palabra debe indicar la felicidad; el de un guerrero, la protección; el de un mercader, la liberalidad; el de un Sudra, la dependencia.

33. "Que el de una mujer sea fácil de pronunciar, dulce, claro, agradable, propicio; que termine por vocales largas a se asemeje a palabras de bendición.

34. "Al cuarto mes es preciso hacer salir al niño de la casa en que ha nacido para hacerle ver el sol; al sexto mes darle a comer arroz o seguir el uso adoptado como mes favorable.

35. "La ceremonia de la tonsura[44] para todos los Dwidjas debe hacerse conforme a la ley, durante el primer o tercer año, según el mandamiento de la Santa Escritura.

36. "Que se haga la iniciación de un Bracmán en el octavo año a partir de la concepción; la de un Chatria en el undécimo; la de un Vaisya en el duodécimo.

37. "Para un Bracmán que aspire al brillo que da la ciencia divina, esta ceremonia puede realizarse en el quinto año; para un Chatria ambicioso, en el sexto; para un Vaisya deseoso de entregarse a los asuntos comerciales, en el octavo.

38. "Hasta el vigésimo sexto año, para un Bracmán; hasta el vigésimo segundo, para un Chatria; hasta el vigésimo cuarto, para un Vaisya, no ha pasado el tiempo de recibir la investidura sacrificada por la Savitri.

39. "Pero más allá de este término, los jóvenes de estas tres clases que no han recibido este sacramento en tiempo oportuno, indignos, de la iniciación, excomulgados (Vratyas), están expuestos al desprecio de las gentes de bien.

40. "Con estos hombres que no han sido purificados según las reglas prescritas, un Bracmán, aun en caso de miseria, no contrae jamás relación alguna por el estudio de la Escritura Santa, ni alianza de familia.

41. "Los estudiantes en teología (Brahmacharis) deben llevar como manto pieles de gacela negra, de ciervo y de macho cabrío; y como túnicas, tejidos de cáñamo, de lino y de lana, en el orden directo de clases[45].

42. "El cinturón de un Bracmán debe ser de mundja, compuesto de tres cuerdas iguales y dulce al tacto; el de un Chatria debe ser una cuerda de arco hecha de murva, el de un Vaisya de tres hilos de cáñamo.

43. "A falta de mundja y de las otras plantas, que los cinturones sean hechos, respectivamente, de husa, de asmantace y de valwadja, en tres cuerdas, con un solo nudo, o sea con tres o cinco, siguiendo los usos de la familia.

44. "Es necesario que el cordón sagrado que se lleva sobre la parte superior del cuerpo sea de algodón y con tres hilos para un Bracmán; que el de un Chatria sea de hilo de cáñamo; el de un Vaisya de lana hilada.

45. "Un Bracmán debe llevar, según la ley, un bastón de vilva o de palasa; el de un guerrero debe ser de vata o de khadira; el de un mercader, de filú o de udumhara.

46. "Que el bastón de un Bracmán sea de largo que alcance hasta sus cabellos, que el de un Chatria se eleve hasta su frente, el de un Vaisya a la altura de su nariz.

47. "Estos bastones deben ser todos derechos, intactos, agradables a la vista, sin tener nada que espante, revestidos de su corteza y no sometidos al fuego.

48. "Habiéndose provisto del bastón deseado, después de haberse colocado frente al sol y haber dado la vuelta al fuego caminando de izquierda a derecha, que el novicio vaya a mendigar su subsistencia, según la regla.

49. "El iniciado que pertenezca a la primera de las tres clases regeneradas, debe, al pedir limosna a una mujer, comenzar su demanda por la palabra "señora"; el discípulo que pertenezca a la clase militar debe colocar esta palabra al medio de la frase y el Vaisya al fin.

50. "Debe pedir primero su subsistencia a su madre, a su hermana o a la hermana de su madre, o a toda otra mujer que no lo pueda desairar.

51. "Después de haber recogido así su alimento en suficiente cantidad y haberla mostrado a su director (Guru) sin superchería, habiéndose purificado lavándose la boca, que tome su comida, con la mirada vuelta al Oriente.

52. "El que come mirando al Oriente prolonga su vida; mirando al Mediodía, adquiere la gloria; volviéndose al Occidente, alcanza la felicidad; dirigiéndose hacia el Norte, obtiene las recompensas de la verdad.

53. "El Dwidja, después de haber hecho su ablución, debe tomar siempre su alimento en perfecto recogimiento; acabada su comida, debe lavarse la boca de modo conveniente y regar con agua las seis partes huecas de su cabeza: sus ojos, sus orejas y sus narices.

54. "Que siempre honre su alimento y lo coma sin disgusto; que viéndolo, se regocije, se consuele cuando tiene pena y haga votos por tener siempre parecido caudal.

55. "En efecto, un alimento constantemente reverenciado da la fuerza muscular y la energía viril; cuando se le toma sin honrarle, destruye ambas ventajas.

56. "Que evite dar sus restos a nadie, de comer en el intervalo de sus dos comidas de la mañana y de la tarde, de tomar demasiada cantidad de alimento, de ir a cualquier parte después de su comida, sin haberse lavado antes la boca.

57. "Comer demasiado daña a la salud, a la duración de la existencia, a la felicidad futura en el cielo, causa impureza, merece censura en este mundo; es preciso, pues, abstenerse de ello cuidadosamente.

58. "Que el Bracmán haga siempre la ablución con la parte pura de su mano consagrada al Veda, o con la que deriva su nombre del señor de las criaturas, o con la que está consagrada a los dioses; pero jamás con la parte cuyo nombre deriva de los Manes (Pitris)

59. "Se llama parte consagrada al Veda la que está situada en la raíz del pulgar; la parte del Creador está en la raíz del dedo meñique; la de los dioses está en el extremo de los dedos; la de los Manes entre el pulgar y el índice.

60. "Que primero tome agua tres veces consecutivas, en tanta cantidad como pueda contener la cavidad de su mano; que se enjuague en seguida dos veces la boca con la base de su pulgar; y, en fin, que moje con agua las cavidades arriba mencionadas, su pecho y su cabeza.

61. "Quien conoce la ley y quien busca la pureza debe siempre hacer su ablución con la parte pura de su mano, sirviéndose de aguas que no sean ni calientes ni espumosas, permaneciendo en un lugar apartado, con el semblante vuelto al Oriente o al Norte.

62. "Un Bracmán se purifica con el agua que baja hasta su pecho; un Chatria, con la que pasa por su garganta; un Vaisya, con la que introduce en la boca; un Sudra, con la que toca con la extremidad de la lengua y de los labios.

63. "Un Dwidja tiene por nombre Upaviti cuando está levantada su mano derecha, el cordón sagrado o su vestido está atado sobre el hombro izquierdo y pasa bajo el hombro derecho; se dice que es Prachinoviti cuando está levantada su mano izquierda y el cordón, fijado sobre el hombro derecho, pasa bajo el hombro izquierdo; es llamado Niviti cuando el cordón está atado a su cuello.

64. "Cuando su cinturón, la piel que le sirve de manto, su bastón, su cordón, su aguamanil están en mal estado, debe arrojarlos al agua y procurarse otros que estén benditos con plegarias.

65. "La ceremonia del Kesanta está fijada para el año décimosexto, a partir de la concepción, tratándose de un Bracmán; para el vigésimo segundo, en la clase militar; en cuanto a la clase comerciante, aquélla tiene lugar dos años más tarde.

66. "Las mismas ceremonias, pero sin las plegarias (Mantras), deben celebrar las mujeres en el tiempo y en el orden establecidos, a fin de purificar sus cuerpos.

67. "Está reconocido por los legisladores que la ceremonia del matrimonio reemplaza, en las mujeres, al sacramento de la iniciación que el Veda prescribe; el celo de ellas para servir a sus esposos les equivale a la estadía junto a un director espiritual y el cuidado de sus moradas al mantenimiento del fuego sagrado.

68. "Tal es, como lo he declarado, la ley de la iniciación de los Dwidjas, iniciación que es el signo de su renacimiento, y los santifica; aprended ahora a qué deberes deben sujetarse.

69. "Que el maestro espiritual (Gurú), después de haber iniciado a su discípulo con la investidura del cordón sagrado, le enseñe primero las reglas de la pureza, las buenas costumbres, el mantenimiento del fuego sagrado y los deberes piadosos de la mañana, del mediodía y de la tarde.

70. "En el momento de estudiar, el joven novicio, habiendo hecho una ablución conforme a la ley, con la cabeza vuelta al Norte, debe dirigir su homenaje respetuoso[40] al Libro santo y recibir su lección estando cubierto de un vestido puro y habiendo dominado sus sentidos.

71. "Que comenzando y terminando la lectura del Veda, toque con respeto los pies de su director (Gurú); que lea con las manos juntas, pues tal es el homenaje debido a la Santa Escritura.

72. "Debe tocar los pies de su padre espiritual cruzando las manos, de manera

que ponga la mano izquierda sobre el pie izquierdo y la mano derecha sobre el pie derecho.

73. "Que en el momento de ponerse a leer, el director, siempre atento, le diga: "¡Hola, estudia!"; y que los detenga en seguida diciéndole: "Repósate".

74. "Que pronuncie siempre el monosílabo sagrado al comienzo y al fin del estudio de la Santa Escritura; toda lectura que no esté precedida de AUM[47] se borra poco a poco, y lo que no está seguida de esta voz, no deja huellas en el espíritu.

75. "Sentado sobre tallos de kusa[48], cuya cima esté dirigida hacia el Oriente y purificado por esta hierba santa que conserva en sus manos, purificado de toda mancha por tres supresiones de aliento, cada una de la duración, de tres vocales breves, que pronuncie entonces el monosílabo AUM.

76. "La letra A, la letra U y la letra M, que con su reunión forman el monosílabo sagrado, han sido sacadas de los tres libros santos por Brahama, el señor de las criaturas, así como las tres grandes palabras DHUR, BHUVAH y SWAR[49].

77. "De los tres Vedas, el Altísimo, el señor de las criaturas ha sacado también, estancia (pada) por estancia, esta invocación llamada SAVITRI, que comienza por la palabra EAD.

78. "Recitando en voz baja, mañana y tarde, el monosílabo y esta plegaria de la Savitri, precedido de las tres palabras (Vyahvisis) Bhur, Bhuvah, Swar, todo Bracmán que conoce perfectamente los libros sagrados obtiene la santidad que el Veda procura.

79. "Repitiendo mil veces en un lugar apartado esta triple invocación, compuesta del monosílabo místico, de las tres palabras y de la plegaria, un Dwidja se descarga en un mes, aun de una gran falta, como una serpiente de su piel

80. "Todo miembro de la clase sacerdotal, militar y comerciante que descuida esta plegaria y que no cumple en tiempo conveniente con sus deberes piadosos está expuesto al desprecio de las gentes de bien.

81. "Las tres grandes palabras inalterables, precedidas del monosílabo AUM, y seguidas de la Savitri, que se compone de tres estancias (padas) deben estar reconocidas como la parte principal del Veda o como el medio de obtener la beatitud eterna.

82. "El que, durante tres años, repite todos los días sin falta esta plegaria irá a hallar a la Divinidad suprema (Brahama) tan ligero como el viento, revestido de inmortal forma.

83. "El monosílabo místico es el Dios supremo; las supresiones del aliento, durante las cuales se recita el monosílabo, las tres palabras y la Savitri entera, son la más perfecta austeridad piadosa; nada está por encima de la Savitri; la declaración de la verdad es preferible al silencio.

84. "Todos los actos piadosos prescritos por el Veda, tales como las oblaciones al fuego y los sacrificios, pasan sin resultado; pero el monosílabo es inalterable; es el símbolo de Brahama, el señor de las criaturas.

85. "La ofrenda que consiste en la plegaria hecha en voz baja, y compuesta del monosílabo, de las tres palabras y de la Savitri, es diez veces preferible al sacrificio

regular; cuando se recita la plegaria de modo que no puede ser oída, vale cien veces más; hecha mentalmente, tiene mil veces más mérito.

86. "Las cuatro oblaciones domésticas, reunidas al sacrificio regular, no equivalen a la sexta parte de la ofrenda, que no consiste sino en la plegaria en voz baja.

87. "Por la plegaria en voz baja, un Bracmán puede, sin duda alguna, alcanzar la beatitud, haga o no haga cualquier otro acto piadoso; siendo amigo (Maitra) de las criaturas, a las cuales no hace mal alguno, aun cuando la ley lo autoriza a ello, puesto que no ofrece sacrificios, se dice justamente que está unido a Brahama (Brahmana).

88. "Cuando los órganos de los sentidos se encuentran en relación con objetos atrayentes, el hombre experimentado debe hacer todo esfuerzo para domeñarlos, lo mismo que un jinete para contener a sus caballos.

89. "Estos órganos, fijados por los antiguos sabios en número de once, voy a enumerarlos en el orden conveniente, a saber:

90. "Las orejas, la piel, los ojos, la lengua y, en quinto lugar, la nariz; el orificio interior del tubo intestinal, los miembros de la generación, la mano, el pie y el órgano de la palabra, que está reconocido que es el décimo.

91. "Los cinco primeros, las orejas y los que le siguen, son llamados órganos de la inteligencia, y los cinco que quedan, de los cuales el primero es el orificio del tubo intestinal, son llamados órganos de la acción.

92. "Es preciso reconocer un undécimo: el sentimiento (Manas) que por su naturaleza participa de la inteligencia y de la acción; cuando está dominado, las dos clases precedentes, compuesta cada una de cinco órganos, están sometidas igualmente.

93. "Entregándose a la inclinación de los órganos, a la sensualidad, no se puede dejar de incurrir en falta; pero imponiéndoles un freno, se llega a la suprema felicidad.

94. "Ciertamente, el deseo jamás se satisface con el goce del objeto deseado; semejante al fuego en que se esparce mantequilla clarificada, sólo se enciende más vivamente.

95. "Comparad a aquel que goza de todos estos placeres de los sentidos con el que renuncia enteramente a ellos: el último es muy superior, pues el abandono completo de todos los deseos es preferible a su realización.

96. "No solamente se pueden someter estos órganos dispuestos a la sensualidad, evitando el halagarlos, sino antes bien dedicándose con perseverancia al estudio de la ciencia sagrada.

97. "Los Vedas, la caridad, los sacrificios, las prácticas piadosas, las austeridades, no pueden conducir a la felicidad a aquel cuya naturaleza está enteramente corrompida.

98. "Al hombre que oye, que toca, que ve, que come, que siente cosas que pueden agradarle o repugnarle, sin experimentar gozo ni pena, debe considerársele como un ser que ha domado los órganos.

99. "Que si uno solo de estos órganos llega a escaparse, la ciencia divina del

hombre se escapa al mismo tiempo, del propio modo que el agua se escapa por un hueco de la base de un odre.

100. "Después de haberse hecho dueño de todos sus órganos, y después de haber sometido el sentido interno, el hombre debe ocuparse de sus asuntos sin macerar su cuerpo con la devoción.

101. "Durante el crepúsculo de la mañana, que permanezca en pie, repitiendo en voz baja la Savitri hasta el amanecer; y en la tarde, a la hora del crepúsculo, que la recite sentado hasta el momento en que aparecen claramente las estrellas.

102. "Haciendo su oración en la mañana, en pie, borra todo pecado que haya podido cometer durante la noche sin saberlo; y recitándola en la tarde, sentado, destruye toda mancha recibida a pesar suyo durante el día.

103. "Pero quien no hace su oración en la mañana y no la repite estando sentado, en la tarde, debe ser excluido como un Sudra de todo acto particular a las tres clases regeneradas.

104. "Cuando un Dwidja no puede entregarse al estudio de los Libros sagrados, habiéndose retirado a un bosque, cerca de un agua pura, imponiendo un freno a sus órganos y observando con exactitud la regla diaria que consiste en la plegaria, debe repetir la Savitri con el monosílabo Aum y las tres palabras Bhur, Bhurah, Swar, en perfecto recogimiento.

105. "Para el estudio de los Libros accesorios (Vedangas)[50], para la oración indispensable de todos los días, no hay que observar las reglas de la suspensión[51] como tampoco para las fórmulas sagradas que acompañan la ofrenda al fuego.

106. "El recitado de la oración cotidiana no se puede suspender, pues está llamado la oblación de la Santa Escritura (Brahmasatha); el sacrificio en que el Veda sirve de ofrenda es siempre meritorio, aun cuando se le haga en un momento en que debe ser interrumpida la lectura de los Libros sagrados.

107. "La oración en voz baja, repetida durante un año entero por un hombre dueño de sus órganos y siempre puro, eleva sus ofrendas de leche, de requesón, de mantequilla clarificada y de miel hacia los Dioses y los Manes, a los cuales ellas están destinadas y que le conceden la realización de sus deseos.

108. "El Duvidja que ha sido iniciado con la investidura del cordón sagrado debe alimentar el fuego sagrado tarde y mañana, mendigar su subsistencia, sentarse en un lecho muy bajo y complacer a su director hasta el fin de su noviciado.

109. "El hijo de un institutor, un discípulo asiduo y dócil, el que puede comunicar otra ciencia, el que es justo, el que es puro, el que es abnegado, el que es poderoso, el que es liberal, el que es virtuoso, el que está aliado por la sangre, tales son los diez jóvenes que pueden legalmente ser admitidos a estudiar el Veda.

110. "El hombre sensato no debe hablar sin que se le interrogue o responder a una pregunta inoportuna; debe entonces, aun cuando sabe lo que se le pregunta, conducirse en el mundo como si fuera mudo.

111. "De dos personas de las cuales una responde inoportunamente a una pregunta hecha inoportunamente por la otra, la una morirá o merecerá el odio.

112. "Donde no se encuentren la virtud ni la riqueza ni el celo ni la sumisión

convenientes para estudiar el Veda, no debe sembrarse la santa doctrina, lo mismo que una buena semilla en un terreno estéril.

113. "Vale más, para un intérprete de la Santa Escritura, morir con su ciencia, aun cuando se encuentre en una espantosa miseria, que sembrarla en suelo ingrato.

114. "La Ciencia divina, abordando a un Bracmán le dijo: "Soy tu tesoro, consérvame, no me comuniques a un detractor; con este medio siempre estaré llena de fuerza,

115. "Pero cuando encuentres a un alumno (Brahmachari) perfectamente puro y dueño de sus sentidos, hazme conocer a este Dvidja, como a un vigilante guardián de tal tesoro."

116. "Quien adquiere por el estudio, sin haber recibido permiso, el conocimiento de la Santa Escritura, es culpable de robo de textos sagrados y desciende a la morada infernal (Naraka).

117. "Quienquiera que sea aquel por cuyo auxilio adquiere un estudiante el saber concerniente a los asuntos del mundo, el sentido de los Libros sagrados o el conocimiento del Ser supremo, debe inclinarse antes que todo ante tal maestro.

118. "Un Bracmán, cuya ciencia toda consiste en la Savitri, pero que reprime perfectamente sus pasiones, es preferible a quien no tiene sobre sí imperio alguno, que como de todo, vende de todo, aunque conozca los tres Libros santos.

119. "No debe uno instalarse sobre un lecho o sobre un asiento al mismo tiempo que su superior; y cuando se está acostado o sentado, es preciso levantarse para saludarlo.

120. "Los espíritus vitales de un joven parecen estar a punto de exhalarse al acercarse un anciano; los retiene levantándose y saludándolo.

121. "Quien tiene el hábito de saludar a las gentes avanzadas en edad y tiene constantemente consideraciones para con ellas, ve acrecentarse estas cuatro cosas: la duración de su existencia, su saber, su renombre y su fuerza.

122. "Después de la fórmula de saludo, el Bracmán que aborda a un hombre de más edad que él, debe pronunciar su propio nombre diciendo: "Soy fulano".

123. "A las personas que por ignorancia de la lengua sánscrita no conozcan el significado del saludo acompañado de la declaración del nombre, el hombre instruido debe decirles: "Soy yo", y lo mismo a todas las mujeres.

124. "Saludando debe pronunciar, después de su nombre, la interjección "¡oh!", pues los santos consideran que "¡oh!" tiene la propiedad de representar el nombre de las personas a quienes uno se dirige.

125. "¡Ojala puedas vivir largo tiempo, oh digno hombre!" Es así como debe responderse al saludo de un Bracmán, y la vocal del fin de su nombre, con la consonante que precede debe ser prolongada de modo que ocupe tres tiempos.

126. "El Bracmán que no conoce el modo de responder a un saludo, no merece ser saludado por un hombre recomendable por su saber; es comparable a un Sudra.

127. "Es preciso preguntar a un Bracmán, al abordarlo, si su devoción prospera; a un Chatria, si está bien de salud; a un Vaisya, si le va bien en su comercio; a un Sudra, si no está enfermo.

128. "Quien acaba de hacer un sacrificio solemne, por joven que sea, no debe ser llamado por su nombre; sino que quien conozca la ley se sirva, para dirigirle la palabra, de la interjección "¡oh!" o del vocablo "¡señor!"

129. "Hablando de la esposa de otro o a una mujer que no le está aliada por la sangre, debe decir: "señora" o "buena hermana".

130. "A sus tíos maternos y paternos, al padre de su mujer, a sacerdotes oficiantes (Ritwidjs), a maestros espirituales (Gurús), cuando son más jóvenes que él, debe decir levantándose: "Soy yo".

131. "La hermana de su madre, la mujer de su tío materno, la madre de su mujer y la hermana de su padre tienen derecho a los mismos respetos que la mujer de su maestro espiritual, y le son iguales.

132. "Debe prosternarse todos los días a los pies de la esposa de su hermano, si ella es de la misma clase que él y de más edad; pero sólo al regreso de un viaje debe ir a saludar a sus parientes paternos y maternos.

133. "Con la hermana de su padre o de su madre y con su hermana mayor, debe observar la misma conducta que con su madre; no obstante, su madre es más venerable que ellas.

134. "La igualdad no desaparece entre ciudadanos de una ciudad por una diferencia de diez años de edad; entre artistas por cinco años de diferencia en la edad; entre Bracmanes, versados en el Veda, por una diferencia de tres años: la igualdad sólo existe poco tiempo entre miembros de una misma familia.

135. "Un Bracmán de diez años de edad, y un Chatria llegado a la edad de cien años, deben ser considerados como padre e hijo; y de los dos, el Bracmán es el padre y debe ser respetado como tal.

136. "La riqueza, el parentesco, la edad, los actos religiosos, y en quinto lugar, la ciencia divina son títulos al respeto; los últimos, por grados, son más recomendables que los que preceden.

137. "Todo hombre de las tres primeras clases, en quien se notan en mayor número las más importantes de las cinco cualidades honorables, tiene mayores derechos al respeto; y aun un Sudra, si ha comenzado la décima década de su edad.

138. "Debe cederse el paso a un hombre que está en carro, a un anciano más que nonagenario, a un enfermo, a un hombre que lleva una carga, a una mujer a un Bracmán que haya terminado sus estudios, a un Chatria, a un hombre que va casarse.

139. "Pero entre estas personas, si se encuentran reunidas al mismo tiempo, el Bracmán que ha terminado su noviciado y el Chatria deben ser honrados de preferencia; y de estos dos últimos, el Bracmán debe ser tratado con más respeto que el Chatria.

140. "El Bracmán que después de haber iniciado a su discípulo le hace conocer el Veda con la regla del sacrificio y la parte misteriosa llamada Upanishad[52], está designado por los sabios con el nombre de institutor (Acharya).

141. "El que para ganar su subsistencia, enseña una sola parte del Veda o las ciencias accesorias (Vedangas), está llamado subpreceptor (Upadhayaya).

142. "El Bracmán o el mismo padre que cumple según la regla la ceremonia de la concepción y las otras, y que primero da al niño arroz para su alimento, está llamado director.

143. "El que está adjunto al servicio de alguien para alimentar el fuego sagrado, hacer las oblaciones domésticas, la Añishtoma y los otros sacrificios, está llamado aquí (en este código) el capellán (Ritwidj) de quien lo emplea.

144. "El que, con palabras de verdad, hace penetrar en los oídos la Santa Escritura, debe ser mirado como un padre, como una madre, su alumno no debe nunca causarle aflicción alguna.

145. "Un institutor es más venerable que diez subpreceptores; un padre más que cien institutores; una madre, más venerable que mil padres.

146. "Entre quien da el ser y quien comunica los Libros sagrados, el padre más respetable es el que da la santa doctrina; pues el nacimiento espiritual que consiste en el sacramento de la iniciación y que introduce al estudio del Veda, es, para el Dwidja, eterno en este mundo y en el otro.

147. "Cuando un padre y una madre, uniéndose por amor, dan el ser a un niño, este nacimiento no debe ser considerado sino como puramente humano, puesto que el niño se forma en la matriz.

149. "Cuando un institutor procura cualquier ventaja a un discípulo, sea ésta ligera o considerable, por la comunicación del texto revelado, sépase que está considerado en este código como su padre espiritual (Gurú) a causa del beneficio de la santa doctrina.

150. "El Bracmán autor del nacimiento espiritual, y que enseña el deber, está mirando como el padre de un hombre de edad, según la ley, aun cuando sea niño todavía.

151. "Kavi, hijo de Augiras, joven todavía, hizo estudiar la Escritura Santa a sus tíos paternos y a sus primos; "¡Niños!", les decía, pues su saber le da sobre ellos la autoridad de un maestro.

152. "Llenos de resentimiento fueron a preguntar a los Dioses la causa de esta palabra, y los Dioses, habiéndose reunido, les dijeron: "El niño ha hablado correctamente".

153. "En efecto, el ignorante es un niño; el que enseña la doctrina sagrada es un padre, pues los sabios han dado el nombre de niño al hombre iletrado y el de padre al preceptor.

154. "No son los años, ni los cabellos blancos, ni las riquezas, ni los parientes, lo que constituye la grandeza; los Santos han establecido esta ley: "El que conoce los Vedas y los Augas es grande entre nosotros."

155. "La preeminencia está regulada por el saber entre los Bracmanes, por el valor entre los Chatrias, por las riquezas en granos y otras mercaderías entre los Vaisyas, por la prioridad de nacimiento entre los Sudras.

156. "Un hombre no es viejo porque encanezca su cabeza; pero aquel que todavía joven ha leído ya la Santa Escritura, está mirado por los Dioses como un hombre entrado en años.

157. "Un Bracmán que no ha estudiado los Libros sagrados es comparable a un elefante de los bosques y a un ciervo desecado; los tres no llevan sino un vano nombre.

158. "Así como la unión de un eunuco con mujeres es estéril, como una vaca es estéril con otra vaca, como el don hecho a un ignorante no produce fruto; así también un Bracmán que no ha leído los Vedas no recoge los frutos que consigue el cumplimiento de los deberes prescritos por la Sruti y la Surviti.

159. "Toda instrucción que tiene por objeto el bien debe ser comunicada sin maltratar a los discípulos, y el maestro que desee ser justo debe emplear palabras dulces y agradables.

160. "Aquel cuyo lenguaje y espíritu son puros y perfectamente medidos en toda circunstancia, recoge todas las ventajas unidas al conocimiento del Vedanta[53].

161. "No debe mostrase jamás mal humor aunque se esté afligido, ni tratar de dañar a nadie, ni siquiera concebir la idea de ello; no se debe proferir palabra que pudiera herir a alguien y que cerraría la entrada del cielo a quien la hubiera pronunciado.

162. "Que un Bracmán tema constantemente a todo honor mundano como a veneno, y que siempre desee el desprecio al igual de la ambrosía[54].

163. "En efecto, aunque despreciado, se duerme y se despierta apaciblemente; vive feliz en este mundo, mientras que el hombre desdeñoso no tarda en perecer.

164. "El Dwidja cuya alma ha sido purificada por la sucesión regular de las ceremonias mencionadas debe, mientras permanece con su maestro espiritual, entregarse gradualmente a las prácticas piadosas que preparan al estudio de los Libros sagrados.

165. "Después de haberse sometido a las diferentes prácticas de devoción, así como a las observancias piadosas que prescribe la ley, el Dwidja debe dedicarse a la lectura del Veda entero y de los tratados misteriosos.

166. "Que el Bracmán que quiera entregarse a las austeridades se aplique sin cesar al estudio del Veda, pues el estudio de la Escritura Santa está reconocido en este mundo como el acto de devoción más importante para un Bracmán.

167. "En verdad, somete su cuerpo a las austeridades más meritorias, aun cuando lleva una guirnalda, el Dwidja que se dedica cada día con todo tesón a la lectura de los Libros sagrados.

168. "El Dwidja que, sin haber estudiado el Veda, se entrega a otra ocupación, se ve rebajado pronto, durante su vida, a la condición de Sudra, lo mismo que todos sus descendientes.

169. "El primer nacimiento del hombre regenerado (Dwidja) ocurre en el vientre de su madre; el segundo, cuando la investidura del cinturón y del cordón; el tercero, al celebrarse el sacrificio; tal es la declaración del texto revelado.

170. "De los tres nacimientos, en aquel que lo introduce al conocimiento de la Santa Escritura y que se distingue por el cinturón y el cordón que se le atan, la Savitri es su madre y el institutor su padre.

171. "El institutor (Acharya) está llamado padre suyo por los legisladores, porque

le enseña el Veda; pues no se permite acto piadoso alguno a un joven antes que haya recibido el cinturón y el cordón sagrado.

172. "Hasta entonces, que se abstenga de pronunciar fórmula sagrada alguna, excepto la exclamación Swadía, dirigida a los Manes durante el Servicio fúnebre, pues no difiere de un Sudra hasta el momento en que es regenerado por el Veda.

173. "Cuando ha recibido la iniciación se exige de él que se someta a las reglas establecidas y que estudie por orden la Santa Escritura, observando antes los usos instituidos.

174. "El manto de piel, el cordón, el cinturón, el bastón, el vestido, determinados para cada estudiante, según su clase, deben renovarse en ciertas prácticas religiosas.

175. "Que el novicio que permanece en casa de su director se conforme a las observancias piadosas que siguen, sometiendo todos sus órganos, a fin de aumentar su devoción.

176. "Que todos los días después de haberse bañado, cuando está bien puro, haga una libación[55] de agua fresca a los Dioses, a los Santos y a los Manes; que honre a las Divinidades y alimente el fuego sagrado.

177. "Que se abstenga de miel, de carne, de perfumes, de guirnaldas, de jugos sabrosos extraídos de los vegetales, de mujeres, de toda substancia dulce tornada ácida, de malos tratamientos para con los seres animados.

178. "De substancias untuosas para su cuerpo, de colirio para sus ojos, de llevar zapatos y un parasol; que se abstenga de los deseos sensuales de cólera, de cupidez, de danza, de canto y de música.

179. "Del juego, de querellas, de maledicencia, de impostura, de mirar o besar a las mujeres con amor, y de dañar al prójimo.

180. "Que se acueste siempre aparte, y que no esparza su simiente; en efecto, si cede al deseo, si esparce su simiente, contraviene a la regla de su orden y debe hacer penitencia.

181. "El Dwidja novicio que, durante su sueño, ha dejado escapar involuntariamente su licor seminal, debe bañarse, adorar al sol; después repetir tres veces la fórmula: "Que vuelva a mí mi simiente".

182. "Que traiga para su institutor agua en un vaso, flores, boñiga de vaca, la hierba kusa en la cantidad que pueda necesitar y que todos los días vaya a mendigar su alimento.

183. "Que el novicio tenga cuidado de ir a pedir cada día su alimento a las casas de las personas que no descuidan el cumplimiento de los sacrificios prescritos por el Veda y que tienen renombre de cumplir con sus deberes.

184. "No debe mendigar a la familia de su director, ni en casa de sus parientes paternos y maternos; y si le está cerrado el acceso de otras casas, debe, sobre todo, evitar a las primeras personas en ese orden.

185. "O que recorra como mendigo todo el pueblo (si no se encuentra allí a ninguna de las personas más arriba mencionadas) en estado de perfecta pureza y guardando silencio; pero que evite a las personas difamadas y culpables de grandes

faltas.

186. "Que, habiendo traído leña[56] de un lugar apartado, la deposite al aire libre, y que tarde y mañana se sirva de ella para hacer una oblación al fuego, sin faltar jamás a ello.

187. "Cuando, sin estar enfermo, ha descuidado por siete días seguidos el recoger limosna y alimentar con leña el fuego sagrado, debe sufrir la penitencia prescrita para el que ha violado sus votos de castidad.

188. "Que el novicio no deje nunca de mendigar y que no reciba su alimento de una sola y misma persona; vivir de limosnas está considerado tan meritorio para el discípulo como ayunar.

189. "No obstante, si está invitado a una ceremonia en honor de los Dioses o de los Manes, puede comer el alimento dado por una sola persona, conformándose a los preceptos de abstinencia y conduciéndose como un devoto ascético; entonces no está infringida su regla.

190. "Pero, al decir de los sabios, este caso no es aplicable sino a un Bracmán, y de ningún modo puede convenir a un Chatria o un Vaisya.

191. "Reciba o no la orden de su institutor, el novicio debe aplicarse con celo al estudio y tratar de satisfacer a su venerable maestro.

192. "Señoreando su cuerpo, su voz, sus órganos de los sentidos y su espíritu, debe tener juntas las manos, y los ojos fijos en su director.

193. "Que siempre tenga descubierta la mano derecha; que su actitud sea decente, su vestido correcto; y que cuando reciba invitación a sentarse, se siente enfrente de su padre espiritual.

194. "Que su alimento, sus vestidos y su adorno sean siempre muy mezquinos en presencia de su director; debe levantarse antes que él y recogerse después que él.

195. "No debe responder a las órdenes de su padre espiritual o conversar con él acostado ni sentado, ni comiendo, ni de lejos, ni mirando a otro lado.

196. "Que lo haga de pie, cuando esté sentado su director; dirigiéndose a él cuando se ha detenido; yendo a su encuentro, si camina, corriendo tras de él, cuando corre.

197. "Yendo a colocarse frente a él, si vuelve la cabeza; caminando hacia él, cuando está alejado, inclinándose si está acostado o detenido cerca de él.

198. "Su lecho y su asiento deben ser siempre muy bajos, cuando se encuentra en presencia de su director; y aun, mientras está al alcance de sus miradas, no debe sentarse muy cómodamente.

199. "Que no pronuncie jamás el nombre de su padre espiritual pura y simplemente, aun en presencia suya, y que nunca remede su manera de caminar, su lenguaje y sus gestos.

200. "En cualquier parte en que se pronuncien decires maldicientes o calumniosos sobre su director, debe taparse los oídos o irse a otra parte.

201. "Si habla mal de su director se tornará en asno después de su muerte; si lo calumnia, se tornará en perro; si goza de sus bienes sin su permiso, en insecto; si lo mira con ojos envidiosos, en gusano.

202. "No debe hacerle homenajes por intermedio de otra persona cuando esté lejos de él y pudiendo venir él mismo, ni cuando está en cólera, ni en presencia de una mujer; que si está en coche o en un sitial, baje a saludar a su padre espiritual.

203. "Que no se siente con su director contra el viento o bajo el viento, y no diga nada cuando no está a distancia de poder ser oído por él.

204. "Puede sentarse con su venerable maestro en un carro arrastrado por bueyes, caballos o camellos, sobre una terraza, sobre un lugar pavimentado, sobre una estera de hierba tejida, sobre una roca, en un banco de madera, en un barco.

205. "Cuando el director de su director está presente, que se conduzca con él como con su propio director; y no puede saludar a aquellos de sus parientes que tienen derecho a su respeto, sin que se lo haya pedido su maestro espiritual.

206. "Tal es igualmente la conducta que debe observar constantemente con los preceptores que le enseñan la santa doctrina, con sus parientes del lado paterno, como su tío; con las personas que lo alejan del error y le dan buenos consejos.

207. "Que siempre se comporte con los hombres virtuosos como con su director, y que haga lo mismo tratándose de los hijos de su director, si son respetables por su edad, así como tratándose de los parientes paternos de su venerable maestro.

208. "El hijo de su maestro espiritual, ya sea más joven, ya de la misma edad que él, o estudiante, si está en estado de enseñar la santa doctrina, tiene derecho a los mismos homenajes que el director, cuando está presente durante el sacrificio, sea como celebrante, sea como simple asistente.

209. "Pero no debe untar perfumes al cuerpo del hijo de su director, servirlo durante el baño, comer sus restos y lavarle los pies.

210. "Las mujeres de su director, cuando son de la misma clase, deben ser honradas como él; pero si pertenecen a una clase diferente, el novicio no les debe otro homenaje que levantarse y saludarlas.

211. "Que el discípulo no se encargue de los cuidados que consisten en esparcir sobre la mujer de su director aceite odorífero, en servirla durante el baño, en frotar sus miembros, en disponer su cabellera con arte.

212. "No debe tampoco prosternarse delante de una joven esposa de su venerable maestro tocando sus pies con respeto, si tiene veinte años cumplidos y sabe distinguir el bien y el mal.

213. "Está en la naturaleza del sexo femenino el tratar de corromper aquí abajo a los hombres y por esta razón los sabios no se abandonan jamás a las seducciones de las mujeres.

214. "En efecto, una mujer puede en este mundo apartar del camino recto no solamente al insensato, sino también al hombre dotado de experiencia, y someterlo al juego del amor y de la pasión.

215. "No debe permanecer en lugar apartado con su madre, su hermana o su hija; los sentidos reunidos son bastante poderosos, arrastran al hombre más juicioso.

216. "Pero un alumno, si él mismo es joven, puede, siguiendo el uso prescrito, prosternarse hasta el suelo delante de las jóvenes esposas de su director, diciendo:

"Soy Fulano".

217. "Al volver de un viaje, el joven novicio debe tocar respetuosamente los pies de las mujeres de su padre espiritual y cada día prosternarse ante ellas, observando así los usos de las gentes de bien.

218. "Del mismo modo que un hombre que cava con una pala llega a una fuente de agua, aquí también el alumno que es atento y dócil llega a adquirir la ciencia que esconde el espíritu de su padre espiritual.

219. "Que tenga la cabeza afeitada o los cabellos largos y colgantes[57], o reunidos en haz en lo alto de la cabeza; que jamás el sol, cuando se pone o se levanta, lo encuentre durmiendo en el pueblo.

220. "Pues si el sol se levanta o se pone sin que él lo sepa, mientras se entrega con sensualidad al sueño, debe ayunar un día entero, repitiendo en voz baja la Savitri.

221. "Quien se acuesta y se levanta sin atenerse al sol y no sufre esta penitencia, se hace culpable de una gran falta.

222. "Después de haber hecho su ablución, en estado de pureza, perfectamente recogido y colocado en un lugar exento de manchas, el discípulo debe cumplir, siguiendo la regla, el deber piadoso, al levantarse y ponerse el sol, recitando en voz baja la Savitri.

223. "Si una mujer o un Sudra trata por cualquier medio de obtener el soberano bien, que a ello se aplique con ardor o que haga lo que mejor le plazca y que autoriza la ley.

224. "Al decir de algunos hombres sensatos, este soberano bien consiste en la virtud y la riqueza, o, según otros, en el placer de la riqueza, o según otros todavía, en la virtud sola; o según otros, en fin, en la riqueza; pero es la reunión de los tres, lo que constituye el verdadero bien; tal es la decisión formal.

225. "Un institutor es la imagen del ser Divino (Brahama); un padre, la imagen del señor de las criaturas; una madre, la imagen de la tierra; un hermano, la imagen del alma.

226. "Un institutor, un padre, una madre y un hermano mayor, no deben ser jamás tratados con desprecio, sobre todo por un Brahama, aun cuando haya sido molestado.

227. "Varios cientos de años no podrían formar la compensación de las penas que soportan una madre y un padre para dar nacimiento a sus hijos y educarlos.

228. "Que el joven haga constantemente y en toda ocasión lo que puede complacer a sus padres, así como a su institutor; cuando estas tres personas están satisfechas, todas las prácticas devotas se hacen con felicidad y obtienen recompensa.

229. "Una sumisión respetuosa a las voluntades de estas tres personas está declarada como la más eminente devoción, y, sin su permiso, el discípulo no debe cumplir ningún otro deber piadoso.

230. "En efecto, ellas representan los tres mundos, las tres otras órdenes, los tres Libros santos, los tres fuegos.

231. "El padre es el fuego sagrado perpetuamente alimentado por el dueño de casa; la madre, el fuego de las ceremonias; el institutor, el fuego del sacrificio: esta tríada de fuegos merece la más grande veneración.

232. "Quien no los descuida, cuando llegue a ser dueño de la casa, alcanzará el imperio de los tres mundos, brillará su cuerpo de un puro resplandor y gozará en el cielo de una felicidad divina.

233. "Por el respeto a su madre obtiene este bajo mundo; por el respeto a su padre, el mundo intermediario, el de la atmósfera; por la sumisión a las órdenes de su director, llega al mundo celeste de Brahama.

234. "Quien respeta a estas tres personas, respeta todos sus deberes y obtiene la recompensa de ellos; pero para quien descuida el honrarlos, toda obra pía no tiene fruto.

235. Mientras estas tres personas viven, no debe ocuparse voluntariamente de ningún otro deber; pero que las manifieste siempre una sumisión respetuosa, dedicándose a darles gusto y a servirlos.

236. "Cualquiera que sea el deber que cumpla en pensamiento, en palabra o en acto, sin faltar a la obediencia que los debe, con miras que conciernen al otro mundo, debe venir, cuando lo ha cumplido, a declarárselo a ellos.

237. "Por el homenaje rendido a estas tres personas, únicamente están perfectamente cumplidos todos los actos prescritos al hombre por la Santa Escritura y la Ley; es el primer deber, evidentemente; llamase secundario a todo otro deber.

238. "Quien posee la fe, puede recibir una ciencia útil aun de un Sudra, el conocimiento de la principal virtud de un hombre vil, y la perla de las mujeres de una familia despreciada.

239. "Puede separarse la ambrosia (Amrita) del mismo veneno, y retirarla cuando se encuentra a ella mezclada; puede recibirse un buen consejo de un niño, aprenderse de un, enemigo a conducirse bien, y extraerse oro de una substancia impura.

240. "Las mujeres, las piedras preciosas, la ciencia, la virtud, la pureza, un buen consejo y las diferentes arte liberales, deben recibirse de donde vengan.

241. "En caso de necesidad, está ordenado el estudiar la Santa Escritura bajo un institutor que no sea Bracmán; y el alumno debe servirlo con respeto y sumisión, mientras dure la enseñanza.

242. "Que el novicio no permanezca toda su vida al lado de un director que no pertenece a la clase sacerdotal o de un Bracmán que no conoce los libros santos y las ciencias accesorias, si quiere obtener la suprema felicidad, la liberación final.

243. "No obstante, si desea quedarse hasta el fin de su vida en casa de su maestro espiritual, que lo sirva celosamente hasta la separación de su alma y de su cuerpo.

244. "Quien se somete dócilmente a la voluntad de su director, hasta el término de su existencia, se eleva inmediatamente después a la eterna mansión del ser divino.

245. "El novicio que conoce su deber no debe hacer don. alguno a su director antes de su partida, sino en el momento en que, despedido por él, está a punto de

realizar la ceremonia del baño[58], debe ofrecer cuantos presentes pueda a su venerable maestro.

246. "Que le dé un campo, oro, una vaca, un caballo, un parasol, zapatos, un sitial, arroz, hierbas o vestidos, para ganarse el afecto de su director.

247. "Después de la muerte de su institutor, el discípulo que quiere pasar su vida en el noviciado debe conducirse con el hijo de su director, si es virtuoso, o con su esposa o con uno de sus parientes del lado paterno, como si se tratara de su venerable maestro.

248. "Que, si no vive ninguna de estas personas entre en posesión de la morada, del asiento y del lugar de los ejercicios religiosos de su maestro espiritual; que alimente el fuego con el mayor cuidado y que trate de hacerse digno de la liberación final.

249. "El Bracmán que continúa así su noviciado sin faltar a sus votos, alcanza la condición suprema y no renace en la tierra. "

LIBRO TERCERO:

Matrimonio: Deberes del jefe de la familia

1. "El estudio de los Vedas, prescrito al novicio en la casa de su director, debe durar treinta y seis años o la mitad o la cuarta parte de este tiempo; es decir, lo que tarde hasta comprenderlos perfectamente.

2. "Después de haber estudiado por orden una rama de cada uno de los Libros sagrados, quien no ha infringido jamás las reglas del noviciado puede entrar a la orden de los dueños de casa.

3. "Famoso por el. cumplimiento de sus deberes, habiendo recibido de su padre natural o de su padre espiritual el presente de la Santa Escritura, el que ha estudiado bajo su dirección, debe ser gratificado por él, antes de su matrimonio, con el don de una vaca, estando adornado con una guirnalda y sentado sobre un sitial elevado.

4. "Que, habiendo recibido el asentimiento de su director, habiéndose purificado con un baño, según la regla, el Dwidja cuyos estudios han terminado se despose con una mujer de su misma clase y provista de signos convenientes.

5. "La que no desciende de uno de sus abuelos maternos o paternos hasta el sexto grado, y que no pertenece a la familia de su padre o de su madre por un origen común probado por el nombre de familia, conviene perfectamente a un hombre de las tres primeras clases para el matrimonio y la unión carnal.

6. "Debe evitar, uniéndose a una esposa, las diez familias siguientes, aun cuando fueran muy considerables y muy ricas en vacas, cabras, ovejas, bienes y granos, a saber:

7. "La familia en que no se frecuentan los sacramentos, la que no produce hijos varones, aquella en que no se estudia la Santa Escritura, aquellos cuyos miembros tienen el cuerpo cubierto de largos pelos o sufren sea de almorranas, de tisis, de dispepsia, de epilepsia, de lepra blanca, de elefantiasis.

8. "Que no se case con una muchacha que tenga los cabellos rojizos o que posea un miembro de más, que esté a menudo enferma o que no tenga vellos o sea demasiado velluda o insoportable por su habladuría, o que tenga los ojos rojos.

9. "Ó que lleve el nombre de una constelación, de un árbol, de un río, de un pueblo bárbaro, de una montaña, de un pájaro, de una serpiente o de un esclavo, o cuyo nombre recuerde un objeto espantoso.

10. "Que escoja una mujer bien formada, cuyo nombre sea agradable, que tenga modo de caminar gracioso de un cisne o de un pequeño elefante, cuyo cuerpo esté revestido de ligero vello, cuyos cabellos sean finos, cuyos dientes pequeños y cuyos miembros de una dulzura encantadora.

11. "Un hombre sensato no debe desposarse con una muchacha que no tenga hermano o cuyo padre no es conocido, por el temor, en el primer caso, de que le sea concedida por el padre sólo con el intento de adoptar al hijo que ella podría tener, o, en el segundo caso, de contraer un matrimonio ilícito.

12. "Está ordenado a los Dwidjas el que tomen mujer de su clase en el primer matrimonio; pero cuando el deseo le lleva a casarse de nuevo, deben preferirse las mujeres según el orden natural de clases.

13. "Un Sudra no debe tener por mujer sino a una Sudra; un Vaisya puede escoger mujer en la clase servil y en la suya; un Chatria en las dos clases mencionadas y en la suya propia; un Bracmán en estas tres clases y en la clase sacerdotal.

14. "No se menciona en ninguna historia antigua el que un Bracmán o un Chatria, aun en caso de miseria, haya tomado como primera mujer a una moza de la clase servil.

15. "Los Dwidjas, bastante insensatos para desposarse con una mujer de la última clase, rebajan pronto a sus familias y su prole a la condición de los Sudras.

16. "El que se casa con una Sudra, si forma parte de la clase sacerdotal, degradado queda inmediatamente, según Atri[59] y el hijo de Uthathya (Gotama)[60], al nacerle un hijo, si pertenece a la clase militar, al decir de Sonaka[61], cuando este hijo tiene un hijo varón, si es de la clase comercial, según Brighú[62].

17. "El Bracmán que no se casa con una mujer de su clase, y que introduce en su lecho a una Sudra descendiente de la mansión infernal, si tiene un hijo de ella es despojado de su calidad de Bracmán.

18. "Cuando un Bracmán se hace asesorar por un Sudra en las ofrendas a los Dioses, las oblaciones a los Manes y los deberes hospitalarios, los Dioses y los Manes no comen lo que les está ofrecido y él mismo no obtiene el cielo como recompensa de la hospitalidad.

19. "Para aquel cuyos labios están manchados por los de una Sudra, que está manchado por su aliento y que tiene en ella un hijo, la ley no establece ninguna expiación.

20. "Ahora, conoced sucintamente los ocho modos de matrimonio que se usan en las cuatro clases: unos buenos; otros malos en este mundo y en el otro.

21. "El modo de Brahama, el de los Dioses (Devas), el de los Santos (Rishis), el de los Creadores (Pradjapatis), el de los malos Genios (Asuras), el de los Músicos celestes (Gandharbas), el de los Gigantes (Rakthasas); en fin, el último y más vil, el de los Vampiros (Pisachas).

22. "Voy a explicaros enteramente cuál es el modo legal para cada clase, cuáles son las ventajas o las desventajas de cada modo y las buenas o malas cualidades de los niños que provienen de ellos.

23. "Sépase que los seis primeros matrimonios en el orden enunciado se permiten a un Bracmán; los cuatro últimos a un Chatria; los mismos a un Vaisya o a un Sudra, con excepción del modo de los Gigantes.

24. "Hay legisladores que consideran convenientes para un Bracmán sólo los cuatro primeros; que no asignan al Chatria sino el modo de los Gigantes, al Vaisya y al Sudra sólo el de los malos Genios.

25. "Pero aquí (en este libro), entre los cinco últimos matrimonios, tres están reconocidos como legales y dos como ilegales; el modo de los Vampiros y el de los

malos Genios no deben ponerse en práctica jamás.

26. "Ya sean separados, ya reunidos, los matrimonios antes enunciados, el de los Músicos celestes y el de los Gigantes, están permitidos al Chatria por la ley.

27. "Cuando un padre, después de haber dado a su hija un vestido y adornos, la conceda a un hombre versado en la Santa Escritura y virtuoso, a quien él mismo ha invitado y a quien recibe honrosamente, se dice que este matrimonio legal es de Brahama.

28. "El modo llamado Divino por los Munis es aquel por el que, habiendo comenzado la celebración de un sacrificio, un padre, después de haber adornado a su hija, la concede al sacerdote que oficia.

29. "Cuando, según la regla, un padre concede la mano de su hija, después de haber recibido del pretendiente una vaca y un toro, o dos parejas semejantes, para la celebración de una ceremonia religiosa o para darlos a su hija, pero no como gratificación, se llama este modo el de los Santos.

30. "Cuando un padre casa a su hija con los honores convenientes, diciendo: "Practicar los dos juntos los deberes prescritos", este modo está declarado el de las Criaturas.

31. "Si el pretendiente recibe con plena satisfacción la mano de una hija haciendo presentes según sus facultades a los padres y a la joven, se llama este matrimonio el de los malos Genios.

32. "La unión de una joven y de un joven como resultado de un voto mutuo se llama matrimonio de los músicos celestes; nacida del deseo tiene por fin los placeres del amor.

33. "Cuando se rapta por fuerza de la casa paterna a una joven que pide auxilio y que llora, después de haber asesinado o herido a cuantos quieren oponerse a esta violencia y haber abierto brecha en los muros, se llama este modo el de los Gigantes.

34. "Cuando un amante se introduce secretamente junto a una mujer dormida o embriagada por un licor espirituoso o cuya razón está extraviada, este execrable matrimonio, llamado el modo de los Vampiros, es el octavo y el más vil.

35. "Conviene que el don en matrimonio de una moza, sea precedido en la clase sacerdotal de libaciones de agua; pero en las otras clases, la ceremonia tiene lugar según el deseo de cada uno.

36. "Aprended ahora ¡oh Bracmanes! por la exposición completa que de ellos voy a haceros, las cualidades asignadas por Manú a cada uno de estos matrimonios.

37. "Si el hijo nacido de mujer casada según el modo de Brahama, se entrega a la práctica de las obras piadosas, libra del pecado a diez de sus antecesores, a diez de sus descendientes, y a sí mismo como vigésimo primero.

38. "Quien debe el ser a una mujer casada según el modo Divino, salva a siete personas de su familia en la línea ascendente y en la línea descendente; el que ha nacido de un matrimonio según el modo de los Santos, salva a tres y el que proviene de la unión conyugal celebrada según el modo de los Creadores rescata a seis de ellos.

39. "De los cuatro primeros matrimonios, siguiendo el orden, comenzando por el modo de Brahama, nacen hijos que brillan del resplandor de la ciencia divina, estimados por los hombres virtuosos.

40. "Dotados de un físico agradable y de la cualidad de bondad, opulentos, ilustres, que gozan de todos los placeres, exactos en el cumplimiento de sus deberes, y que viven cien años.

41. "Pero los cuatro otros malos matrimonios que quedan, producen hijos crueles, mentirosos, que tienen en horror a la Santa Escritura, y a los deberes que ella prescribe.

42. "De los matrimonios irreprochables nace una posteridad irreprochable; de los matrimonios reprensibles una posteridad despreciable; deben, pues, evitarse los matrimonios dignos del desprecio.

43. "Está ordenada la ceremonia de la unión de las manos[63] cuando las mujeres son de la misma clase que sus maridos; cuando pertenecen a. otra clase, he aquí la regla que es preciso seguir en la ceremonia del matrimonio.

44. "Una moza de la clase militar que se casa con un .Bracmán debe coger una flecha, la que su marido debe al mismo tiempo tocar con la mano; una moza de la clase. comerciante, si se casa con un Bracmán o un Chatria, debe coger una aguijada; una joven Sudra, el borde de un manto, cuando se une a un hombre de una de las tres clases superiores.

45. "Que el marido se aproxime a su mujer en la estación favorable al ahijamiento, anunciada por el derrame sanguíneo, y que esté siempre fielmente ligado a ella; aun en cualquier otro tiempo, con excepción de los días lunares prohibidos, puede acercársele con amor, seducido por la atracción de la voluptuosidad.

46. "Diez días y diez y siete noches, cada mes, a partir del momento en que aparece la sangre, con cuatro días distintos prohibidos por las gentes de bien, forman lo que se llama la estación natural de las mujeres.

47. "De estas diez y seis noches, las cuatro primeras están prohibidas, así como la undécima y la décima tercia; las diez otras noches están aprobadas.

48. "Las noches pares, entre estas diez últimas, son favorables a la procreación de los hijos, y las noches impares, a la de las hijas; en consecuencia, quien desea un hijo debe acercarse a su mujer en la estación favorable y en las noches pares.

49. "No obstante, un hijo varón es engendrado si la simiente del hombre está en más grande cantidad; cuando ocurre lo contrario, es una hija; una cooperación igual produce un eunuco, o un varón y una mujer; en caso de debilidad o de agotamiento, hay esterilidad.

50. "Quien durante las noches prohibidas y durante otras ocho se abstiene del comercio conyugal, es tan casto como un novicio, cualquiera que sea la orden en que se encuentre, en la de dueño de casa o en la de anacoreta.

51. "Un padre que conoce la ley no debe recibir la menor gratificación al casar a su hija; pues al hombre que por avaricia acepta semejante gratificación se le considera como si hubiera vendido a su hija.

52. "Cuando los padres, por extravío de espíritu, entran en posesión de los bienes de una mujer, de sus carruajes o de sus vestidos, descienden estos malvados a la mansión infernal.

53. "Algunos hombres instruidos dicen que el presente de una vaca, de un toro, hecho por el pretendiente en el matrimonio según el modo de los Santos, es una gratificación dada al padre; pero no tienen razón: toda gratificación, ligera o considerable, recibida por un padre al casar a su hija, constituye una venta.

54. "Cuando los padres no se apropian los presentes que están destinados a la joven, no es una venta; es, simplemente, una galantería hecha a la joven esposa y un testimonio de afecto.

55. "Las mujeres casadas deben ser colmadas de atenciones y de presentes por sus padres, sus hermanos, sus maridos y los hermanos de sus mandos, cuando éstos desean larga prosperidad.

56. "Donde se honra a las mujeres, están satisfechas las Divinidades; pero cuando no se las honra, son estériles todos los actos piadosos.

57. "Toda familia en que las mujeres viven afligidas, no tarda en extinguirse; pero cuando no son desgraciadas, la familia aumenta y prospera en toda circunstancia.

58. "Las casas malditas por las mujeres de una familia a las cuales no se les han rendido los homenajes debidos, se destruyen enteramente como si fueran destruidas por un sacrificio mágico.

59. "Por lo que los hombres que tienen deseos de riqueza deben tener consideraciones con las mujeres de su familia, darles adornos, vestidos y manjares escogidos, en tiempo de las fiestas y de las ceremonias solemnes.

60. "En toda familia en que el marido se complace con su mujer y la mujer con su marido, está asegurada para siempre la felicidad.

61. "En verdad, si una mujer no está adornada de brillante manera, no hará nacer la alegría en el corazón de su esposo ; y si el marido no siente alegría, el matrimonio quedará estéril.

62. "Cuando una mujer brilla por su adorno, toda su familia igualmente resplandece; pero si ella no resplandece, la familia no goza de brillo alguno.

63. "Contrayendo matrimonios represibles, omitiendo las ceremonias sagradas, descuidando el estudio de la Escritura .Santa, faltando al respeto a los Bracmanes, las familias caen en envilecimiento.

64. "Ejerciendo las artes, como la pintura; dedicándose a tráficos como la usura; procreando hijos sólo con mujeres Sudras; comerciando en vacas, caballos, carruajes, labrando la tierra, sirviendo a un rey

65. "Sacrificando para los que no tienen derecho de ofrecer sacrificios y negando la recompensa futura de las buenas acciones: las familias que abandonan el estudio de los Libros Santos, se destruyen rápidamente.

66. "Pero, por el contrario, las que poseen las ventajas que procura el estudio de los Libros sagrados, aunque ellas tengan poco bien, se cuentan en el número de las familias honorables y adquieren gran renombre.

67. "Que el dueño de casa haga con el fuego nupcial, según la' regla prescrita, las

ofrendas domésticas de la tarde y de la mañana y las de las cinco grandes oblaciones que deben ser cumplidas con este fuego y el cocido diario de los alimentos.

68. "El jefe de familia tiene cinco lugares o utensilios que pueden causar la muerte de los animalitos, a saber: el atrio, la piedra de moler, la escoba, el mortero y el pilón, el cántaro de agua; al emplearlos está ligado por el pecado.

69. "Pero para la expiación de las faltas involuntarias que resultan del empleo de estos objetos mencionados en orden, han instituido los Maharchis cinco, grandes ofrendas (Maha-Jaydes), que deben hacer cada día los dueños de casa.

70. "En la acción de recitar, de leer y de enseñar, consiste la adoración del Veda; la libación de agua es la ofrenda a los Manes (Pitris); la mantequilla líquida esparcida en el fuego es la ofrenda a las Divinidades; el arroz o cualquier otro alimento dado a las criaturas vivas es la ofrenda a los Espíritus; el cumplimiento de los deberes hospitalarios es la ofrenda a los hombres.

71. "Quien no descuida estas cinco grandes oblaciones, en cuanto está en su poder, no se mancha con los pecados que causa el empleo de los utensilios matadores, aun permaneciendo siempre en su casa,

72. "Pero quien no tiene consideraciones para con cinco clases de personas, a saber, los Dioses, los huéspedes, las personas de que debe cuidar, los Manes y él mismo, no vive, aunque respire.

73. "Se les ha llamado también a las cinco oblaciones: adoración sin ofrenda (Ahuta), ofrenda (Huta), ofrenda excelente (Prahuta), ofrenda divina (Brahmyahuta), buena comida (Prasita).

74. "La adoración sin ofrenda es el recitado y la lectura de la Santa Escritura; la ofrenda es la acción de arrojar mantequilla clarificada al fuego; la ofrenda excelente es el alimento dado a los Espíritus; la ofrenda divina es el respeto para con los Bracmanes, y la buena comida es el agua o el arroz presentado a los Manes.

75. "Que el dueño de casa cumpla siempre con leer la Escritura Santa, y con hacer la ofrenda a los Dioses, pues si hace con exactitud esta ofrenda, sostiene a este mundo con los seres móviles e inmóviles que encierra.

76. "La ofrenda de mantequilla clarificada, arrojada de manera conveniente en el fuego, se eleva al sol en vapor; del sol baja en lluvia; de la lluvia nacen los vegetales alimenticios; de estos vegetales sacan su sustento las criaturas.

77. "Del mismo modo que todos los seres animados no viven sino con ayuda del aire, así también todas las otras órdenes no viven sino por la ayuda del dueño de casa.

78. "Por la razón de que los hombres de las tres otras órdenes están todos los días sostenidos por el dueño de casa merced a los santos dogmas y a los alimentos que de él reciben, por esto la orden del jefe de familia es la más eminente.

79. "Que, en consecuencia, quien desee gozar de una felicidad inalterable en el cielo y ser siempre feliz aquí abajo, cumpla con el mayor cuidado los deberes de su orden; los hombres que no tienen imperio sobre sus sentidos no son capaces de cumplir estos deberes.

80. "Los Santos, los Manes, los Dioses, los Espíritus y los huéspedes piden a los

jefes de familia las oblaciones prescritas; el hombre que conoce su deber debe satisfacerlos.

81. "Que honre a los Santos recitando la Santa Escritura; a los Dioses con oblaciones al fuego, según la ley; a los Manes con servicios fúnebres (Sraddhas); a los hombres presentándoles alimentos, a los Espíritus dando alimento a los seres animados.

82. "Que haga todos los días una ofrenda (Sraddha) con arroz o con otro grano o con agua o con leche, raíces y frutas, a fin de atraer a sí la benevolencia de los Manes.

83. "Puede convidar a un Bracmán a aquella de las cinco oblaciones que se realizan en honor de los Manes; pero no debe admitir a nadie en la que está dirigida a todos los Dioses.

84. "Después de haber preparado el alimento destinado a ser ofrecido a todos los Dioses, que haga el Dwidja todos los días, en el fuego doméstico, la oblación (Homa) a las siguientes Divinidades, con las ceremonias usuales:

85. "Desde luego a Añi[64] y a Soma[65], separadamente, después a los dos juntos; en seguida a los Dioses congregados (Viswas-Devas)[66] y a Dhanwantari)[67],

86. "A Kuhú[98], a Anumati[69], al señor de las criaturas (Pradjapati)[70], a Dyava y a Prithivi[71], y, en fin, al fuego del buen sacrificio.

87. "Qué después de haber hecho así la ofrenda de la mantequilla y del arroz en un profundo recogimiento, vaya a hacer cada una de las cuatro" regiones celestes, caminando del Este al Sur, y así sucesivamente, y que dirija la oblación (Bali) a Indra[72], Yama[73], Varouna[74] y Kuvera, así como a los Genios que forman su acompañamiento.

88. "Que arroje arroz cocido en su puerta, diciendo: "Adoración a los Vientos (Maruts)"; al agua, diciendo: "Adoración a las Divinidades de las ondas"; sobre su mano de mortero y su mortero, diciendo: "Adoración a las Divinidades de los bosques".

89. "Que rinda homenaje a Srit[75], del lado del Nordeste, junto a su almohada; a Bhadrakali[76], hacia el Sudoeste, al pie de su lecho; a Brahama y a Vastospati[77], en medio de su mansión.

90. "Que arroje al aire su ofrenda a los Dioses congregados (Viswas); que la haga de día a los Espíritus que caminan de día, y durante la noche a los que caminan de noche.

91. "En el piso superior de su habitación, o tras ella, debe hacer una oblación por la prosperidad de todos los seres, y ofrecer todo el resto a los Manes, con el semblante vuelto hacia el Mediodía.

92. "Debe arrojar al suelo poco a poco la parte de alimento destinada a los perros, a los hombres degradados, a los alimentadores de perros, a los que están atacados de elefantiasis o de consunción pulmonar, a las cornejas y a los gusanos.

93. "El Bracmán que honra así constantemente a todos los seres, llega a la eterna mansión, bajo forma resplandeciente, por un camino directo.

94. "Que, después de haber cumplido de tal manera el acto de las oblaciones,

ofrezca alimentos a su huésped antes que a cualquier otro, y dé limosna al novicio mendigo, según la regla, dándole una medida de arroz equivalente a un bocado.

95. "Cualquiera que sea la recompensa que obtenga un discípulo por la obra meritoria de haber dado una vaca a su padre espiritual, según la ley, el Dwidja dueño de casa obtiene la misma recompensa por haber dado una medida de arroz al novicio mendigo.

96. "Que cuando sólo tiene preparado poco arroz, dé solamente una medida, después de haberla condimentado, o que dé un vaso de agua guarnecido de flores y de frutos a un Bracmán que conoce el verdadero sentido de los Libros santos, después de haberlo honrado según la regla.

97. "Las ofrendas hechas a los Dioses y a los Manes por hombres ignorantes no producen fruto alguno, cuando, en su extravío, dan una parte de ellas a Bracmanes, privados del brillo que comunica el estudio de la Santa Escritura, y quienes son comparables a cenizas.

98. "Pero la oblación vertida en la boca de un Bracmán resplandeciente de saber divino y de austera devoción, debe sacar de la más difícil situación a quien la ha hecho y descargarlo de una gran falta.

99. "Que, cuando un huésped se presenta, el dueño de la casa le ofrezca, con las formas prescritas, un asiento, agua para lavarse los pies y el alimento que condimentó lo mejor posible.

100. "Aun cuando un dueño de casa no viva sino de grano segado, y haga oblaciones a los cinco fuegos, el Bracmán que no recibe en la morada de este hombre los honores de la hospitalidad se atrae el mérito de todas sus obras pías.

101. "Hierba, tierra para reposar, agua para lavarse los pies,.dulces palabras: he aquí lo que nunca falta en la casa de las gentes de bien.

102. "Al Bracmán que reposa una sola noche bajo el techo hospitalario, se le llama huésped (Atithi) porque no permanece siquiera durante el espacio de un día lunar (Tithi).

103. "Que el jefe de familia no considere como huésped al Bracmán que mora en el mismo pueblo que él o al que viene por pasatiempo a visitarlo a la casa donde vive su mujer y donde están encendidos sus fuegos.

104. "Los dueños de casa bastante desatinados para tomar parte en la comida de otro se ven reducidos después de su muerte, en castigo de esta conducta, a la condición de ganados de los que les dieron alimentos.

105. "Un dueño de casa no debe, en la tarde, rehusar hospitalidad a quien la puesta del sol le trae porque no tuvo tiempo de regresar a su morada; ya llegue a tiempo, o ya muy tarde, este huésped no debe permanecer en la casa sin comer allí.

106. "Que él jefe de familia no coma ningún guiso sin dar de él a su huésped; honrar a quien se recibe es el medio de obtener riquezas, gloria, una larga existencia y el Paraíso (Swarga).

107. "Según reciba superiores, inferiores o iguales, es preciso que el asiento, el lugar y el lecho que les ofrece, que las cortesías que le hace en el momento de su partida, que su cuidado en servirlos, estén en proporción a su respectivo cargo.

108. "Si sobreviene un nuevo huésped cuando está terminada la oblación a los Dioses, así como las otras ofrendas, el dueño de casa debe hacer lo mejor posible para darle alimentos, pero no comenzar de nuevo la ofrenda (Bali).

109. "Que un Bracmán no proclame su familia y su linaje para ser admitido a una comida, pues quien con este motivo los manifiesta está llamado por los sabios comedor de cosas vomitadas.

110. "A un hombre de la clase real no se le considera como huésped en la casa de un Bracmán; como tampoco a un Vaisya, a un Sudra, a un amigo de este Bracmán, a uno de sus parientes paternos y a su director.

111. "Pero si un Chatria llega a la casa de un Bracmán en calidad de huésped, este Bracmán puede darle también de comer, cuando los Bracmanes mencionados están ahitos.

112. "Y que, aun cuando un Vaisya y un Sudra han entrado en su casa en calidad de huéspedes, los haga comer con sus sirvientes, manifestándoles benevolencia.

113. "En cuanto a sus amigos, y a las otras personas que vienen a visitarlo por afecto, debe hacerles tomar parte en la comida destinada a su mujer y a sí mismo después de haber preparado los guisos lo mejor posible.

114. "Que sin vacilar, sirva el alimento, antes de ofrecerlo a sus huéspedes, a las mujeres recién casadas, a las mozas, a los enfermos y a las mujeres encinta.

115. "El insensato que come primero sin haber ofrecido nada a las personas mencionadas, no sabe, tomando su alimento, que él mismo servirá de pasto a los perros y a los buitres.

116. "Pero que, cuando estén ahitos sus huéspedes, sus padres y sus sirvientes, el dueño de la casa y su mujer coman lo que sobra de la comida.

117. "Que después de haber honrado a los Dioses, a los Santos, a los hombres, a los Manes y a las Divinidades domésticas, se nutria el dueño de casa con el resto de las ofrendas.

118. "Sólo de pecado se nutre quien hace cocer para sí solo; en efecto, la comida hecha con las sobras de la oblación está llamada alimento de las gentes de bien.

119. "Un rey, un sacerdote que celebra, un Bracmán cuyo noviciado está enteramente terminado, un director, un yerno, un suegro y un tío materno, deben ser regalados de nuevo con un madhuparca al fin de un año, cuando vienen a visitar al dueño de la casa.

120. "Un rey y un Bracmán que están presentes a la celebración del sacrificio deben ser regalados con un madhuparca, pero no cuando está concluida la oblación, tal es la regla; los otros, por el contrario, deben recibir el madhuparca[78], aun cuando no lleguen en el momento de la oblación.

121. "Que al terminar el día, estando preparado el arroz, haga la esposa una ofrenda sin recitar la fórmula sagrada, excepto mentalmente; pues la oblación dirigida a los Dioses congregados está prescrita para la tarde y para la mañana, así como las otras oblaciones.

122. "De mes en mes, el día de la nueva luna, el Bracmán que alimenta el fuego, después de haber dirigido a los Manes la ofrenda de los pasteles (pindas) debe hacer

la Sraddha (comida fúnebre), llamada Pindanwaharya (después de la ofrenda).

123. "Los sabios han llamado Pindanwaharya al festín (Sraddha) mensual en honor de los Manes porque se celebra después de la ofrenda de los pindas o pasteles de arroz, y hay que tener mucho cuidado de hacerlo con carnes aprobadas por la ley.

124. "Os haré saber exactamente cuáles son los Bracmanes que deben ser invitados a esta comida y cuáles ser excluidos; cuál debe ser su número y los manjares que se les deben presentar.

125. "Que el dueño de casa reciba a dos Bracmanes en la Sraddha de los dioses, y a tres en la que se celebra para su padre, su abuelo paterno y su bisabuelo paterno, o solamente a uno en cada una de estas ceremonias; por rico que sea, no debe tratar de recibir a mucha gente.

126. "Las cinco ventajas siguientes: la. honorable acogida hecha a los Bracmanes, el lugar y el tiempo favorables, la pureza, el favor de recibir Bracmanes, se reducen a nada por recibir a una asamblea demasiado numerosa; en consecuencia, no debe desear numerosa asamblea.

127. "La ceremonia en memoria de los muertos se llama servicio de los Manes; esta ceremonia, prescrita por la ley, trae sin cesar toda clase de prosperidades a quien le celebra exactamente el día de la luna nueva.

128. "Las oblaciones a los Dioses y a los Manes deben ser dadas por los que las hacen a un Bracmán versado en la Santa Escritura ; en efecto, lo que se da a este hombre venerable produce excelentes frutos.

129. "Aunque esté invitado sólo un Bracmán instruido a la oblación a los Dioses y hecha a los Manes, se obtiene una hermosa recompensa, pero no alimentando a una multitud de gentes que no conocen los Libros santos.

130. "Que quien celebra la ceremonia averigüe dónde hay un Bracmán que ha llegado al término de la lectura del Veda, subiendo en el examen de la pureza de su familia hasta un grado lejano; tal hombre es digno de compartir las oblaciones a los Dioses y a los Manes; es un verdadero huésped.

131. "En un Sraddha donde un millón de hombres ajenos al estudio de los Libros sagrados recibiría alimento, tendrá, más mérito según la ley la presencia de un solo hombre que conozca la Santa Escritura y que esté satisfecho de lo que se la haya dado.

132. "Es preciso dar el alimento consagrado a los Dioses y a los Manes a un Bracmán distinguido por su saber; en efecto, manos manchadas de sangre no pueden purificarse con sangre.

133. "Cuantos bocados trague el hombre desprovisto de todo conocimiento sagrado durante una oblación a los Dioses y a los Manes, tantas otras bolas de fuego quemantes, armadas de agudas puntas, traga quien efectúa la ceremonia.

134. "Algunos Bracmanes se consagran especialmente a la ciencia sagrada; otros, a las austeridades; otros, a las prácticas austeras y al estudio de los santos Libros; otros, al cumplimiento de actos religiosos.

135. "Las oblaciones a los Manes deben ser presentadas con diligencia a los Bracmanes consagrados a la ciencia sagrada, las oblaciones a los Dioses pueden ser

ofrecidas, con las ceremonias usuales, a las cuatro órdenes de Bracmanes mencionadas.

136. "Puede ocurrir que un hijo que tenga por padre a un hombre ajeno al estudio de los dogmas sagrados haya llegado él mismo al término' de la lectura de los Libros santos, o que un hijo que no ha leído el Veda tenga un padre muy versado en los Libros sagrados.

137. "De estos dos personajes debe reconocerse como superior a aquel cuyo padre ha estudiado el Veda; pero para rendir homenaje a la Santa Escritura, es preciso recibir honrosamente al otro.

138. "No se debe admitir a un amigo en la comida fúnebre (Sraddha), y por otros presentes debe conciliarse su afecto; sólo el Bracmán a quien no se le considera como amigo ni como enemigo puede ser convidado a tomar parte en la Sraddha.

139. "Aquel cuyas comidas fúnebres y cuyas ofrendas a los Dioses tienen por principal motivo la amistad, no obtiene, en el otro mundo, fruto alguno de sus festines fúnebres y de sus ofrendas.

140. "El hombre que, por ignorancia, contrae relaciones por medio de las comidas fúnebres, está excluido de la celeste mansión, como que está dedicado a la Sraddha por interés solamente, y como el más vil de los Dwidjas.

141. "Tal ofrenda, que no consiste en un festín ofrecido a numerosos convidados, ha sido llamada diabólica (Paisacli) por los Sabios; está confinada en este bajo mundo como una vaca ciega en su establo.

142. "Así como el labrador que siembra grano en un terreno estéril no cosecha nada, así también quien da la ofrenda de mantequilla líquida a un Bracmán ignorante no obtiene de ello ventaja alguna.

143. "Pero lo que se da, conforme a la ley, a un hombre imbuido de la ciencia sagrada, produce frutos cosechados por igual en este mundo y en el otro, por los que ofrecen y por los que reciben.

144. "Si no se encuentra en su proximidad ningún Bracmán instruido, puede, si quiere, invitar a la comida fúnebre a un amigo; pero nunca a un enemigo, aun cuando conozca los santos dogmas; pues la oblación comida por un enemigo no obtiene ventaja alguna en el otro mundo.

145. "Debe tenerse sumo cuidado de convidar a la comida fúnebre a un Bracmán que haya leído toda la Santa Escritura y que posea especialmente el Rig-Veda; a un Bracmán muy versado en el Jadjur-Veda y que conozca todas las ramas de los Libros santos; no a un Bracmán que haya terminado la lectura de los Libros sagrados, pero que posea particularmente el Sama-Veda.

146. "Basta que uno de estos tres personajes tome parte en una comida fúnebre, después de haber recibido acogida honorable, para que los antepasados de quien hace la ceremonia, hasta la séptima persona, experimenten una satisfacción inalterable.

147. "Tal es la principal condición cuando se hacen ofrendas a los Dioses y los Manes; pero, en defecto de la primera, es preciso conocer otra condición secundaria,

siempre observada por las gentes de bien.

148. "Que quien hace una Sraddha, invite a la comida, a falta de Bracmanes instruidos, a su abuelo materno, a su tío materno, al hijo de su hermana, al padre de su mujer, a su maestro espiritual, al hijo de su hija, al marido de esta hija, a su primo materno-o paterno,. a su capellán, o al sacerdote que hace sus sacrificios.

149. "Quien conoce la ley no debe examinar demasiado escrupulosamente el linaje de un Bracmán para admitirlo a la ceremonia en honor de los Dioses; pero para la de los Manes, debe poner el mayor cuidado en la información.

150. "Los Bracmanes que han cometido robos o que se han hecho culpables de grandes crímenes, los que son eunucos, los que profesan el ateísmo, han sido declarados por Manú indignos de tomar parte en las ofrendas hechas en honor de los Dioses y de los Manes.

151. "Un novicio que ha descuidado el estudio de la Santa Escritura, un hombre que ha nacido sin prepucio, un jugador y las gentes que sacrifican para todo el mundo, no merecen ser admitidos a la comida fúnebre.

152. "Los médicos, los sacerdotes que muestran ídolos, los mercaderes de carne, y los que viven del tráfico, deben ser excluidos de toda ceremonia consagrada a los Dioses y a los Manes.

153. "Un criado que está al servicio de una ciudad o de un rey, un hombre que tenga una enfermedad de uñas o los dientes negros, un alumno que resista a las órdenes de su director, un Bracmán que ha abandonado el fuego sagrado, un usurero.

154. "Un tísico, un alimentador de ganado, un hermano menor casado antes que su hermano mayor, un Bracmán que descuida las cinco oblaciones, un enemigo de los Bracmanes, un hermano mayor que no se ha casado antes que su hermano menor, un hombre que vive a costa de sus padres.

155. "Un bailarín de profesión, un novicio o un devoto ascético que viola el voto de castidad, el marido en primeras nupcias de una mujer de la clase servil, el hijo de una mujer vuelta a casar, un hombre tuerto, un marido en cuya casa está un amante.

156. "Un maestro que enseña la Santa Escritura por salario, y un discípulo que recibe lecciones de un hombre asalariado; el alumno de un Sudra, el Sudra preceptor; un hombre injurioso en palabras; el hijo nacido de una mujer adúltera, durante la vida o después de la muerte del marido.

157. "Un joven que abandona sir razón a su padre, su madre o su director; quien ha estudiado los santos Libros con personas degradadas o que ha contraído alianza con ellos,

158. "Un incendiario, un envenenador, un hombre que come el alimento proporcionado por un adulterino; un mercader de soma[II], un marino, un poeta panegirista, un fabricante de aceite, un testigo falso,

159. "Un hijo que tiene disentimientos con su padre, un hombre que hace jugar para él, un bebedor de licores embriagadores, un hombre atacado de elefantiasis, un

---

[II] Soma, planta consagrada a la luna; es la asclepiada ácida.

individuo mal reputado, un hipócrita, un mercader de jugos vegetales.

160. "Un fabricante de arcos y de flechas, el marido de una joven casada antes que su propia hermana mayor, un hombre que trata de dañar a su amigo, el dueño de una casa de juego, el padre que tiene por preceptor a su hijo.

161. "Un epiléptico, un hombre que sufre de una inflamación de las glándulas del cuello, un leproso, un malvado, un loco, un ciego y, en fin, un infringidor de los Vedas: deben ser todos excluidos.

162. "Un hombre que amaestra elefantes, toros, caballos o camellos, un astrólogo de profesión, un alimentador de pájaros, un maestro de armas.

163. "Un hombre que da otra dirección a las aguas corrientes, el que se complace en detener su curso, un obrero que construye casas, un mensajero, un plantador de árboles asalariado.

164. "El que alimenta perros amaestrados para divertir, un halconero, un seductor de doncellas, un hombre cruel, un Bracmán que lleva la vida de un Sudra, un sacerdote que no sacrifica sino a las Divinidades inferiores.

165. "Un hombre que no se conforma a las buenas costumbres, el que cumple sus deberes con displicencia, el que importuna con sus pedidos, un labrador, un hombre que tiene las piernas hinchadas, un hombre despreciado por las gentes de bien.

166. "Un pastor, un guardián de búfalos, el esposo de una mujer casada por segunda vez y un portador de cuerpos muertos asalariado, deben ser evitados con el mayor cuidado.

167. "Que estos hombres cuya conducta es represible, o que deben sus dolencias o sus enfermedades a faltas cometidas en un nacimiento precedente; que son indignos de ser recibidos en una asamblea honorable; y los últimos de la clase sacerdotal sean excluidos de las dos ceremonias por todo Bracmán juicioso.

168. "Un Bracmán que no ha estudiado la Santa Escritura se apaga como un fuego de hierba seca; no se le debe dar la ofrenda, pues no se vierte la mantequilla clarificada en la ceniza.

169. "Voy a declararos, sin omitiros nada, cuál es el fruto que obtiene en la otra vida el donador de una ofrenda dada durante la ceremonia de los Dioses o durante la de los Manes, a gentes que no merecen ser admitidas en una reunión de hombres virtuosos.

170. "El alimento comido por los Dwidjas que han infringido las reglas, como un hermano menor casado antes que su hermano mayor, y por los otros individuos inadmisibles, lo saborean los Gigantes (Rakchasas) y no los Dioses y los Manes.

171. "Quien toma esposa y enciende el fuego nupcial cuando no está todavía casado su hermano mayor, está llamado Parivettri, y su hermano mayor Parivitti.

172. "El Parivitti, el Parivettri, la joven con quien se ha contraído tal matrimonio, se van los tres al infierno (Naraka), así como el que ha concedido a la esposa y el sacerdote que ha hecho el sacrificio nupcial.

173. "El que satisface a la medida de sus deseos su pasión por la viuda de su hermano, sin conformarse a las reglas prescritas, debe ser llamado, aun que ella esté

legalmente unida a él, marido de una Didhishú (mujer vuelta a casar).

174. "Dos hijos designados bajo los nombres de Kunda y de Golaka, nacen del adulterio de las mujeres casadas; si está vivo el esposo, el hijo es un Kunda; si ha muerto, un Golaka.

175. "Estos dos seres, fruto de un comercio adulterino, reducen a nada en este mundo y en el otro las ofrendas hechas a los Dioses y a los Manes, cuando se les da parte en ellas.

176. "Cuando un hombre inadmisible mira a los convidados honorables que toman parte en un festín, el imprudente que realiza la ceremonia no obtiene en el otro mundo recompensa alguna del alimento proporcionado a todos aquellos sobre los que este hombre ha puesto los ojos.

177. "Un ciego que se ha hallado situado en un lugar en que otro hubiera visto, destruye, para el dador, el mérito del recibimiento de noventa convidados honorables; un tuerto, de sesenta; un leproso, de ciento; un hombre atacado de consunción, de mil.

178. "Si los miembros de algunos Bracmanes son tocados por un hombre que sacrifica para la última clase, el que efectúa la ceremonia no saca, de lo que da a los Bracmanes, los frutos que procura la Sraddha.

179. "Y el Bracmán versado en la Santa Escritura que por avaricia recibe un presente de semejante sacrificador camina a su perdición tan rápidamente como un vaso de tierra sin cocer se destruye en el agua.

180. "El alimento dado a un vendedor de soma se torna excremento[79]; a un médico, se torna pus y sangre; dado a uno que muestra ídolos, está perdido; a un usurero, no es aceptado.

181. "El que se da a un comerciante no es productivo ni en esta vida ni en la otra, y el que se ofrece a un Dwidja, hijo de una viuda casada de nuevo, es semejante a la ofrenda de mantequilla clarificada vertida en la ceniza..

182. "En cuanto a los otros hombres inadmisibles y despreciables aquí arriba mencionados, el alimento que se les da se tornará, según ha sido declarado por los Sabios, secreción serosa, sangre, carne, medula y huesos.

183. "Aprended ahora completamente por qué, Bracmanes puede ser purificada una reunión manchada por gentes inadmisibles; conoced a estos personajes eminentes, a estos purificadores de asambleas.

184. "Los que están perfectamente versados en todos los Vedas y en todos los libros accesorios (Augas) y que descienden de una familia de sabios teólogos, deben ser considerados capaces de borrar la mancha de una reunión.

185. "El Bracmán que se ha consagrado al estudio de una de las partes del Tadjur-Veda, el que mantiene cuidadosamente los cinco fuegos, el que posee una parte del Rig-Veda, el que conoce los seis libros accesorios, el hijo de una mujer casada según el velo de Brahama, el que canta la parte principal del Sama-Veda.

186. "El que comprende perfectamente los santos Libros y los explica, el novicio que ha dado mil vacas, el hombre de cien años de edad: tales son los Bracmanes que deben ser mirados como capaces de purificar una reunión de convidados.

187. "La víspera del día en que debe celebrarse la ceremonia de la comida fúnebre o el mismo día, el que da la Sraddha debe invitar de modo honorable por lo menos a tres Bracmanes como los que han sido mencionados.

188. "El Bracmán que ha sido invitado a la Sraddha de los Manes debe volverse enteramente dueño de sus sentidos, que no lea la Santa Escritura y sólo recite en voz baja la plegaria que nunca debe dejar de decirse; a lo mismo está obligado quien celebra la ceremonia.

189. "Los Manes de los antepasados, en estado invisible, acompañan a tales Bracmanes convidados; bajo una forma aérea los siguen y ocupan un lugar a su lado, cuando ellos se sientan.

190. "El Bracmán convenientemente invitado a ofrendas en honor de los Dioses y de los Manes, y que comete la menor transgresión, renacerá por esta falta bajo forma de puerco.

191. "El que después de haber recibido invitación a una comida fúnebre satisface su amor por una mujer de la clase servil, carga con todo el mal que haya podido cometer el que da la Sraddha.

192. "Exentos de cólera, perfectamente puros, siempre castos como novicios, habiendo depuesto las armas, dotados de las más eminentes cualidades, los Pitris[80] han nacido antes que los Dioses.

193. "Aprended ahora cuál es el origen de todos los Pitris, por qué hombres y por qué ceremonias deben ser honrados especialmente.

194. "Estos hijos de Manú, salido de Brahama, estos Santos (Rishis) de los cuales el primero es Marichi, han tenido todos hijos que forman, según ha sido declarado, las tribus de los Pitris.

195. "Los Somasads, hijos de Viradj, están reconocidos como antepasados de los Sadyhas; y los Anishwattas, reputados en el mundo como hijos de Marichi, son los antepasados de los Vedas.

196. "Los hijos de Atri, llamados Barhishadh, son los antepasados de los Dactyas, de los Dañadas, de los Jakshas, de los Gandharbas, de los Uragas, de los Rakshasas, de los Saparnas, de los Kinnaras.

197. "Los Somapas son los antepasados de los Bracmanes; los Havishmats de los Chatrias; los Adjyapas, de los Vaisyas; los Suhalis, de los Sudras.

198. "Los Somapas son hijos del Sabio Brigú; los Havishmats, de Angyras; los Adjyapas, de Pulastya; los Sukalis, de Vasishtha.

199. "Los Añidagdhas, los Añinadaghas, los Kavies, los Barkishads, los Añiswattas y los Somyas, deben ser reconocidos como antepasados de los Bracmanes.

200. "Las tribus de Pitris que acaban de ser enumeradas son las principales, y sus hijos y. sus nietos, indefinidamente, deben ser considerados también en este mundo como Pitris.

201. "De los Santos (Rishis) han nacido los Pitris; de los Pitris, los Dioses (Devas) y los Titanes (Danavas); y ha sido producido sucesivamente por los Dioses este mundo entero, compuesto de seres móviles e inmóviles.

202. "Agua pura ofrecida simplemente a los Dioses Manes (Pitris), con fe, en vasos de plata o plateados, es fuente de una felicidad inalterable.

203. "La ceremonia en honor de los Manes es superior para los Bracmanes a la ceremonia en honor de los Dioses, y ha sido declarado que la ofrenda a los Dioses que precede a la ofrenda a los Manes aumenta el mérito de ella.

204. "A fin de preservar las oblaciones a los Manes, el dueño de la casa debe comenzar por una ofrenda a los Dioses, pues los Gigantes devastan toda comida fúnebre privada de este preservativo.

205. "Que haga preceder y seguir el Sraddha de una ofrenda a los Dioses y que tenga cuidado de no comenzar y concluir con las oblaciones a los Manes; pues quien comienza y concluye con la ofrenda a los Manes pronto perece con toda su, raza.

206. "Que cubra con estiércol de vaca un lugar puro y solitario y que escoja cuidadosamente un sitio que tenga declive hacia el Mediodía.

207. "Los Manes reciben siempre con agrado lo que les es ofrecido en los crolas de los bosques que son naturalmente puros, o en la ribera de los ríos o en apartados lugares.

208. "Una vez que los Bracmanes han hecho su ablución de modo conveniente, el jefe de familia debe instalarlos, a cada uno separadamente, sobre asientos preparados y cubiertos con kusa.

209. "Que cuando ha hecho sentar a estos Bracmanes, respetuosamente, en sus asientos, los regale con perfumes y guirnaldas odoríferas, habiendo antes honrado a los Dioses.

210. "Que después de haber traído a sus convidados agua, la hierba kusa y granos de sésamo (tila), haga con ellos, el Bracmán autorizado por los otros Bracmanes, la ofrenda al fuego sagrado.

211. "Habiendo hecho primero a Añi, a Soma y a Jama una ofrenda propiciatoria de mantequilla clarificada, conformándose a las reglas prescritas, debe en seguida satisfacer a los Manes con una' ofrenda de arroz.

212. "Que si no tiene fuego consagrado (como por ejemplo si no está casado todavía o si ha muerto su mujer), vierta las tres oblaciones en manos de un Brahama, pues no hay diferencia entre el fuego y un Bracmán; tal es la decisión pronunciada por los que conocen el Veda.

213. "En efecto, los sabios miran a estos Bracmanes exentos de cólera, de semblantes siempre serenos, de una raza primitiva, dedicados al acrecentamiento del género humano, como a los Dioses de la ceremonia fúnebre.

214. "Que después de haber dado la vuelta al fuego, del modo prescrito, caminando de izquierda a derecha y arrojando al fuego la ofrenda, esparza agua con la mano derecha sobre el sitio donde deben ponerse los pasteles de arroz.

215. "Habiendo hecho tres pasteles con lo que queda de arroz y de mantequilla clarificada, deposítelos sobre hojitas de kusa[81], en el más profundo recogimiento, del mismo modo que el agua, es decir, con la mano derecha, teniendo vuelto el semblante al Mediodía.

216. "Cuando ha depositado estos pasteles sobre hojitas de hierba kusa con el

mayor cuidado y, observando la regla, limpie su mano derecha con raíces de esta hierba, para satisfacción de los que comparten estos restos, a saber: el padre, el abuelo y el bisabuelo de su bisabuelo paterno.

217. "Que habiendo hecho una ablución, volviéndose hacia el Norte y reteniendo su respiración lentamente, tres veces, el Bracmán que conoce las palabras sagradas salude a las seis divinidades de las estaciones y a los Manes.

218. "Que vierta de nuevo lentamente, junto a estos pasteles, lo que le queda del agua que ha derramado sobre el suelo y que olfatee estos pasteles en perfecto recogimiento, en el orden en que fueron ofrendados.

219. "Tomando entonces en el mismo orden una porción de cada uno de estos tres pasteles ofrecidos a los Manes de su padre, de su abuelo paterno y de su bisabuelo que están difuntos, haga primero comer estas porciones según la regla a los tres Bracmanes sentados que' representan a su abuelo y su bisabuelo.

220. "Si su padre vive, dedique el dueño de casa la Sraddha a los Manes de tres de sus antepasados paternos comenzando por su abuelo; o puede dar de comer a su padre durante la ceremonia en lugar del Bracmán que lo representara si hubiese fallecido, y dar a los dos Bracmán que representan a su abuelo y su bisabuelo las porciones de los dos pasteles que les están consagradas.

221. "Que aquel cuyo padre ha muerto y cuyo abuelo paterno existe todavía, después de haber proclamado el nombre de su padre en la ceremonia fúnebre, proclame también el de su bisabuelo; es decir, que haga la Sraddha en memoria suya.

222. "O el abuelo puede tomar parte en la Sraddha en lugar del Bracmán que lo representaría si hubiera fallecido, como lo ha declarado Manú, o su nieto, autorizado por él, puede obrar como quiera y hacer la ceremonia solamente en honor, de su padre y de su bisabuelo difunto, o agregar en ella a su anciano abuelo.

223. "Habiendo derramado en las manos de los tres. Bracmanes agua con la hierba kusa y sésamo, déles la parte superior de cada uno de los tres pasteles, diciendo: Que esta ofrenda (swada) sea para ellos.

224. "Que trayendo entonces con ambas manos una vasija llena de arroz, la coloque delante de los Bracmanes lentamente y pensando en los Manes.

225. "El alimento que se trae sin poner ambas manos es inmediatamente dispersado por los malos Genios (Asuras) de corazón perverso.

226. "Que estando purificado y perfectamente atento, coloque primero cuidadosamente sobre el suelo salsas, hortalizas y otras cosas que pueden comerse con el arroz, la leche, la leche cuajada, la mantequilla clarificada y la miel.

227. "Diversas clases de confituras, manjares de varias especies preparados con leche, raíces y frutas, carnes agradables y licores perfumados.

228. "Que habiendo traído todos estos manjares sin demasiada precipitación, los' presente a los convidados uno por uno, estando en estado de perfecta atención y grande pureza, declarando todas las cualidades de estos manjares.

229. "Que no vierta lágrimas, que no se irrite, no profiera mentira, no toque los manjares con el pie y no los sacuda.

230. "Una lágrima atrae a los Espíritus; la cólera, a los enemigos; la mentira, a los

perros; el tocar con el pie, a los Gigantes (Rakhasas); el acto de sacudir estos manjares, a los perversos.

231. "Que sin pecar dé cualquiera cosa que sea agradable a los Bracmanes, y que con ellos platique sobre el supremo Ser; tal es el deseo de los Manes.

232. "Durante la ceremonia en honor de los Manes, lea en alta voz la Santa Escritura, los códigos de leyes, las historias morales, los poemas heroicos (Itihasas), las antiguas leyendas (Puranas)[82], y los textos teológicos.

233. "Que, estando alegre, trate de inspirar alegría a los Bracmanes y les ofrezca de qué comer, sin apresurarse demasiado; que repetidas veces les llame la atención acerca del arroz y de los otros manjares y acerca de sus buenas cualidades.

234. "Que tenga sumo cuidado en invitar a la comida fúnebre, al hijo de su hija, aun cuando no haya terminado su noviciado; que ponga sobre el asiento de él un tapiz hecho con pelo de cabra del Nepal y que esparza sésamo tila) sobre el suelo.

235. "Tres cosas son puras en un Sraddha: el hijo de una hija, un tapiz del Nepal y granos de sésamo; y tres cosas son en él estimadas: la pureza, la ausencia de cólera, la falta de precipitación.

236. "Es preciso que todos los manjares preparados estén bien calientes y que los Bracmanes coman en silencio; no deben declarar las cualidades de los manjares, aun cuando sean interrogados sobre este punto por el dueño de la comida.

237. "Mientras los manjares se conserven calientes y se coma en silencio y sin declarar las cualidades de estos manjares, los Manes toman parte en el festín.

238. "Lo que come un Bracmán que tiene la cabeza cubierta o el semblante vuelto al Mediodía, o que tiene calzados los pies, no es saboreado ciertamente sino por los Gigantes y no por los Manes.

239. "Es preciso que no vean comer a los Bracmanes ni un Chandala[83] ni un puerco ni un perro ni un gallo ni una mujer durante el tiempo de su menstruación ni un eunuco.

240. "Durante una ofrenda al fuego, una distribución de presentes, una comida dada a Bracmanes, un sacrificio a los Dioses, una Sraddha en honor de los Manes, lo que los seres mencionados pueden ver no produce el resultado apetecido.

241. "El puerco lo destruye por su olfato; el gallo por el viento de sus alas; el perro por su mirada; el hombre de la clase más vil, por su tacto.

242. "Un hombre1 cojo o tuerto o que tenga un miembro de menos o de más, aun cuando fuera servidor del dueño de la comida, debe ser apartado de la ceremonia.

243. "Si un Bracmán o un mendigo se presenta y pide alimento, el dueño de la comida debe acogerlo lo más honorablemente que pueda, después de haber obtenido el permiso de sus convidados.

244. "Que después de haber mezclado manjares de toda clase con condimentos y haberlos regado con agua, los arroje delante de los Bracmanes cuya comida ha terminado, esparciéndolos sobre las briznas de kusa que están en el suelo.

245. "Lo que queda en las fuentes y lo que ha sido esparcido sobre las briznas de kusa debe ser la parte de los niños que han muerto antes de la iniciación y de los

hombres que han abandonado sin motivo a las mujeres de su clase.

246. "Los Sabios han decidido que el resto que ha caído por tierra durante la comida en honor de los Manes pertenece a los servidores diligentes y de buen natural.

247. "Antes de la Sraddha Sapindana debe hacerse, por un Bracmán que acaba de morir, una Sraddha particular sin ofrenda a los Dioses, a la cual sólo puede convidarse a un solo Bracmán y consagrarse un solo pastel (pinda).

248. "Cuando la Sraddha llamada Sapindana ha sido celebrada por este Dwidja según la ley debe hacer su hijo la ofrenda de los pasteles todos los años el día de la nueva luna.

249. "El insensato que después de haber tomado parte en una comida fúnebre dé sus restos a un Sudra es precipitado de cabeza en la región infernal llamada Kalasutra.

250. "Si un hombre después de haber asistido a una Sraddha comparte el mismo día el lecho de una mujer, sus antepasados estarán acostados. durante todo el mes sobre los excrementos de esta mujer.

251. "Que después de haber preguntado a sus convidados: ¿habéis comido bien?, cuando estén hartos, los invite a lavarse la boca; y que, terminada la ablución, les diga: "Reposaos aquí o en vuestras casas".

252. "Que los Bracmanes le digan entonces: ¡Ojalá la oblación sea agradable a los Manes!, pues en todos los actos piadosos en honor de los Manes son una excelente bendición estas palabras: ¡Ojalá la oblación sea agradable!

253. "Que en seguida manifieste a los convidados lo que queda de los manjares; e invitado por los Bracmanes a disponer de aquéllos de tal manera, haga lo que ellos le prescriban.

254. "Que diga a los Bracmanes, después de una ceremonia en honor de los Manes: "¿Habéis comido bien?" Después de una Sraddha purificatoria para una familia: "¿Habéis oído bien?" Después de una Sraddha para un acrecentamiento de prosperidad: "¿Habéis tenido éxito?" Después de una ceremonia en honor de los Dioses: "¿Estáis satisfechos?"

255. "El mediodía, briznas de kusa, la purificación del lugar, granos de sésamo, una generosa distribución de alimentos, manjares bien preparados, Bracmanes distinguidos; he aquí los requisitos deseables en las ceremonias celebradas en honor de los Manes.

256. "Briznas de kusa, plegarias (Mantras), la primera parte del día, todas las ofrendas que van a ser enumeradas y las purificaciones mencionadas deben reconocerse como cosas muy prósperas en la ceremonia hecha en honor de los Dioses.

257. "El arroz salvaje como el que comen los anacoretas, la leche, el jugo exprimido de la mata de la asclepiada ácida (soma), la carne fresca y la sal que no está preparada artificialmente, están designados como propios por su naturaleza para servir de ofrenda.

258. "Después de haber despedido a los Bracmanes, el dueño de casa debe,

sumido en el recogimiento, guardando silencio y habiéndose purificado, volverse hacia el Mediodía y pedir a los Manes las gracias siguientes:

259. "¡Que en nuestra familia aumente el número de hombres generosos; que se acreciente el celo por los santos dogmas, así como nuestra prole! ¡Pueda la fe nunca abandonarnos! ¡Ojalá podamos tener siempre mucho que dar!

260. "Que habiendo terminado así la ofrenda de los pasteles, tan luego como han sido hechos los votos a los Manes, haga comer lo que queda de estos pasteles a una vaca, a una Bracmán o a una cabra, o que los arroje al fuego o al agua.

261. "Algunos hacen la ofrenda de los pasteles después de la comida de los Bracmanes; otros dan de comer lo que queda de estos pasteles a los pájaros o lo arrojan al fuego o al agua.

262. "Una esposa legítima, fiel a sus deberes para con su marido y cuidadosa de honrar a los Manes, debe comer el pastel de en medio recitando la fórmula usual, si desea un hijo varón.

263. "Por este medio da a luz un hijo destinado a gozar de una larga vida, ilustre, inteligente, rico, con posteridad numerosa, dotado de buenas cualidades y cumplidor fiel de sus deberes.

264. "Que en seguida el dueño de casa, después de haberse lavado las manos y la boca, prepare el alimento para sus parientes del lado paterno; y después de habérselo dado respetuosamente, ofrezca también de qué comer a sus parientes maternos.

265. "Lo que los Bracmanes han dejado debe quedar sin que se limpie, hasta que hayan sido despedidos; que entonces el dueño de la casa haga las oblaciones domésticas ordinarias; tal es la ley establecida.

266. "Voy a declararos, sin omitir nada, cuáles son las ofrendas, hechas según la regla, que procuran a los Manes una satisfacción durable y aun eterna.

267. "Los Manes están satisfechos un mes entero con una ofrenda de sésamo, de arroz, de cebada, de lentejas negras, de agua, de raíces o de frutas, hecha con las ceremonias usuales.

268. "La carne de pescado les agrada durante dos meses; la de las bestias feroces, tres meses; la del carnero, cuatro meses; las de los pájaros que están permitidos comer a los Dwidjas, cinco meses.

269. "La carne de cabrito, seis meses; la del gamo moteado, siete meses; la de la gacela negra (ena), ocho meses; la del ciervo (rurú), nueve meses.

270. "Durante diez meses están satisfechos con la carne de jabalí y del búfalo, y durante once meses con la de las liebres y las tortugas.

271. "Una ofrenda de leche de vaca o de arroz preparado con leche les es agradable durante un año; la satisfacción que les procura la carne del vardhrinasa[84] es de doce años.

272. "La hortaliza llamada kalasaca, los cangrejos de mar, la carne del rinoceronte, la del cabrito de rojizo vellón y la miel, les causan un placer eterno, así como los granos de que se nutre un anacoreta.

273. "Toda sustancia pura mezclada con miel y ofrecida durante la estación de

las lluvias[85], el décimotercio día de la luna y bajo el asterismo lunar de Magha, es fuente de una satisfacción sin término.

274. "¡Ojalá pueda nacer en nuestra prole, dicen los "Manes, un hombre que nos ofrezca arroz hervido en le-"che, miel y mantequilla clarificada, en el décimotercio "día de la luna y en todo otro día lunar, cuando la sombra "del elefante cae al Este!"

275. "Cualquiera oblación hecha según las reglas, por un mortal cuya fe es perfectamente pura, procura a sus antepasados, en el otro mundo, una alegría eterna e inalterable.

276. "En la quincena negra, el décimo día y los siguientes, con excepción del décimocuarto, son los días lunares más favorables para un Sraddha; no pasa lo mismo con los otros días.

277. "Quien hace una Sraddha en los días lunares pares, y bajo las constelaciones lunares pares, obtiene el cumplimiento de todos sus deseos; el que honra a los Manes en los días impares, obtiene una ilustre posteridad.

278. "Así como la segunda quincena (la quincena negra) es preferible a la primera para un Sraddha, así también la segunda parte del día es preferible a la primera.

279. "La oblación a los Manes debe hacerse cuidadosamente hasta el fin, siguiendo la regla prescrita, con la parte de la mano derecha consagrada a los Manes, por un grado, que no se repose absolutamente y que tenga en la mano la hierba kusa.

280. "Que no haga jamás Sraddha durante la noche, pues está infestada por los Gigantes; ni en la aurora ni en el crepúsculo ni poco tiempo después de la salida del sol.

281. "El dueño de casa que' no puede hacer todos los meses la Sraddha del día de la luna nueva, debe dar una comida fúnebre de la manera prescrita, tres veces por año: durante la estación fría, la estación cálida y la de las lluvias; pero que todos los días haga la Sraddha que forma parte de las cinco oblaciones.

282. "La oblación que forma parte del acto piadoso en honor de los Manes no debe hacerse en un fuego no consagrado, y la Sraddha mensual del Bracmán que alimente un fuego no puede celebrarse sino el día de la luna nueva; pero la Sraddha del aniversario de una muerte, estando fijada con relación a la fecha, no está sometida a esta regla.

283. "Una libación de agua, dedicada a los Manes, después del baño, por un Bracmán que se halla imposibilitado de cumplir con la Sraddha diaria que forma parte de las cinco oblaciones, le trae toda la recompensa del acto piadoso en honor de los Manes.

284. "Los Sabios llaman a nuestros padres Vasus, a nuestros abuelos paternos, Rudras; a los padres de nuestros abuelos paternos, Aditijas; así lo ha declarado la revelación eterna.

285. "Que un hombre coma todos los días Vighasa y Amrita (ambrosia); el Vighasa es el resto de una comida ofrecida a convidados respetables; la Amrita, el resto de un sacrificio a los Dioses.

286. "Tales son, como os las he declarado, las reglas que conciernen a las cinco oblaciones; aprended ahora las leyes prescritas para el modo de vivir de los Bracmanes."

LIBRO CUARTO:

MEDIOS DE SUBSISTENCIA: PRECEPTOS

1. "Que el Bracmán, después de haber permanecido la primera cuarta parte[86] de su vida junto a su director (Gurú), resida durante el segundo período de su existencia en su casa después de haberse casado.

2. "Todo medio de existencia que nada daña a seres vivos o que les hace el menor daño posible, es el que debe adoptar un Bracmán para vivir, excepto en caso de miseria.

3. "Que con el único fin de procurarse alimento trate de acumular bienes por medio de las ocupaciones irreprochables que especialmente le convienen y sin mortificar su cuerpo.

4. "Puede vivir con auxilio de la rita y de la amrita o del mrita o del pramrita o aun del satyanrita, pero nunca del swavrirti.

5. "Por rita (subsistencia verdadera) debe entenderse el acto de recoger granos de arroz o de segar; por amrita (subsistencia inmortal), lo que se da y que no es pedido; por mrita (subsistencia mortal), la limosna mendigada; por pramrita (subsistencia muy mortal), la labranza.

6. "Por satyanrita (verdad y falsedad), el comercio; se puede también en ciertos casos acudir a él para sostén de la vida; la servidumbre es lo que se llama swavrirti (vida de perros); un Bracmán debe evitarla con el mayor cuidado.

7. "Uno puede acumular grano en su granero para tres o más años, o guardar en tinajas provisiones para un año, o no tener sino para tres días, o no recoger para el día de mañana.

8. "De los cuatro Bracmanes dueños de casa que practican estas cuatro diferentes maneras, al último en el orden sucesivamente debe reconocérsele como mejor, como al que, por su virtuosa conducta, merece en mayor grado conquistar los mundos.

9. "Uno de ellos que tenga que alimentar a muchas personas tiene seis medios de existencia, que son: espigar, recibir limosna, pedirla, labrar la tierra, comerciar, dar a rédito; otro, cuya casa sea menos numerosa, tiene tres recursos, a saber: sacrificar, enseñar la Santa Escritura y recibir limosna; el otro tiene dos ocupaciones: el sacrificio y la enseñanza; el cuarto vive esparciendo el cono cimiento de los santos Libros.

10. "Que el Bracmán que sostiene su vida recogiendo granos y espigando y que se decida a alimentar el fuego sagrado celebre los sacrificios de la luna nueva y de la llena y de los solsticios, sin agregar otras ofrendas.

11. "Que no frecuente nunca el mundo para ganar su sustento, que observe la conducta recta, franca y pura que conviene a un Bracmán.

12. "Que si busca la felicidad se mantenga en perfecto contento y que sea modesto en sus deseos, pues el contento es la fuente de la felicidad; la desgracia

tiene por origen el estado contrario.

13. "El Bracmán que tiene casa y que sostiene su vida por uno de los medios mencionados debe conformarse a las reglas siguientes, cuya observancia le consigue el Paraíso (Swarga), larga existencia y gran renombre.

14. "Que cumpla con perseverancia siempre su deber particular prescrito por el Veda; pues cumpliéndolo como mejor pueda, alcanza la condición suprema, que es la liberación final.

15. "Que no trate de adquirir riquezas por medio de las artes que seducen, como el canto y la música, ni por medio de ocupaciones prohibidas, y esté en la opulencia o en la miseria, no debe recibir de un cualquiera.

16. "Que no se entregue apasionadamente a ninguno de los placeres de los sentidos; que emplee toda su energía mental en señorear una excesiva inclinación a estos placeres.

17. "Debe abandonar todos los bienes que le impedirían leer la Santa Escritura y buscar medios de existencia que no le estorben al estudio de los Libros sagrados, pues esto es lo que puede traerle la felicidad.

18. "Que se conduzca de tal manera en este mundo que sus vestidos, sus discursos, sus pensamientos, estén en relación con su edad, sus actos, su fortuna, sus conocimiento, su teología y su familia.

19. "Es preciso que estudie siempre estos Sastras[87] (colecciones reverenciadas), que desarrollan la inteligencia y enseñan los medios de adquirir riquezas o conservar la vida y los tratados explicativos del Veda.

20. "En efecto, a medida que un hombre hace progresos en el estudio de los Sastras se torna eminentemente instruido y su saber brilla con vivo resplandor.

21. "Que haga todo lo posible para no omitir las cinco oblaciones a los Santos, a los Dioses, a los Espíritus, a los Hombres y a los Manes.

22. "Algunos hombres que conocen bien las disposiciones que conciernen a estas oblaciones, en lugar de ofrecer exteriormente estos cinco grandes sacrificios, hacen continuamente las ofrendas en los cinco órganos de sus sentidos.

23. "Unos sacrifican constantemente su respiración en su palabra, recitando la Santa Escritura en vez de respirar; y su palabra en su respiración, guardando silencio, hallando así en su palabra y en su respiración la recompensa eterna de las oblaciones.

24. "Otros Bracmanes hacen siempre estas oblaciones con la ciencia divina, viendo por el ojo de la divina sabiduría que la ciencia es la base de su cumplimiento.

25. "El dueño de casa debe siempre hacer ofrendas al fuego, al comienzo y al fin del día y de la noche, y celebrar, al fin de cada quincena lunar, los sacrificios particulares de la nueva luna y de la luna llena.

26. ""Que cuando la cosecha precedente está agotada, y aun cuando no lo esté, haga una ofrenda de grano nuevo tan pronto como haya terminado la siega; que al fin de cada estación de cuatro meses, celebre las oblaciones prescritas; que sacrifique un animal en los solsticios; que al fin del año haga oblaciones con el jugo de la asclepiada (soma).

27. "El Bracmán que alimenta un fuego sagrado y que desea vivir largos años no debe comer arroz nuevo y carne antes de haber ofrecido las primicias de la cosecha y de haber sacrificado un animal.

28. "Pues los fuegos sagrados, ávidos de grano nuevo y de carne, cuando no han sido honrados con las primicias de la siega y con el sacrificio de un animal, tratan de devorar la existencia del Bracmán descuidado.

29. "Que haga todo lo posible para que ningún huésped resida jamás en su casa sin que se le hayan ofrecido, con las consideraciones que se le deben, un asiento, alimentos, un lecho, agua, raíces o frutas.

30. "Los heréticos, los hombres que se entregan a ocupaciones prohibidas, los hipócritas, las gentes que no prestan fe a la Santa Escritura, los que la atacan con sofismas, los que tienen modales de garza, no deben ser honrados por él, ni siquiera con una palabra.

31. "Los Bracmanes dueños de casa que no han abandonado la mansión de su padre espiritual sino después de haber terminado el estudio de los Vedas y de haber cumplido con todos sus deberes piadosos y que son sabios en teología, deben ser acogidos honrosamente y tomar parte en las ofrendas destinadas a los Dioses y a los Manes; pero evítense a los que son todo lo contrario.

32. "Quien tiene casa debe, en cuanto le es posible, dar alimentos a las gentes que no los preparan por sí mismos, a los alumnos en teología y aun a los mendigos heréticos; y todos los seres, hasta las plantas, deben tener parte, sin que ello perjudique a su familia.

33. "Un jefe de familia puede implorar la generosidad de un rey de la clase militar, de un sacrificador o de su discípulo, pero no de ningún otro; tal es la regla establecida.

34. "Un Bracmán dueño de casa que tiene medios de procurarse su alimento no debe dejarse morir de hambre ni llevar vestidos viejos o sucios mientras le quede algún recurso.

35. "Que tenga cortados los cabellos, las uñas y la barba; que tenga firmeza en sus austeridades, que lleve vestidos blancos, que sea puro, aplicado al estudio del Veda y a todo lo que pueda serle salutífero.

36. "No debe nunca mirar al sol durante su salida ni durante su puesta, ni durante un eclipse, ni cuando está reflejado en el agua, ni cuando está en mitad de su carrera.

37. "Que lleve un bastón de bambú y un aguamanil lleno de agua, el cordón del sacrificio, un puñado de kusa y pendientes de plata muy brillantes.

38. "Que no salte por encima de una cuerda a la que está atado un cordero; que no corra mientras llueve y no mire su imagen en el agua; tal es la regla establecida.

39. "Que tenga siempre su derecha de lado de un montículo de tierra, de una vaca, de un ídolo, un Bracmán, de un vaisya, de mantequilla clarificada o de miel, de un lugar en que se cruzan cuatro caminos grandes y árboles bien conocidos, cuando le ocurre pasar cerca de ellos.

40. "Por más deseos que sienta, no debe acercarse a su mujer cuando los flujos

de sangre de ella comienzan a aparecer, ni reposar con ella en el mismo lecho.

41. "En efecto, la ciencia, la virilidad, el vigor, la vista y la existencia del hombre que se acerca a su mujer mientras ella está así manchada con el flujo sanguíneo, se desarruinan enteramente.

42. "Pero en quien se aleja de ella en el tiempo de su mancha, adquieren crecimiento la ciencia, la virilidad, el vigor, la vista y la existencia.

43. "Que no coma con su mujer en el mismo plato y no la mire mientras ella come, estornuda, bosteza o está sentada perezosamente.

44. "Ni mientras ella pone colirio[88] sobre sus ojos o se perfuma con esencia, ni cuando ella tiene descubierta la garganta, ni cuando ella da a luz un hijo, si estima en algo su virilidad.

45. "No debe tomar su alimento teniendo un vestido solo, ni bañarse enteramente desnudo; que no deposite su orina y sus excrementos en un camino ni sobre ceniza, ni en un prado de vacas.

46. "Ni en tierra labrada con el arado, ni en el agua, ni en una hoguera fúnebre, ni en una montaña, ni sobre las ruinas de un templo, ni sobre un nido de hormigas blancas, en ningún tiempo.

47. "Ni en agujeros ocupados por criaturas vivas, ni caminando, ni de pie, ni a la orilla de un río, ni en la cima de una montaña.

48. "Asimismo no debe nunca evacuar su orina o sus excrementos mirando objetos que agita el viento ni mirando al fuego o a un Bracmán, o al sol, o al agua, o a vacas.

49. "Que los deponga después de haber cubierto la tierra con maderas, terrones, hojas, hierbas secas y otras cosas semejantes, sin tener nada que lo ensucie guardando silencio, envuelto en su manto y con la cabeza cubierta.

50. "Que haga en el día sus necesidades con el semblante dirigido hacia el Norte; en la noche, con semblante vuelto hacia el Sur; en la aurora y en el crepúsculo de la tarde, del mismo modo que durante el día.

51. "En la sombra o en la oscuridad, ya sea de noche, ya sea de día, cuando no se pueden distinguir las regiones celestes, un Bracmán, satisfaciendo sus necesidades naturales, puede volver la cabeza como le plazca, así como en los lugares en que puede temer por su vida a causa de los ladrones y de las bestias feroces.

52. "Quien orina frente al fuego, al sol, a la luna, a un estanque, a un Dwidja, a una vaca o al viento, pierde toda su ciencia sagrada.

53. "Que el dueño de casa no sople el fuego con su boca y no mire a su mujer desnuda; que no arroje nada de sucio al fuego y que no caliente en él sus pies.

54. "Que no lo ponga en una estufilla bajo su lecho, que no salte por encima de él y no lo ponga a sus pies durante su sueño; que no haga nada que pueda dañar a su existencia.

55. "En el crepúsculo de la mañana o de la tarde, no debe comer ni ponerse en camino, ni acostarse; que no trace rayas en el suelo y no se quite su guirnalda de flores.

56. "Que no arroje al agua ni orina, ni basura, ni saliva, ni manchada por una

substancia impura, ni sangre, ni venenos.

57. "Que no duerma solo en una casa desierta, que no despierte a un hombre dormido que le es superior en riqueza y en ciencia; que no dé conversación a una mujer que tiene flujo de sangre, que no vaya a hacer un sacrificio sin estar acompañado por un celebrante.

58. "En una capilla consagrada al fuego, en un lugar en que encierran a las vacas, delante de los Bracmanes, leyendo la Santa Escritura y comiendo, debe tener descubierto el brazo derecho.

59. "Que no incomode a una vaca que bebe y que no vaya a dar aviso a aquel cuya leche bebe; y cuando ve en el cielo el arco de Indra, que no lo señale a nadie si está al corriente de lo que está permitido y de lo que no lo está.

60. "No debe permanecer en una ciudad habitada por hombres que no cumplen con sus deberes, ni hacer una larga estadía en aquella donde son numerosas las enfermedades; que no emprenda viaje solo y que no se quede largo tiempo en una montaña.

61. "Que no resida en una ciudad que tiene por rey a un Sudra, ni en la que está rodeada de gentes perversas o frecuentada por bandas de heréticos que llevan las insignias de su secta, o por hombres que pertenecen a las clases mezcladas.

62. "No debe comer substancia de la que se ha extraído aceite, ni satisfacer en demasía su apetito, ni tomar alimento demasiado temprano en la mañana o demasiado tarde en la tarde, ni comer en la tarde cuando ha comido abundantemente en la mañana.

63. "Que no se entregue a ningún trabajo inútil; que no beba agua en la cavidad de su mano; que no coma cosa alguna después de haberla puesto en su regazo y que nunca tenga una curiosidad inoportuna.

64. "No debe bailar, ni cantar, ni tocar ningún instrumento de música, excepto en los casos indicados por los Sastras, ni golpearse el brazo con la mano, ni rechinar de dientes, lanzando gritos inarticulados, ni hacer escándalo cuando está irritado.

65. "Que no se lave nunca los pies en una fuente de latón; que no coma en un plato roto o sobre el que hay sospechas.

66. "Que no lleve vestidos, zapatos, un cordón de sacrificio, un ornamento, una guirnalda, un aguamanil, que hayan servido a otros.

67. "Que no viaje con bestias de carga indóciles o extenuadas por el hambre o la enfermedad, o cuyos cuernos, cuyos ojos o cuyas pezuñas tienen algún defecto, o cuya cola está mutilada.

68. "Sino que se ponga en marcha con animales bien amaestrados, ágiles, dotados de ventajosos signos, de color agradable, de bella forma y que los aguije con moderación.

69. "Deben evitarse el sol bajo, el signo de la Virgen (Kanya)[89], la humareda de una hoguera funeraria y un asiento roto; el dueño de casa no debe nunca cortar por sí mismo sus uñas o sus cabellos ni acortar sus uñas con los dientes.

70. "Que no aplaste sin motivo un terrón de tierra, que no corte hierbas con sus uñas, que no haga acto alguno que no le procure provecho o que podría tener

consecuencias desagradables.

71. "El hombre que así aplasta terrones de tierra, que corta la hierba con sus uñas. o que roe sus uñas, se ve arrastrado rápidamente a su perdición lo mismo que el de tractor y el hombre impuro.

72. "Que no se exprese con palabras reprensibles; que no lleve guirnalda excepto sobre la cabeza; montar a lomo de vaca o de toro es cosa censurable en toda circunstancia.

73. "Que no penetre de otro modo que por la puerta en una ciudad o una casa cercada de muros; y en la noche que se mantenga alejado de las raíces de los árboles.

74. "No debe nunca jugar a los dados, ni llevar nunca sus zapatos en la mano, ni comer estando acostado en un lecho o teniendo en la mano su alimento o habiéndolo puesto sobre un asiento.

75. "Que no coma nada que esté mezclado con sésamo, cuando se ha puesto el sol; que nunca duerma aquí abajo enteramente desnudo y que no vaya a ninguna parte después de haber comido sin haberse lavado antes la boca.

76. "Que tome su alimento después de haber mojada sus pies con agua, pero que nunca se acueste con los pies húmedos; el que come teniendo los pies mojados, gozará de larga vida.

77. "Que no se interne nunca en un lugar impracticable donde no puede distinguir su camino, y que está embarazado por árboles, lianas y matorrales donde pueden estar escondidas serpientes y ladrones; que no mire la orina o los excrementos y que no pase un río nadando con el auxilio de sus brazos.

78. "Que quien desea una larga vida no camine sobre cabellos, ceniza, huesos a cascos, ni sobre granos de algodón ni sobre menudas pajas de grano.

79. "Que no permanezca, aun a la sombra de un árbol, en compañía de gentes degradadas, ni de Chandalas, ni de Pukassas[90], ni de locos, ni de hombres pagados de sus riquezas, ni de gentes de la más vil especie ni de Antayavasayis[91].

80. "Que no dé a un Sudra un consejo ni los restos de su comida, a menos que sea su sirviente; ni la mantequilla de la que una parte ha sido presentada como ofrenda a los Dioses; no debe enseñarle la ley ni práctica alguna de devoción expiatoria, excepto por intermedio de otra persona.

81. "En efecto, quien declara la ley a un hombre de la clase servil o le da a conocer una práctica expiatoria, es precipitado con él a la mansión tenebrosa llamada Asamvrita.

82. "Que no se rasque la cabeza con ambas manos, que no se la toque antes de haber hecho una ablución después de su comida y que no se bañe sin lavársela.

83. "Que se cuide de coger a nadie de los cabellos por cólera y dé golpearle la cabeza o golpeársela él mismo así; y que después de frotarse la cabeza con aceite, no moje con aceite ninguno de sus miembros.

84. "No debe aceptarle nada a un rey que no es de estirpe real, ni a personas que viven del producto de una carnicería, de un molino de aceite, de una tienda de destilador o de una casa de prostitutas.

85. "Un molino de aceite es tan odioso como diez carnicerías; un destilador

como diez molinos de aceite; un lugar de prostitución como diez tiendas de destilador; semejante rey como diez personas que tienen casa de tolerancia.

86. "Un rey que no pertenece a la clase militar está declarado semejante a un carnicero que explota diez mil carnicerías; recibirle a él es cosa horrible.

87. "Quien acepta a un rey ávido y transgresor de las leyes se va, sucesivamente, a los veintiún infiernos (Narakas) siguientes:

88. "El Tamisra, el Andhatamisra, el Maharorava, el Rorava, el Naraka, el Kalustra y el Mahanaraka.

89. "El Sandjivana, el Mahavivhi, el Tapana, el Sampratapana, el Samhata, el Sakakola, el Kudmala, el Putimrittica.

90. "El Lohasanku, el Ridjusha, el Panthana, el río Salmali, la Asipatravana y el Lohadaraka[92].

91. "Conocedores de esta regla, los cuerdos Bracmanes, interpretes de las Santas Escrituras y deseosos de alcanzar la beatitud después de su muerte, no reciben nunca nada de un rey.

92. "Que el dueño de casa se despierte en el momento consagrado a Brahmi[98], es decir, en la última velada de la noche; que reflexione sobre la , virtud y sobre las ventajas honestas, sobre las penas corporales que exigen, sobre la esencia y la significación del Veda.

93. "Una vez levantado, habiendo satisfecho las necesidades naturales y habiéndose purificado, concentrando toda su atención, manténgase de pie largo tiempo recitando la Savitri durante el crepúsculo de la mañana y celebre a su debido tiempo el otro oficio piadoso, el de la tarde.

94. "Repitiendo largo tiempo la plegaria de los dos crepúsculos, los Santos (Rishis) obtienen una larga vida, ciencia perfecta, fama durante su existencia, gloria eterna después de la muerte y el brillo que dan los conocimientos sagrados.

95. "Que el día de la luna llena del mes de sravana[94] o del mes de bhadra[95], después de haber celebrado, observando la regla, la ceremonia llamada Upakarma, estudie el Bracmán la Santa Escritura con asiduidad durante cuatro meses y medio.

96. "Bajo el asterismo lunar de Pushya, celebre fuera de la ciudad la ceremonia llamada donación (Utsarga) de los Libros santos o que la haga el primer día de la quincena del mes de magha y en la primera mitad de este día.

97. "Que después de haber concluido fuera de la ciudad esta ceremonia, según la ley, suspenda su lectura durante este día, la noche siguiente y el otro día o durante este día y la noche que sigue.

98. "Pero que en seguida lea con atención los Vedas durante las quincenas iluminadas y que estudie todos los Vedangas durante las quincenas oscuras.

99. "Que sólo lea pronunciando distintamente y con el requerido acento, pero nunca en presencia de un Sudra; en la última vigilia de la noche, por fatigado que esté, no debe dormirse de nuevo.

100. "Que el Dwidja lea todas las plegarias (Mantras) del modo que acaba de prescribirse y que lea igualmente con asiduidad los preceptos (Brahamanas) y las plegarias cuando no tiene impedimento.

101. "Que quien estudia la Santa Escritura y quien la enseña a discípulos conforme a las reglas mencionadas, se abstenga siempre de leer en las circunstancias siguientes en que está prohibida toda lectura.

102. "En la noche, cuando se deja oír el viento, y en el día, cuando el viento levanta polvareda, he aquí durante la estación de las lluvias dos casos en que el estudio de los Vedas ha sido prohibido por quienes saben cuándo es. oportuno leerlos.

103. "Cuando relampaguea, truena, llueve o caen del cielo por todos lados grandes meteoros, debe suspenderse la lectura hasta el mismo momento del día siguiente; así lo ha decidido Manú.

104. "Cuando el Bracmán vea que estos accidentes se manifiestan al mismo tiempo, estando encendidos los fuegos para la ofrenda de la tarde y para la de la mañana, sepa que no debe entonces leerse el Veda e igualmente cuando aparecen nubes fuera de la estación de las lluvias..

105. "Cuando haya un ruido sobrenatural (nirghata), un temblor de tierra, un oscurecimiento de los cuerpos luminosos, aun en tiempo oportuno, sepa que debe posponer la lectura hasta el mismo momento del día que sigue.

106. "Mientras arden los fuegos sagrados, si aparecen relámpagos, si se escucha el trueno, pero sin lluvia, debe interrumpirse la lectura durante el resto del día o de la noche, y si llega a llover, el Bracmán debe cesar de leer un día y una noche.

107. "Los que deseen cumplir con sus deberes con la mayor perfección, deben suspender siempre su lectura en los pueblos y en las ciudades y en todos los lugares en que hay un fétido olor.

108. "En un pueblo por el que atraviesa un convoy fúnebre, en presencia de un hombre perverso, cuando una persona llora y en medio de una multitud de gentes, debe cesar el estudio del Veda.

109. "En el agua, en medio de la noche, satisfaciendo los deseos naturales, cuando se conserva en la boca un resto de alimento o cuando se ha tomado parte en una Sraddha, no se debe siquiera meditar en el espíritu sobre el Veda.

110. "Un Bracmán instruido que ha recibido una invitación para una ceremonia fúnebre en honor de una sola persona debe quedarse sin estudiar la Santa Escritura por tres días, e igualmente cuando acaba de nacerle al rey un hijo o aparece Rahu[96].

111. "Mientras se conserva el olor y la untuosidad de los perfumes en el cuerpo de un Bracmán que ha tomado parte en una Sraddha por una persona, no debe leer la Santa Escritura.

112. "Que no estudie acostado en su lecho, ni con los pies sobre una silla, ni estando sentado con las piernas cruzadas y cubierto con un vestido que rodea sus rodillas y sus riñones, ni después de haber comido carne o arroz u otros alimentos que le hubieren dado con ocasión de un nacimiento o de una muerte.

113. "Ni cuando hace, ni cuando se escucha el silbido de las flechas o el son del laúd, ni durante los crepúsculos de la mañana y de la tarde, ni el día de la luna nueva, ni durante el décimocuarto día lunar, ni el día de la luna llena, ni el octavo día lunar.

114. "El día de la luna nueva al guía espiritual, el décimocuarto día lunar mata al

discípulo; el octavo y el de la luna llena borran el recuerdo de la Santa Escritura; en consecuencia, uno debe abstenerse de toda lectura durante estos días lunares.

115. "Cuando cae una lluvia de polvo, cuando están inflamadas las cuatro principales regiones del cielo, cuando resuenan los gritos del chacal, del perro, del asno o del camello, el Bracmán no debe leer los Vedas, ni cuando está acompañado.

116. "Que no lea cerca de un cementerio, ni cerca de un pueblo, ni en un prado de vacas, ni estando cubierto con el vestido que llevaba durante una plática amorosa con su mujer, ni cuando acaba de recibir una cosa en una Sraddha.

117. "Ya sea una criatura animada, ya un objeto inanimado lo que le han dado en una Sraddha, quien lo recibe no debe leer el Veda; pues se dice en este caso que su boca está en su mano.

118. "Cuando el pueblo es atacado por ladrones o despierta alarmas en él un incendio, sepa el Bracmán que debe posponer la lectura al día siguiente, lo mismo que en todos los casos de fenómenos extraordinarios.

119. "Después de la Upakarma y de la Utsarga debe suspender tres noches la lectura quien quiere cumplir con sus deberes del modo más perfecto; e igualmente después del día de la luna llena del mes de agrahayana, en los octavos días lunares de las tres siguientes quincenas oscuras debe cesarse la lectura día y noche, así como durante el día y la noche del fin de cada estación.

120. "Que el Bracmán no lea a caballo, ni sobre un árbol, ni sobre un elefante, ni sobre un barco, ni sobre un camello, ni en un terreno estéril, ni en un carruaje.

121. "Ni durante un altercado verbal, ni durante una batalla, ni inmediatamente después de la comida cuando están todavía húmedas sus manos, ni durante una indigestión, ni después de haber vomitado, ni cuando tiene acedías.

122. "Ni con perjuicio de las consideraciones debidas a un huésped, ni cuando el viento sopla violentamente, ni cuando mana la sangre de su cuerpo o que ha sido herido con un arma.

123. "Que si el canto del Sama viene a herir sus oídos, no lea durante este tiempo ni el Rig-Veda ni los Yadjus; y que después de haber terminado el estudio de un Veda o de la parte titulada Arankaya, no comience inmediatamente otra lectura.

124. "El Rig-Veda está consagrado a los Dioses, el Yadjur-Veda a los hombres, el Sama-Veda a los Manes; por esto es que el sonido del Sama-Veda es, en cierto modo, impuro.

125. "Que sabiendo esto los Bracmanes instruidos, después de haber primero repetido en su orden varias veces la esencia de la tirada Védica, a saber: el monosílabo sagrado, las tres palabras y la Savitri, lean en seguida el Veda todos los días permitidos.

126. "Si una vaca u otro animal, una rana, un gato, un perro, una serpiente, una langosta o un ratón, pasan entre el maestro y el discípulo, sépase que el primero debe suspender su lectura durante un día y una noche.

127. "Hay dos casos en que un Dwidja debe siempre precaverse de leer, con el mayor cuidado, a saber: cuando el lugar en que debe leer está manchado y cuando él mismo no se ha purificado.

128. "Que durante la noche de la luna nueva, la octava, la de la luna llena y la decimocuarta, el Dwidja dueño de casa sea tan casto como un novicio, aun en la estación favorable al amor conyugal.

129. "Que no se bañe después de haber comido, estando enfermo ni en medio de la noche ni muchas veces con sus vestidos, ni en un estanque que no conoce bien.

130. "Que no atraviese de propósito las sombras de las imágenes sagradas, la de su padre o su guía espiritual, la de un rey, la de un dueño de casa, la de un institutor, la de un hombre de cabellos rojos o de tinte cobrizo o la de un hombre que ha celebrado un sacrificio.

131. "A mediodía o a medianoche, o después de haber comido carne en una comida fúnebre, o en uno u otro de los dos crepúsculos, ni se detenga largo tiempo en un sitio en que se encuentran cuatro caminos.

132. "Que evite todo contacto voluntario con substancias untuosas que un hombre ha empleado para frotarse el cuerpo, con el agua que ha servido para un baño, con orina, excrementos, sangre, materia mucosa o cosas escupidas o vomitadas.

133. "Que no halague a un enemigo, al amigo de un enemigo, a un hombre perverso, a un ladrón, a la mujer de otro.

134. "Pues nada hay en el mundo que más se oponga a la prolongación de la vida que cortejar a la mujer de otra persona.

135. "Que el Dwidja que desea un acrecentamiento de riquezas no desprecie jamás a un Chatrya, a una serpiente, a un Bracmán muy versado en la Santa Escritura, por mayor pobreza en que estén.

136. "Pues estos tres seres pueden causar la muerte de quien los desprecia; en consecuencia, el hombre cuerdo no debe nunca mirarlas con desdén.

137. "Que no se desprecie nunca a sí mismo por sus malos éxitos precedentes; que aspire a la fortuna hasta su muerte y que no se figure que es ésta difícil de obtener.

138. "Que diga la verdad, que diga cosas que agraden, que no exprese verdades desagradables y que no profiera mentira oficiosa; tal es la ley eterna.

139. "Que diga: "Bien, bien", o que diga: "Bien" que no conserve enemistades sin motivo y que no busque pleito a nadie intempestivamente.

140. "Que no se ponga en viaje muy pronto en la mañana ni muy avanzada la tarde, ni hacia el mediodía, ni en compañía de un desconocido, ni solo, ni con gentes de la clase servil.

141. "Que no insulte a quienes tienen un miembro de menos ni a los que tienen uno de más por deformidad, ni a los ignorantes ni a las gantes de edad, ni a los hombres desprovistos de belleza, ni a quienes no tienen bienes, ni a aquellos cuyo nacimiento es vil.

142. "Que el Bracmán que no ha hecho ablución después de haber comido o después de haber satisfecho las necesidades naturales, no toque con la mano a una vaca ni a un Bracmán ni el fuego; y que cuando está en buena salud no mire nunca

los cuerpos luminosos del firmamento antes de haberse purificado.

143. "Que si le ocurre tocarlos hallándose en estado de impureza, haga una ablución; y que en seguida, con agua recogida en la cavidad de la mano, moje sus órganos de los sentidos, sus miembros todos y su ombligo.

144. "Que si no está enfermo, no toque sin motivo sus órganos huecos; que igualmente evite llevar la mano a la parte velluda de su cuerpo, que debe estar escondida.

145. "Que observe exactamente las costumbres propicias y las reglas de conducta establecidas; que sea puro de cuerpo y de espíritu, dueño de sus órganos; que recite la plegaria en voz baja y haga constantemente y sin interrupción las ofrendas al fuego.

146. "Ninguna desgracia es de temer para quienes observan los usos propicios y las reglas de conducta establecidas, para los que están siempre en perfecto estado de pureza, para los que repiten la oración en voz baja y hacen las oblaciones al fuego.

147. "Que el Bracmán recite en tiempo conveniente, con la mayor exactitud, la parte del Veda que debe repetir todos los días y que se compone del monosílabo Aum, de las tres palabras Bhur, Bhuvah, Swat y de la Savitri; a este deber lo han declarado principal; todo otro deber está llamado secundario.

148. "Por su aplicación a recitar el Texto santo, por su perfecta pureza, por rigurosas austeridades, por su cuidado de no dañar a los seres animados, un Bracmán trae a su recuerdo un nacimiento precedente.

149. "Recordando su nacimiento precedente, se aplica de nuevo a recitar el Texto sagrado, y por esta aplicación constante llega a gozar de la felicidad eterna que consiste en la liberación final.

150. "Que haga constantemente el día de la luna nueva y el de la luna llena las ofrendas santificadas por la Savitri y las oblaciones propiciatorias; y que ofrezca siempre su tributo de veneración a los Manes, el octavo y el noveno día lunares de las tres quincenas oscuras después de la luna llena del mes de agrahayana, celebrando las ceremonias prescritas.

151. "Que deposite lejos del lugar en que se alimenta el fuego sagrado, las basuras, el agua que ha servido para lavar los pies, los restos del alimento y el agua que se ha empleado en un baño.

152. "Que durante el fin de la noche y la primera parte del día satisfaga sus necesidades naturales, se vista, se bañe, lave sus dientes, ponga colirio sobre sus ojos y adore a las Divinidades.

153. "Que el día de la nueva luna y los otros días lunares prescritos, se acerque respetuosamente a las imágenes de los Dioses, a los Bracmanes virtuosos, al Soberano para obtener su protección y a los parientes que debe reverenciar.

154. "Que salude humildemente a los hombres respetables que vienen a verlo y les dé su propio asiento; que se siente cerca de ellos con las manos juntas, y los siga por detrás cuando se van.

155. "Que observe sin descanso las costumbres excelentes declaradas perfectamente en el Libro revelado y en las colecciones de leyes, ligadas a prácticas

particulares y sobre las que reposa el deber religioso y civil.

156. "Pues practicando estas costumbres obtiene larga vida, la posteridad que desea y riquezas inagotables; la observancia de estas costumbres destruye los signos funestos.

157. "El hombre que tiene malos hábitos está expuesto en este mundo a la censura general; siempre desgraciado, presa de las enfermedades, no goza sino de corta existencia.

158. "Aunque desprovisto de todos los signos que anuncian la prosperidad, el hombre que observa buenas costumbres, cuya fe es pura y que no murmura de nadie, debe vivir cien años.

159. "Que evite cuidadosamente todo acto que depende del auxilio de otro; que se dedique, por el contrario, a toda función que no dependa sino de sí mismo.

160. "Todo lo que depende de otro causa pesar, todo lo que depende de sí trae placer; sepa que tal es, en suma, el motivo del placer y de la pena.

161. "Uno debe apresurarse a realizar todo acto que no está prescrito ni prohibido y que causa interiormente una dulce satisfacción a quien lo hace; pero es preciso abstenerse del que produce el efecto contrario.

162. "Que el Dwidja evite hacer mal alguno a su institutor, a quien le ha explicado el Veda, a su padre, a su madre, a su maestro espiritual, a los Bracmanes, a las vacas y a los que practican austeridades.

163. "Que se cuide del ateísmo, del desprecio a la Santa Escritura y a los Dioses, del odio, de la hipocresía, del orgullo, de la cólera y de la acritud de humor.

164. "Que nunca levante su bastón sobre otra persona por cólera, y que nunca golpee con él a nadie, a excepción de su hijo y de su discípulo; puede castigarlos con objeto de instruirlos.

165. "El Dwidja que se precipita contra un Bracmán con el propósito de herirlo, pero que no le golpea, está condenado a dar vueltas durante cien años en el infierno llamado Tamisra.

166. "Por haberlo golpeado con cólera y a propósito, aunque no sea sino con una brizna de hierba, debe renacer durante veintiuna transmigraciones en el vientre de un animal innoble.

167. "El hombre que por ignorancia de la ley hace correr sangre del cuerpo de un Bracmán que no le combatía sufrirá la más aguda pena después de su muerte.

168. "Cuantos granos de polvo absorba la sangre al caer al suelo, tantos otros años será devorado por animales carnívoros en el otro mundo quien ha hecho correr esta sangre.

169. "Por esto quien conoce la ley, no debe nunca atacar a un Bracmán ni golpearlo, aunque sea con una brizna de hierba, ni hacer correr sangre de su cuerpo.

170. "El hombre injusto, el que ha adquirido su fortuna por falsos testimonios, el que se complace sin cesar en hacer el mal, no pueden gozar de felicidad aquí abajo.

171. "Por grande que sea la miseria en que uno se encuentre practicando la virtud, no debe uno volver-su espíritu a la iniquidad, pues puede verse el pronto

cambio que se opera en la situación de los hombres injustos y perversos.

172. "La iniquidad cometida en este mundo, del propio modo que la tierra, no produce inmediatamente frutos, pero extendiéndose poco a poco, mina y derriba a quien la ha cometido.

173. "Si no es a él, es a sus hijos; si no es a sus hijos, es a sus nietos a quienes está reservada la pena; pero, ciertamente, la iniquidad cometida no deja nunca de tener fruto para su autor.

174. "Por medio de la injusticia triunfa algún tiempo; entonces obtiene toda clase de prosperidades; triunfa de sus enemigos; pero perece en seguida con su familia y todo lo que le pertenece.

175. "Un Bracmán debe siempre complacerse en la verdad, la justicia, las costumbres honorables y. la pureza; debe castigar a sus discípulos con oportunidad y reglamentar sus palabras, su brazo y su apetito.

176. "Que renuncie a la riqueza y a los placeres cuando no están de acuerdo con la ley y a todo acto, aun legal, que prepara un porvenir desgraciado y causará aflicción a las gentes.

177. "Que no obre, no camine, no mire inconsideradamente; que no se encamine por vías tortuosas, no sea ligero de palabras, no haga y no medite nada que pueda dañar a otro.

178. "Que camine por esta ruta seguida por sus padres y abuelos y que es la de las gentes de bien; mientras la siga no hace el mal.

179. "Con un capellán (Ritwidj), un consejero espiritual (Purohita), un institutor, un tío materno, un huésped, un protegido, un niño, un hombre de edad, un enfermo, un médico; con1 sus parientes del lado paterno, con sus parientes por alianza, con sus parientes maternos.

180. "Con su padre y su madre, con las mujeres de su familia, con su hermano, su hijo, su mujer, su hija y sus sirvientes: no debe tener nunca disputa alguna.

181. "Absteniéndose de querellas con las personas mencionadas, un dueño de casa se libra de todos los pecados que ha cometido sin saberlo y evitando toda clase de disputas con ellas, logra alcanzar los mundos siguientes:

182. "Su institutor es dueño del mundo de Brahama; su padre, del de los Creadores (Pradjaparis); su huésped, del de Indra; su capellán, del de los Dioses.

183. "Sus parientes disponen del mundo de las Ninfas (Apsaras); sus primos maternos, del de los Wisvas-Devas; sus parientes por alianza, del de las Aguas; su madre y su tío materno, de la Tierra.

184. "Los niños, las gentes de edad, los pobres protegidos y los enfermos deben ser considerados como señores de la Atmósfera; su hermano mayor es igual a su padre, su mujer y su hija son como su propio cuerpo.

185. "La reunión de sus criados es como su sombra, su hija es muy digno objeto de ternura; que, en consecuencia, si recibe alguna ofensa de alguna de estas personas, la soporte siempre sin cólera.

186. "Que aun cuando a causa de su ciencia y de su devoción esté en su legítimo derecho recibiendo presentes, reprima toda propensión a aceptarlos; pues, si recibe

muchos, no tarda en apagársele la energía que le comunica el estudio de la Santa Escritura.

187. "Que el hombre sensato que no conoce las reglas prescritas por la ley para la aceptación de los presentes no reciba nada cuando se muere de hambre.

188. "El hombre ajeno al estudio de la Santa Escritura y que recibe oro o plata, tierras, un caballo, una vaca, arroz, un vestido, granos de sésamo y mantequilla clarificada, es reducido a cenizas como madera a la que se prende fuego.

189. "El oro y el arroz preparado consumen su vida; las tierras y una vaca, su cuerpo; un caballo consume sus ojos; un vestido, su piel; mantequilla, su virilidad; sésamo, su posteridad.

190. "El Dwidja ajeno a las prácticas de devoción y al estudio del Veda y que tiene, sin embargo, avidez de presentes, se hunde al mismo tiempo que quien le da, como con un barco de piedra en medio del agua.

191. "Por lo que el hombre ignorante debe tener recelo de aceptar cualquier cosa; pues él más mínimo presente lo pone en tan desesperada situación como el de una vaca en medio de un cenagal.

192. "Quien conoce la ley no debe ofrecer ni siquiera agua a un Dwidja que tiene maneras hipócritas de gato, ni a un Bracmán que tiene las costumbres de la garza, ni al que no conoce el Veda.

193. "Toda cosa, aun adquirida legalmente, que se da a estas tres personas, es igualmente perjudicial en el otro mundo al que da y al que recibe.

194. "Del mismo modo que quien quiere atravesar el agua en un barco de piedra cae al fondo, así también el ignorante que da y el ignorante que recibe son precipitados al abismo infernal.

195. "A aquel que despliega el estandarte de su virtud, que es siempre ávido, que usa de fraudes, que engaña a las gentes por su mala fe, que es cruel y calumnia a todo el mundo, se le considera como el que tiene las costumbres del gato.

196. "Del Dwidja que tiene siempre baja la mirada, cuyo natural es perverso, que piensa únicamente en su propio provecho, que es pérfido y afecta la apariencia de la virtud, se dice que tiene las maneras de la garza.

197. "Los que obran como la garza y los que tienen las costumbres del gato, son precipitados al infierno, llamado Anddhatamisra, en castigo de esta mala conducta.

198. "No debe nunca un hombre, con el pretexto de austeridad piadosa, hacer penitencia de un acto culpable, tratando así de encubrir su falta con prácticas de devoción y engañando a las mujeres y a los Sudras.

199. "Semejantes Bracmanes son despreciados en esta vida y en la otra por los hombres versados en la Santa Escritura, y todo acto piadoso hecho con hipocresía va a los Rakshasas.

200. "Quien sin tener derecho a las insignias de una orden gana su sustento llevándolas, carga con las faltas cometidas por aquellos a quienes pertenecen estas insignias y renace en el vientre de una bestia inmunda.

201. "Que un hombre no se bañe jamás en el estanque de otro; pues si lo hace se mancha con una parte del mal que ha podido cometer el dueño de este estanque.

202. "Quien emplea un coche, una cama, un asiento, un pozo, un jardín, una casa sin que el propietario se los haya entregado, carga con una cuarta parte de las faltas de éste.

203. "Uno debe bañarse siempre en los ríos, en los estanques cavados en honor de los Dioses, en los lagos, en los arroyos y en los torrentes.

204. "Que el cuerdo observe constantemente sus deberes morales (Yamas) con mayor cuidado que los deberes piadosos (Niyamas); el que descuida la observancia de sus deberes morales, decae, aun cuando observe todos los deberes piadosos.

205. "Un Bracmán nunca debe comer en un sacrificio hecho por un hombre que no ha leído el Veda o celebrado por el sacrificador común de un pueblo, por una mujer o por un eunuco.

206. "La ofrenda de mantequilla clarificada hecha por semejantes personas trae desgracia y disgusta a Los Dioses; es preciso, pues, semejantes oblaciones.

207. "Que nunca coma el alimento ofrecido por un loco, por un hombre encolerizado, por un enfermo o aquel sobre el que cayere un piojo o el que ha sido tocado a propósito con el pie.

208. "Que no reciba tampoco el alimento sobre que ha puesto los ojos un hombre que ha causado un aborto, el que ha sido tocado por una mujer que está en el, período de la menstruación, el que ha picoteado un pájaro, el que se ha hallado en contacto con un perro.

209. "El que ha olfateado una vaca y, en particular, el que ha sido pregonado; el de una banda de Bracmanes bribones, el de las cortesanas y el que es despreciado por los hombres versados en la santa doctrina.

210. "El de un ladrón, el de un cantor público, el de un carpintero, el de un usurero, el de un hombre que ha celebrado un sacrificio recientemente, el de un avaro, el de un hombre privado de su libertad, el de un hombre cargado de cadenas.

211. "El de una persona que a todo el mundo horroriza, el de un eunuco, el de una mujer impúdica, el de un hipócrita; que no reciba las sustancias dulces que se han tornado agrias, las que han sido conservadas una noche, el alimento de un Sudra, los restos de otra persona.

212. "El alimento de un médico, de un cazador, de un hombre perverso, de uno que come sobras de un hombre feroz, de una mujer que ya a tener un niño, el de un hombre que abandona la comida antes que los otros para hacer su ablución, el de una mujer cuyos días de purificación después del parto no se han vencido todavía.

213. "El que no se da con las consideraciones convenientes, la carne que no ha sido ofrecida en sacrificio, el alimento de una mujer que no tiene esposo ni hijo, el de un enemigo, el de una ciudad, el de un hombre degradado, aquel sobre que se ha estornudado.

214. "El de un maldiciente y el de un falso testigo. el de un hombre que vende la recompensa de un sacrificio, el de un bailarín, el de un sastre, el de un hombre que devuelve mal por bien.

215. "El de un herrero, el de un Nishada, el de un actor, el de un orfebre, el de un obrero en bambú, el de un armador.

216. "El de las gentes que crían perros, el de los mercaderes de licores espirituosos, el de un lavandero, el de un tintorero, el de un malvado, el de un hombre en cuya casa se ha introducido, sin que él lo sepa, el amante de su mujer.

217. "El de los hombres que soportan las infidelidades de sus mujeres o que someten a las mujeres en toda circunstancia; el alimento dado para un muerto antes que se hayan vencido los diez días y, en fin, que no coma todo alimento que no le guste.

218. "El alimento dado por un rey quita la virilidad; el de un Sudra, el brillo de la ciencia divina; el de un orfebre, la existencia; el de un zurrador, la reputación.

219. "El que da a un artesano, a un cocinero, por ejemplo, anonada toda posteridad; el de un lavandero, la fuerza muscular; el de una banda de bribones y el de una cortesana, excluye de los mundos divinos.

220. "Comer el alimento de un médico es tragar pus; el de una mujer impúdica, simiente; el de un usurero, excrementos; el de un armador, cosas impuras.

221. "El de todas las otras personas mencionadas por orden y cuyo alimento no se debe comer, es considerado por los sabios como piel, huesos y cabellos.

222. "Por haber comido inadvertidamente el alimento de una de estas personas, es preciso ayunar durante tres días; pero después de haberlo comido con conocimiento de causa debe uno someterse a una penitencia, así como si se ha probado licor seminal, excrementos u orina.

223. "Que todo Dwidja instruido no coma el arroz preparado por un Sudra que no hace Sraddha; pero que si está necesitado, acepte arroz crudo en cantidad suficiente para una noche solamente.

224. "Los Dioses, después de haber comparado con atención a un teólogo avaro y a un financiero generoso, declararon que el alimento dado por estos dos hombres era de la misma calidad.

225. "Pero Brahama, acercándoseles, les dijo: "No igualéis lo que es diferente; el alimento del hombre generoso está purificado por la fe; el del otro está manchado por la falta de fe."

226. "Que un hombre rico haga siempre, sin descanso y con fe, sacrificios y obras caritativas, pues estos dos actos cumplidos con fe, valiéndose de riquezas legalmente adquiridas, obtienen recompensas imperecederas.

227. "Que cumpla constantemente con el deber de la liberalidad, al hacer sus sacrificios y consagraciones, ya sea en el ámbito consagrado a las oblaciones, ya sea fuera de este ámbito, en cuanto esté en su poder y con el alma contenta, cuanto encuentra hombres dignos de sus beneficios.

228. "El hombre exento de envidia, a quien se implora caridad, debe dar siempre algo; sus dones hallarán digno objeto que lo. librará de todo mal.

229. "El que da agua obtiene contento; el que da alimento, un placer inalterable; el donador de sésamo, la posteridad que desea; el que da una lámpara, una, excelente vista.

230. "El donador de tierras obtiene propiedades territoriales; el que da oro, larga vida; el donador de casas, magníficos palacios; el que da plata (rupya), una belleza

(rupa) perfecta.

231. "El donador de vestidos llega a la mansión de Chandra; el que da un caballo (aswa), llega a la mansión de los dos Aswis[97]; el que da un toro, obtiene una gran fortuna; el que da una vaca, se eleva al mundo de Surya[88].

232. "El que da un carruaje o un lecho obtiene una esposa; el que da un refugio, la soberanía; el donador de granos, una eterna satisfacción; el que da la ciencia divina, la unión con Brahama.

233. "De todos estos dones que consisten en agua, arroz, vacas, tierras, vestidos, sésamo, oro, mantequilla clarificada y otros, el don de la santa doctrina es el más importante.

234. "Cualquiera que sea la intención con que un hombre hace tal o cual don, recibirá recompensa según esta intención, con los honores convenientes.

235. "El que ofrece respetuosamente un presente y el que con respeto lo recibe, llegan ambos al cielo (Swarga); los que obran de otro modo van al infierno (Naraka).

236. "Que un hombre no esté ufano de sus austeridades; que después de haber sacrificado no profiera mentira, no insulte a los Bracmanes, aun siendo incomodado por ellos, que después de haber hecho un don no vaya a pregonarlo por todas partes.

237. "Un sacrificio se anula con una mentira; el mérito de las prácticas austeras, con la vanidad; la existencia, con insultar a los Bracmanes; el fruto de las caridades, con el acto de encomiarlas.

238. "Que tratando de no afligir a ningún ser animado a fin de no irse solo al otro mundo, acreciente gradualmente su virtud, del mismo modo que las hormigas blancas aumentan su habitación.

239. "Pues su padre, su madre, su hijo, su mujer y sus parientes no están destinados a acompañarlo en su paso al otro mundo; sólo le queda la virtud.

240. "El hombre nace solo, muero solo, recibe solo la recompensa de sus buenos actos y solo el castigo de sus malos actos.

241. "Después de haber abandonado a la tierra su cadáver, como un pedazo de madera o un terrón de arcilla, los parientes del hombre se alejan volviendo a otro lado la cabeza; pero la virtud acompaña su alma.

242. "Que poco a poco, sin cesar, aumente, pues, su virtud, a fin de no irse solo al otro mundo; pues si la virtud lo acompaña, atraviesa las tinieblas impracticables de las mansiones infernales.

243. "El hombre que tiene por principal objeto 1a virtud y cuyos pecados se han borrado con una austera devoción, es transportado inmediatamente al mundo celeste por la virtud, refulgente de luz y revestido de divina forma.

244. "Que quien desea hacer llegar a la elevación a su familia, contraiga siempre alianzas con los hombres de primera distinción y abandone enteramente a los hombres bajos y despreciables.

245. "Contrayendo constantemente lazos con los hombres más honorables y huyendo de las gentes. viles y despreciables, un Bracmán llega al primer lugar; con una conducta contraria se rebaja a la clase servil.

246. "El que es tenaz en lo que emprende, dulce, paciente, ajeno a la sociedad de los malos o incapaz de hacer daño, si persiste en su buena conducta, obtendrá el cielo por su continencia y su caridad.

247. "Puede aceptar de todo el mundo madera, agua, raíces, frutos, el alimento que le ofrezcan sin que él lo pida, miel y protección contra el peligro.

248. "Una limosna en dinero traída y ofrecida y que no ha sido solicitada ni prometida antes, puede recibirla aun el hombre culpable de una mala acción; tal es el sentir de Brahama.

249. "Los Manes de los antepasados de quien desprecia esta limosna no toman parte alguna en la comida fúnebre durante quince años; y durante quince años el fuego no eleva a oblación de mantequilla clarificada hacia los Dioses.

250. "No debe rechazarse orgullosamente un lecho, casas, briznas de kusa, perfumes, agua, flores, piedras preciosas, leche cuajada, cebada tostada, pescado, leche, carne, hierbas.

251. "Que el dueño de casa acepte de quienquiera si quiere ayudar a su padre y a su madre y a las otras personas que tienen derecho a su respeto, a su mujer y a todos aquellos a quienes debe protección, o si quiere honrar a los Dioses o a los huéspedes; pero que no aproveche lo que ha recibido en placer propio.

252. "Por si sus parientes han muerto o si permanece separado de ellos en su casa, debe, al buscar su sustento, no recibir nada sino de las gentes de bien.

253. "Un labrador, el amigo de la familia, un pastor, un esclavo y un barbero, un desgraciado que viene a ofrecerse para trabajar, son hombres de la clase servil que pueden comer el alimento que les dan las personas a quienes están ligados.

254. "El pobre que viene a ofrecerse debe declarar quién es, lo que desea hacer y en qué servicio puede ser empleado.

255. "El que da de sí a las gentes de bien datos contrarios a la verdad, es el ser más criminal que hay en el mundo; se apropia con un robo un carácter que no es el suyo.

256. "Es la palabra la que determina todas las cosas, es la base de ellas, proceden todas de la palabra; el bribón que la roba, para que sirva a su falsedad, roba toda cosa.

257. "Que después de haber cumplido, siguiendo la regla, con sus deudas para con los Santos (Maharshis) leyendo la Escritura; para con los Manes dando el ser a un hijo[99]; para con los Dioses celebrando los sacrificios, el jefe de familia, abandonando a su hijo el gobierno de la casa, permanezca en ella completamente indiferente a los asuntos del mundo, encaminando todos sus pensamientos al Ser supremo.

258. "Que solo, y en un lugar apartado, medite constantemente en la futura felicidad de su alma, pues meditando de tal modo alcanza la beatitud suprema, que es la absorción en Brahama.

259. "Tal es la manera de vivir constante del Bracmán dueño de casa; tales son las reglas prescritas para quien ha terminado su noviciado, reglas dignas de elogio que aumentan la cualidad de bondad.

260. "Conformándose a estos preceptos, el Bracmán que conoce los Libros santos se libra de todo pecado y obtiene la gloria de ser absorbido para siempre en la Esencia divina."

LIBRO QUINTO:

Reglas de abstinencia y de purificación

1. "Habiendo escuchado los Santos la declaración de las leyes que conciernen a los dueños de casa, se dirigieron en los términos siguientes al magnánimo Bhrigú que procedía del fuego.

2. "¡Oh, maestro! ¿Cómo puede la muerte, antes de la edad fijada por el Veda, extender su poder sobre los Bracmanes que cumplen con sus deberes tal como les han sido establecidos y que conocen los Libros santos?"

3. "El virtuoso Bhrigú, hijo de Manú, dijo entonces a estos ilustres Santos: "Oíd por qué faltas la muerte trata de destruir la existencia de los Bracmanes.

4. "Cuando descuidan el estudio de los Vedas, abandonan las costumbres aprobadas, cumplen indolentemente con sus deberes piadosos e infringen las reglas de abstinencia, la muerte ataca su existencia.

5. "El ajo, la cebolla, los puerros, los hongos y todos los vegetales que han brotado en medio de materias impuras, no deben, comerlos los Dwidjas.

6. "Las gomas rojizas que exudan los árboles y que se endurecen, las que se sacan por medio de incisiones, el fruto del selú, la leche de una vaca acabada de parir y que se hace espesar en el fuego, debe evitarlos con el mayor cuidado un Bracmán.

7. "Arroz hervido con sésamo, samyava[100], arroz cocido con leche y un pastel de harina que no han sido previamente ofrendados a una Divinidad, las carnes que no se tocaron recitando plegarias, el arroz y la mantequilla clarificada destinados a ser presentados a los Dioses y cuya oblación no se ha celebrado.

8. "La leche fresca de una vaca antes que hayan transcurrido diez días desde que parió, la de la hembra del camello o un cuadrúpedo que no tiene el casco hendido; la leche de una oveja, la de una vaca en celo o que ha perdido su ternero.

9. "La de todas las bestias salvajes que moran en los bosques, excepto el búfalo; la de una mujer y toda sustancia ordinariamente dulce, pero que se ha tornado ☐ cida, deben evitarse.

10. "Entre estas sustancias ácidas puede comerse leche de mantequilla, así como todo lo que se prepara con leche de mantequilla y todos los ácidos que se extraen de las flores, de las raíces y de las frutas que no tienen propiedades dañosas.

11. "Que todo Dwidja se abstenga de los pájaros carnívoros sin excepción, de los pájaros que viven en las ciudades, de los cuadrúpedos de pezuña no hendida, excepto los que permite la Santa Escritura, y del pájaro denominado tittibha.

12. "Del gorrión, del somorgujo, del cisne (hansa), del chakravaka[101], del gallo de pueblo, del sarasa[102], del radj-juvala[103], del pico verde (datyuha)[104], del loro y de la sarika[105].

13. "De las aves que golpean con el pico, de las aves palmípedas, del avefría, de las aves que desgarran con las garras, de las que se sumergen para comer peces; que

se abstenga de la carne expuesta en la tienda de un carnicero y de carne seca.

14. "De la carné de la garza, de la balaka[108], del cuervo, del aguzanieve, de los animales anfibios que comen peces, de los puercos domesticados y, en fin, de todos los peces cuyo empleo no está permitido.

15. "Al que come la carne de un animal se le llama comedor de este animal; el comedor de pescado es un comedor de toda clase de carnes; es preciso, pues, abstenerse de pescado.

16. "Pueden comerse los dos pescados denominados pathina[107], rohita en una comida dada en honor de los Dioses y de los Manes, así como el radjiva, el sinhatuda[108] y el sasalka[109] de toda clase.

17. "Que no coma los animales que viven apartados, ni las bestias feroces ni los pájaros que no conoce (aunque no estén en el número de los que no debe comer) ni los que tienen cinco garras.

18. "Los legisladores han declarado qué están permitidos, entre los animales que tienen cinco garras, el erizo, el puercoespín, el cocodrilo del Ganges, el rinoceronte, la tortuga y la liebre, así como todos los cuadrúpedos que no tienen sino una fila de dientes[110], con excepción del camello.

19. "El Dwidja que intencionadamente ha comido un hongo, la carne de un puerco o de un gallo de pueblo, ajo; un perro o una cebolla, está degradado inmediatamente.

20. "Pero que si ha comido involuntariamente una de estas seis cosas, haga la penitencia del Santapana o el Chandreyana de los religiosos. ascéticos; que tratándose de otras cosas, ayune un día entero.

21. "El Dwidja debe cada año hacer una penitencia llamada Pradjapatya para purificarse de la mancha que ha caído sobre él por comer, sin saberlo, alimentos prohibidos; y que si lo ha hecho a sabiendas sufra la penitencia particular ordenada en este caso.

22. "A las bestias salvajes y a los pájaros cuyo empleo está aprobado, pueden matanos los Bracmanes para el sacrificio y para el alimento de aquellos a quienes deben sostener; pues Agasíya[111], lo hizo en otro tiempo.

23. "En efecto, se presentaba a los Dioses la carne de las bestias salvajes y de los pájaros que la ley permite comer, en los antiguos sacrificios y en las ofrendas hechas por Bracmanes y por Chatryas.

24. "Todo alimento susceptible de ser comido o tragado, y que no ha sido absolutamente manchado, puede comerse si se le agrega aceite, aunque haya sido conservado durante toda una noche; pasa lo mismo con las sobras de mantequilla clarificada.

25. "Todo guiso preparado con cebada o con trigo o aderezado de diferentes maneras con leche, aunque no mezclado con aceite, pueden comerlo los Dwidjas, aun cuando haya sido conservado durante algún tiempo.

26. "Han sido declarados, sin omisión alguna, los alimentos cuyo empleo está permitido o prohibido a los Dwidjas; voy a declararos ahora las reglas que deben observarse para comer carne o abstenerse de ella.

27. "Que el Dwidja coma carne cuando ha sido ofrecida en sacrificio y santificada por las plegarias usuales, o una sola vez, cuando lo desean algunos Bracmanes, o en una ceremonia religiosa cuando la regla le obliga a ello, o cuando su vida está en peligro.

28. "Es para mantener el espíritu vital para lo que Brahama ha producido este mundo; todo lo que existe, móvil o inmóvil, sirve de alimento al ser animado.

29. "Los seres inmóviles son presa de los que se mueven; los seres privados de dientes, de los que están provistos de ellos; los seres sin manos, de los que las tienen; los cobardes, de los bravos.

30. "Quien, aun todos los días, se nutre con carne de los animales que está permitido comer, no comete falta, pues Brahama ha creado a ciertos animales animados para ser comidos y a los otros para comerlos.

31. "Comer carne solamente para el cumplimiento del sacrificio ha sido declarado que es la regla de los Dioses; pero obrar de otro modo, está llamada regla de los Gigantes.

32. "El que no come la carne de un animal que ha comprado o que ha criado él mismo o que ha recibido de otro, sino después de haberla ofrecido a los Dioses o a los Manes, no. incurre en culpa.

33. "Que el Dwidja que conoce la ley no coma nunca carne sin conformarse a esta regla, a menos que tenga necesidad urgente; pues si infringe esta regla será devorado en el otro mundo por los animales de cuya carne ha comido ilícitamente, sin poder oponerles resistencia.

34. "A la falta del que mata bestias feroces, seducido por el incentivo de la ganancia, no se le considera en el otro mundo tan grande como a la falta del Dwidja que come carnes sin haberlas ofrendado previamente a los Dioses.

35. "Pero el hombre que durante una ceremonia religiosa rehusa comer carne de los animales sacrificados, cuando está obligado a ello por la ley, renace en estado de animal después de su muerte, durante veintiuna transmigraciones sucesivas.

36. "Un Bracmán no debe nunca comer la carne de los animales que no han sido consagrados con plegarias (Mantras); pero que coma, conformándose a la regla eterna, cuando han sido consagrados con palabras sagradas.

37. "Que haga con mantequilla o con pasta la imagen de un animal cuando tiene el deseo de comer carne; pero que nunca tenga la idea de matar a un animal sin hacer ofrenda de él.

38. "Cuantos pelos haya tenido el animal en el cuerpo, tantas otras. veces quien lo degüella de ilícita manera perecerá de muerte violenta en cada uno de los nacimientos que seguirán.

39. "El ser que existe por su propia voluntad ha creado a los animales para el sacrificio, y el sacrificio es causa del acrecentamiento del universo; por lo que la muerte cometida para el sacrificio no es un crimen.

40. "Las hierbas, el ganado, los árboles, los animales anfibios y los pájaros cuya existencia han interrumpido los sacrificios, renacen en condición más elevada.

41. "Cuando se recibe a un huésped con ceremonias particulares, cuando se hace

un sacrificio, cuando se hacen ofrendas a los Manes o a los Dioses, pueden inmolarse animales; pero no en cualquier otra circunstancia; tal es la decisión de Manú.

42. "El Dwidja que conoce bien la esencia y la significación de la Santa Escritura, cuando mata animales en las ocasiones que acaban de mencionarse, alcanza para sí y para los animales inmolados una mansión de felicidad.

43. "Todo Dwidja dotado de un alma generosa, ora habite en su propia casa o en la de su padre espiritual, ora en el bosque, no debe cometer crimen alguno contra los animales, aun en caso de miseria.

44. "El mal prescrito y fijado por la Santa Escritura y que se practica en este mundo compuesto de seres móviles e inmóviles, no debe ser considerado como mal; pues es de la Santa Escritura de donde procede la ley.

45. "El que por gusto mata inocentes animales, no ve acrecentarse su felicidad durante su vida ni después de su muerte.

46. "Pero el que no causa de motu proprio a los seres animados las penas de la esclavitud y de la muerte y que desea el bien de todas las criaturas, goza de una felicidad sin fin.

47. "Quien no hace daño a ningún ser logra todo sin dificultad, cualquiera que sea la cosa que se proponga, que haga, o a la que ligue su pensamiento.

48. "No es haciendo daño a los animales como uno puede procurarse carne; y la muerte de un animal cierra el acceso del paraíso; debe uno, pues, abstenerse de comer carne sin observar la regla prescrita.

49. "Que considerando atentamente la formación de la carne y la muerte o la esclavitud de los seres animados, el Dwidja se abstenga de toda clase de carne, aun de la que está permitida.

50. "El que, conformándose a la regla, no come carne como un Vampiro (Pisacha), se concilia el efecto en este mundo y no sufre enfermedades.

51. "El hombre que consiente en la muerte de un animal; el que lo mata, el que lo corta en pedazos, el comprador, el vendedor, el que prepara la carne, el que la sirve y, en fin, el que la come, están mirados como partícipes en el crimen.

52. "No hay mortal más culpable que el que desea aumentar su propia carne por medio de la carne de los otros seres, sin honrar previamente a los Manes y a los Dioses.

53. "El hombre que hiciera cada año el sacrificio del caballo (Aswameda)[112], y el que durante su vida no comiera carne, obtendrían igual recompensa por sus méritos.

54. "Viviendo de frutos y de raíces puras y de los granos que sirven de alimento a los anacoretas, no obtiene tan gran recompensa como absteniéndose enteramente de la carne de los animales.

55. "Me[113] devorará en el otro mundo aquel de cuya carne come aquí abajo." De esta reflexión deriva ciertamente, según los Sabios, la palabra que significa CARNE.

56. "No es una falta comer carne, beber licores espirituosos, entregarse al amor en los casos en que está permitido esto; la inclinación de los hombres los lleva a ello; pero abstenerse es muy meritorio.

57. "Voy a declarar ahora del modo conveniente, y siguiendo el orden relativo a las cuatro clases, las reglas de purificación por los muertos y las de la purificación de las cosas inanimadas.

58. "Cuando un niño tiene todos sus dientes y cuando después de salirle los dientes se le ha hecho la tonsura y la investidura del cordón, si ocurre que muere, todos sus parientes son impuros; al nacer el niño es idéntica la regla.

59. "Ha sido declarado por la ley que la impureza ocasionada por un cuerpo muerto dura diez días y diez noches para los sapindas o hasta el momento en que son recogidos[114] los huesos; es decir, durante cuatro días, o solamente durante tres días o simplemente uno solo, según los méritos de los Bracmanes parientes del muerto[115].

60. "El parentesco de los sapindas[116] o de los hombres ligados entre ellos por la ofrenda de los pasteles (pindas) cesa en la séptima persona o el sexto grado de ascendencia y descendencia; el de los samanodakas o de los que están ligados por una oblación igual de agua, cesa cuando su origen y los nombres de familia ya no se conocen.

61. "Así como ha sido establecida esta impureza[117] para los sapindas cuando un pariente muere, así sea también observada al nacer un niño por cuantos buscan una perfecta pureza.

62. "La mancha causada por un muerto es común a todos los sapindas; pero la del nacimiento no es sino para el padre y la madre; y para la madre sobre todo, pues el padre se purifica bañándose.

63. "El hombre que ha esparcido su simiente se purifica con un baño; si ha dado el ser a un niño por su unión con una mujer ya casada con otro, que expíe su falta con una purificación de tres días.

64. "En un día y una noche agregados a tres veces tres noches se purifican los sapindas que han tocado un cadáver, cualquiera que sea su mérito; los samanodakas en tres días.

65. "Un discípulo que celebra la ceremonia de los funerales de su director, del que no es pariente!, no está purificado sino al término de diez noches; es igual en este caso a los sapindas que cargan el cuerpo.

66. "Una mujer que ha abortado está purificada en tantas noches como meses han transcurrido desde la concepción; y una mujer que está en el período de la menstruación se purifica bañándose, cuando se ha detenido el flujo sanguíneo.

67. "Tratándose de hijos varones que mueren antes de haber sido tonsurados, la purificación es, según la ley, de un día y una noche; pero cuando se les ha hecho la tonsura, se requiere una purificación de tres noches.

68. "Un niño muerto antes de la edad de dos años, y que no ha sido tonsurado, debe ser transportado por sus padres fuera de la ciudad, adornado de guirnaldas de flores y debe ser depositado en tierra pura, sin que más tarde se recojan sus huesos.

69. "No debe hacerse por causa de él la ceremonia con fuego consagrado[III] ni

---

[III] Es decir, que no debe quemar su cuerpo.

libaciones de agua; después de haberlo dejado como un pedazo de madera en el bosque, sus parientes deben someterse a una purificación de tres días.

70. "Los parientes no deben hacer libación de agua por un niño que no tenía tres años cumplidos; pueden, sin embargo, hacerla si el niño tenía todos sus dientes o si le habían puesto nombre.

71. "Un Dwidja es impuro durante un día y una noche si muere su compañero de noviciado; al nacer un niño está prescrita para los samanodakas una purificación de tres noches.

72. "Los parientes por alianza de las señoritas que son novias, pero que no están casadas, se purifican en tres días si éstas llegan a morir; los parientes paternos de ellas se purifican del mismo modo, si la muerte ocurre después del matrimonio.

73. "Que se nutran con arroz no sazonado, con sal matute, que se bañen durante tres días, que se abstengan de carne y se acuesten aparte en la tierra.

74. "Tal es la regla de la impureza causada por la muerte de un pariente, cuando uno se encuentra en el mismo lugar; pero, en caso de estar alejado, he aquí la regla que deben seguir los sapindas y los samanodakas.

75. "El que tiene noticia, antes de la expiración de los diez días de impureza, de que uno de sus parientes ha muerto en un país lejano, es impuro durante el resto de los diez días.

76. "Pero si ha pasado el décimo día, es impuro durante tres noches; y si ha transcurrido un año se purifica bañándose.

77. "Si cuando se han vencido los diez días un hombre tiene noticia de la muerte de un pariente o del nacimiento de un hijo varón, se purifica sumergiéndose en el agua con sus vestidos.

78. "Cuando un niño que no tiene todos sus dientes todavía, o una samanodaka, muere en un país lejano, su pariente se purifica inmediatamente bañándose vestido.

79. "Si durante los diez días ocurre una nueva muerte o un nuevo nacimiento, un Bracmán sólo permanece en estado de impureza mientras no han transcurrido los diez días.

80. "Ha sido declarado que cuando muere un institutor, la impureza de su discípulo dura tres noches, un día y una noche si mueren el hijo o la mujer del institutor; tal es la regla establecida.

81. "Cuando fallece un Bracmán que ha leído toda la Santa Escritura, el hombre que vive en la misma casa está manchado durante tres noches; y durante dos días y una noche tratándose de un tío materno, de un discípulo, de un capellán y de un pariente lejano.

82. "Cuando un hombre reside en el mismo lugar que un soberano de raza real y muere éste, es impuro mientras dura el fulgor del sol o las estrellas, según que el suceso haya ocurrido de día o de noche; es impuro durante un día entero cuando muere un Bracmán que reside en la misma casa y que no ha leído todos los Libros santos o un maestro espiritual que conoce solamente una parte de los Vedas y de los Vedangas.

83. "Un Bracmán que no es recomendable por su conducta ni por saber, se torna

puro en diez días citando muere un sapinda iniciado o cuando nace un niña a tiempo; un Chatria en doce días; un Vaisya en quince; un Sudra[118] en un mes.

84. "Ningún hombre debe prolongar los días de impureza ni interrumpir las oblaciones a los fuegos sagrados; mientras las hace, aunque sea sapinda, no puede estar impuro.

85. "El que ha tocado a una Chandala, a una mujer que está en la época de la menstruación, a un hombre degradado por un gran crimen, a, una mujer que acaba de dar a luz, a un cuerpo muerto, a una persona que ha tocado un cuerpo muerto, se purifica bañándose.

86. "El Bracmán que ha hecho sus abluciones y se ha purificado, debe siempre, al ver a un hombre impuro recitar en voz baja las plegarias (Mantras) al So y las oraciones que borran la mancha.

87. "Cuando un Bracmán ha tocado un hueso humano todavía grasoso, se purifica bañándose; si no está- untuoso el hueso, se purifica tomando agua en la boca y tocando a una vaca o mirando al Sol.

88. "Un discípulo en teología no debe hacer libaciones de agua en una ceremonia fúnebre antes que haya concluido su noviciado; pero si una vez terminado hace una libación de agua, necesita tres noches para purificarse.

89. "Por quienes descuidan sus deberes, por quienes han nacido en la mezcla impura de las clases, por los mendigos heréticos, por los que abandonan la vida voluntariamente, no debe hacerse libación de agua.

90. "Así como tampoco por las mujeres que adoptan las maneras y el vestido de los heréticos, ni por las que tienen vida desarreglada, o que se hacen abortar o que hacen perecer a sus maridos o que beben licores espirituosos.

91. "Un novicio que transporta el cuerpo de su institutor, que le ha hecho estudiar antes de la investidura una Sakha[119] o rama del Veda, de su preceptor que le ha enseñado una parte del Veda o un Vedanga, de su director que le ha explicado el sentido de los Libros santos, de su padre o de su madre, no viola las reglas de su orden.

92. "Debe transportarse fuera de la ciudad el cuerpo de un Sudra muerto, por la puerta del Mediodía, y los de los Dwidjas, según el orden de clases, por las puertas del Oeste, del Norte y del Oriente.

93. "Los reyes de rasa noble y que han recibido la unción real, los novicios, los hombres que se entregan a piadosas austeridades y los que celebren un sacrificio no pueden sufrir impureza; unos ocupan la sede de Indra, los otros son tan puros como Brahama.

94. "Tratándose del rey que está situado en el trono de la soberanía, se ha declarado que la purificación ocurre en el instante mismo; debe este privilegio al puesto eminente que sólo se le ha confiado para que vele sin cesar por la salud de los pueblos.

95. "La purificación ocurre también inmediatamente por los que mueren en un combate después de que el rey ha hecho retirada, o los muertos por el rayo o por orden del rey, o los que pierden la vida en defensa de una vaca o de un Bracmán, o

por todos los que el rey desea que sean puros, como su consejero espiritual (Purohita), a fin de que sus asuntos no sufran demora.

96. "El cuerpo de un rey está compuesto de partículas emanadas de Soma[120], de Añi[121], de Surya[122], de Añila[128], de Indra[124], de Kuvera[125], de Varuna[126] y de Yama[127], los ocho principales guardianes del mundo (Lokapalas).

97. "Puesto que en la persona del rey residen los guardianes del mundo, está reconocido por la ley que no puede ser impuro, pues los Genios tutelares causan o alejan de los mortales la pureza o la impureza.

98. "El que muere de una herida de espada, o lanza, o flecha en un combate, cumpliendo con el deber de un Chatrya, hace en ese momento el más meritorio sacrificio, y la purificación por él ocurre en el instante mismo: tal es la ley.

99. "Cuando están por terminar los días de impureza, el Bracmán que ha hecho una Sraddha se purifica tocando agua; un Chatrya tocando a su caballo, su elefante o sus armas; un Vaisya tocando su aguijón o las riendas de sus bueyes; un Sudra tocando su bastón.

100. "El modo de purificación que concierne a los Sapindas os ha sido declarado, ¡oh jefes de los Dwidhas!; aprended ahora el medio de purificarse con ocasión de la muerte de un pariente más alejado.

101. "Un Bracmán, después de haber transportado, con el afecto que se tiene a un pariente, el cuerpo de un Bracmán que no le es sapinda o el de alguno de los próximos parientes de su madre, se purifica en tres noches.

102. "Pero si acepta el alimento ofrecido por las sapindas del muerto, necesita diez días para purificarse; si no come nada, queda purificado en un día, a no ser que resida en la misma casa que el difunto; pues en este caso se requiere una purificación de tres días.

103. "Después de haber seguido voluntariamente al cortejo fúnebre de un pariente paterno o de cualquiera otra persona, si se baña en seguida vestido, se purifica tocando el fuego y comiendo mantequilla clarificada.

104. "No debe hacerse llevar por un Sudra al cementerio el cuerpo de un Bracmán cuando están presentes personas de su clase, pues la ofrenda fúnebre, mancillándose por el contacto de un Sudra, no facilita el acceso del difunto al cielo.

105. "La ciencia sagrada, las austeridades, el fuego, los alimentos puros, la tierra, el. espíritu, el agua, el unto hecho con boñiga de vaca, el aire, las ceremonias religiosas, el sol y el tiempo: he aquí cuáles son los agentes de purificación para los seres animados.

106. "De todas las cosas que purifican, la mejor es la pureza en la adquisición de las riquezas; el que conserva su pureza volviéndose rico, es realmente puro, y no quien no está purificado con tierra y agua.

107. "Los hombres instruidos se purifican con el perdón de las ofensas; los que descuidan sus deberes con los dones; aquellos cuyas faltas son secretas, con la plegaria en voz baja; los que conocen perfectamente el Veda, con las austeridades.

108. "La tierra y el agua purifican lo que está manchado; un río está purificado por su corriente; una mujer que ha tenido culpables pensamientos, con su

menstruación; un Bracmán se torna puro desligándose de todas las afecciones mundanas.

109. "Se limpia con agua la mancha de los miembros del cuerpo del hombre; la del espíritu, con la verdad; la santa doctrina y las austeridades limpian las manchas del principio vital; la inteligencia se purifica con el saber.

110. "Las reglas ciertas de la purificación que conciernen al cuerpo acaban de seros declaradas; aprended ahora cuáles son los medios seguros de purificar los diversos objetos de uso.

111. "Por los metales, por las piedras preciosas y por toda cosa hecha de piedra, la purificación que prescriben los Sabios se practica con ceniza, agua y tierra.

112. "Un vaso de oro que no ha contenido sustancia untuosa se purifica con agua, lo mismo que todo lo que se produce en el agua, como el coral, las conchas, las perlas, lo que participa de la naturaleza de la piedra y la plata no cincelada.

113. "La unión del fuego y de las aguas ha dado nacimiento al oro y a la plata; en consecuencia, la purificación más estimada por estos dos metales se hace con los elementos que los han producido.

114. "Las vasijas de cobre, de hierro, de latón, de estaño, de lata y de plomo serán convenientemente limpiadas con cenizas, ácidos y agua.

115. "La purificación prescrita por todos los líquidos, consiste en quitar con hojas de kusa la superficie que ha sido manchada; la de las telas cosidas juntas, se hace regándolas con agua muy pura; la de los utensilios de madera, acepillándolos.

116. "Los vasos que sirven para el sacrificio, como los vasos en que se bebe el jugo de la asclepiada (soma) y aquellos en que se guarda mantequilla clarificada, deben frotarse con la mano y lavarse en el momento del sacrificio.

117. "Las vasijas en que se prepara la oblación, las diferentes cucharas con que se arroja al fuego la mantequilla clarificada, el vaso de hierro, el harnero, el carro, la mano de mortero y el mortero[128], deben purificarse con agua caliente.

118. "Regándolos se purifican los granos y los vestidos cuando están en cantidad que excede del peso de un hombre; pero si están en pequeña cantidad, la ley ordena lavarlos.

119. "Las pieles, las canastas de caña tejida, se purifican del mismo modo que los vestidos; eh cuanto a las hierbas, las raíces y las frutas, se requiere la misma purificación que por los granos.

120. "Se purifican las telas de seda o de lana con tierras salinas; los tapices de lana del Nepal con los frutos molidos del jaboncillo; las túnicas y los mantos con los frutos del vilva; los tejidos de lino con granos de mostaza blanca aplastados.

121. "Los utensilios hechos con concha, cuerno, huesos o marfil, debe purificarlos el hombre instruido como los tejidos de lino: añadiendo orina de vaca o agua.

122. "Se purifican la hierba, la leña y la paja, regándolas con agua; uria casa, barriéndola, frotándola y untándola con boñiga de vaca; una Vasija de barro haciéndola cocer por segunda vez.

123. "Pero cuando una vasija de barro ha estado en contacto con un licor

espirituoso, con orines, con excrementos, con esputos, con pus o con sangre, no quedará purificada ni con una cochura.

124. "Se purifica el suelo de cinco modos: barriéndolo, untándolo con boñiga de vaca, regándolo con orina de vaca, raspándolo, haciendo permanecer vacas en él durante un día y una noche.

125. "Una cosa picoteada por un pájaro, olfateada por una vaca, sacudida con el pie, sobre la que sé ha estornudado, o que ha sido manchada por el contacto de un piojo. se purifica con una aspersión de tierra.

126. "Todo el tiempo que el olor y la humedad causados por una sustancia impura permanecen sobre el objeto manchado, es preciso emplear tierra y agua para las purificaciones de los objetos inanimados.

127. "Los Dioses han asignado a los Bracmanes tres cosas puras que les son particulares, a saber: la cosa que ha sido manchada sin que ellos lo sepan, la que riegan con agua en caso de duda y la que ordenan que lo sea diciendo: "Que esta cosa sea pura para mí."

128. "Las aguas en las que una vaca puede apagar su sed son puras cuando manan sobre una tierra pura, cuando no están manchadas por ninguna suciedad, cuando son agradables por su olor, su color y su gusto.

129. "La mano de un artesano es siempre pura mientras trabaja, lo mismo que la mercadería expuesta para ser vendida; el alimento dado a un novicio que mendiga no está nunca manchado: tal es la regla establecida.

130. "La boca de una mujer es siempre pura; un pájaro es puro en el momento en que deja caer una fruta; un animal tierno mientras mama; un perro cuando persigue a las bestias feroces.

131. "La carne de una bestia salvaje matada por los perros ha sido declarada pura por Manú, así como la del animal muerto por otros carnívoros o por gentes que viven de la caza, como los Chandalas.

132. "Todas las cavidades que se hallan encima del ombligo son puras; las que se hallan por debajo son impuras, así como todas las secreciones que salen del cuerpo.

133. "Las moscas, las gotitas de saliva que se escapan de la boca, la sombra misma de una persona impura, una vaca, un caballo, los rayos del sol, el polvo, la tierra, el aire, el fuego que han tocado objetos impuros, deben ser siempre considerados de contacto puro.

134. "Para purificar los órganos por los que salen los excrementos y la orina, deben emplearse agua y tierra en la cantidad que se necesite, así como para limpiar las doce impurezas del cuerpo.

135. "Los sudores grasosos, el licor seminal, la sangre, la grasa de la cabeza, la orina, los excrementos, los mocos de la nariz, la suciedad de las orejas, el humor flemático, las lágrimas, las concreciones de los ojos y el sudor, son las doce impurezas del cuerpo humano.

136. "Quien desea la pureza debe emplear un pedazo de tierra con agua para el conducto dé la orina; debe emplear tres para el ano; diez para una mano, la izquierda, que es la que debe emplearse-para esta purificación, y siete para las dos, o

más si es necesario.

137. "Esta purificación es la de los dueños de casa; la de los novicios debe ser doble; la de los anacoretas, triple; la de los mendigos ascéticos, cuádruple.

138. "Una vez depuesta la orina o los excrementos, uno debe lavarse la boca, después de la purificación más arriba mencionada, después mojar las cavidades del cuerpo y lo mismo debe hacerse cuando se va a leer el Veda y siempre en el momento de comer.

139. "Que el Dwidja tome primero agua en la boca tres veces consecutivas y se limpie en seguida dos veces la boca si desea la pureza de su cuerpo; una mujer y un Sudra no hacen esto sino una vez.

140. "Los Sudras que se conforman a los preceptos de la ley deben hacerse afeitar la cabeza una vez por mes; su modo de purificación es el mismo que el de los Vaisyas, y su alimento deben formarlo las sobras de los Bracmanes.

141. "Las gotitas de saliva que caen de la boca sobre una parte del cuerpo no tornan impuro, así como tampoco los pelos de la barba que entran a la boca, ni lo que sé introduce entre los dientes.

142. "Las gotas de agua que destilan sobre los pies de quien presenta aguaba los otros para su ablución, deben reconocerse como semejantes a las que manan sobre un suelo puro; no puede ser manchado por ellas.

143. "El que llevando una carga de cualquier modo que sea, es tocado por un hombre o un objeto impuro, puede purificarse sin descargar lo que lleva haciendo una ablución.

144. "Después de haberse bañado o después de haberse purgado, debe uno bañarse y comer mantequilla clarificada; cuando se vomita, después de haber comido, debe uno solamente lavarse la boca; está ordenado el baño a quien ha tenido comercio con una mujer.

145. "Después de haber dormido, después de haber estornudado, después de haber comido, después de haber escupido, después de haber dicho mentiras y en el momento de leer la Santa Escritura, debe uno lavarse la boca aun estando puro.

146. "Os he declarado enteramente las reglas de purificación que conciernen a todas las clases y los medios de purgar de toda mancha los objetos de que uno se sirve; aprended ahora las reglas que conciernen a las mujeres.

147. "Una muchachita, una joven, una mujer de edad avanzada, no deben hacer nada por propia voluntad, aun en su casa.

148. "Durante su infancia, una mujer debe depender de su padre; durante su juventud, depende de su marido; si ha muerto su marido, de sus hijos; si no tiene hijos, de los próximos parientes de su marido y, en su defecto, de los de su padre; si no tiene parientes paternos) del soberano; una mujer no debe nunca gobernarse a su antojo.

149. "Que no trate de separarse de su padre, de su esposo o de sus hijos; pues separándose de ellos expondría a las dos familias al desprecio.

150. "Debe estar siempre de buen humor, manejar diestramente los asuntos de la casa, conservar con la mayor diligencia los utensilios domésticos y no excederse en

los gastos.

151. "A aquel a quien fue otorgada por su padre o por su hermano con asentimiento del padre, debe ella servirlo respetuosamente durante su vida, y no faltarle después de su muerte, ya sea conduciéndose de manera impúdica, ya sea olvidandose de las oblaciones qué debe hacerle.

152. "Las palabras de bendición y el sacrificio al Señor de las criaturas (Pradjapati), tienen por motivo, en las ceremonias fúnebres, asegurar la felicidad de los desposados; pero la autoridad del esposo sobre su mujer reposa sobre el don que de su hija le ha hecho el padre, en el momento de los esponsales.

153. "El marido cuya unión ha sido consagrada con las plegarias usuales, dará gusto continuamente a su esposa aquí abajo, ya sea en la estación conveniente, ya en cualquier otro tiempo, y le hará obtener la felicidad en el otro mundo.

154. "Aunque sea censurable la conducta de su marido, aunque se dé a otros amores y esté desprovisto de buenas cualidades, debe la mujer virtuosa reverenciarlo constantemente como a un Dios.

155. "No hay sacrificio ni práctica piadosa, ni ayuno que conciernan particularmente a las mujeres; que la esposa quiera y respete a su marido y será honrada en el cielo.

156. "Una mujer virtuosa que desea obtener la misma mansión de felicidad que su marido, no debe hacer nada que pueda desagradarle, ya sea durante su vida, ya. después de su muerte.

157. "Que enflaquezca voluntariamente su cuerpo viviendo de flores, de raíces y de frutos puros; pero que después de haber perdido a su marido no pronuncie siquiera el nombre de otro hombre[129].

158. "Que hasta la muerte se conserve paciente y resignada, entregada a prácticas piadosas, casta y sobria como un novicio, dedicándose a seguir las excelentes reglas de conducta de las mujeres que no tienen sino un solo esposo.

159. "Muchos millares de Bracmanes exentos de sensualidad desde su más tierna infancia, y que no han dejado posteridad, han llegado al Cielo, sin embargo.

160. "Y del propio modo que estos hombres austeros, la mujer virtuosa que después de la muerte de su marido se conserva perfectamente casta, se irá derecha al Cielo aunque no tenga hijos.

161. "Pero la viuda que por el deseo de tener hijos es infiel a su marido, incurre en el desprecio aquí en la tierra y será excluida de la mansión celeste donde es admitido su esposo.

162. "Todo hijo a quien da a luz una mujer después de haber tenido comercio con otra persona que no sea su marido, no es su hijo legítimo; igualmente el engendrado por un hombre con la mujer ajena no le pertenece a él, y en ninguna parte de este código se confiere a una mujer virtuosa el derecho de casarse por segunda vez.

163. "Quien abandona a su marido, que es de clase inferior; para ligarse a un hombre de clase superior, es despreciada en este mundo o está designada bajo el nombre de Parapurva (que tiene nuevo marido).

164. "Una mujer infiel a su marido está expuesta a la ignominia aquí abajo; después de su muerte renace en el vientre de un chacal o sufre de elefantiasis y de consunción pulmonar.

165. "Por el contrario, la que no falta a su marido y cuyos pensamientos, palabras y cuerpo son puros, obtiene la misma mansión celeste que su esposo y está llamada por las gentes de bien mujer virtuosa.

166. "Observando una conducta honorable, la mujer casta de pensamientos, palabras y porte, obtiene una óptima reputación aquí abajo y después de su muerte se ve admitida a la misma mansión que su esposo.

167. "Todo Dwidja versado en la ley que ve morir a una esposa que conserva estos preceptos y pertenecía a la misma clase que él, debe quemarla con los fuegos sagrados y con los utensilios del sacrificio.

168. "Que después de haber celebrado así con los fuegos la ceremonia de los funerales de una esposa muerta antes que él, contraiga un nuevo matrimonio y encienda por segunda vez el fuego nupcial.

169. "Que nunca cese de hacer las cinco grandes oblaciones siguiendo las reglas prescritas, y que después de haber escogido una esposa, permanezca en su casa durante el segundo período de su existencia."

LIBRO SEXTO:

Deberes del anacoreta y del ascético

1. "Habiendo previamente terminado sus estudios, después de haber permanecido así en la orden de los dueños de casa, conforme a la regla, debe el Dwidja vivir en seguida en el bosque, con firme resolución y siendo perfectamente dueño de sus órganos.

2. "Que cuando el jefe de casa ve que su piel se arruga y sus cabellos blanquean se retire a un bosque[130].

3. "Que renunciando a los alimentos que se comen en las ciudades y a todo lo que posee, confiando su mujer a sus hijos, parta solo o lleve consigo a su mujer.

4. "Que llevando su fuego sagrado y todos los utensilios domésticos empleados en las oblaciones, abandonando la ciudad para retirarse al bosque, permanezca allí señoreando sus órganos de los sentidos.

5. "Que celebre las cinco grandes oblaciones, según las reglas prescritas, con las diferentes clases de granos puros que sirven de alimento a los Munís, como el arroz salvaje, con hierbas, raíces y frutos.

6. "Que se vista con una piel de gacela o un vestido de corteza; que se bañe mañana y tarde; que lleve siempre los cabellos largos y deje crecer su barba, los pelos de su cuerpo y sus uñas.

7. "Que haga, en cuanto esté a su alcance, ofrendas a los seres animados y limosnas con una porción de lo destinado a su alimento y honre a los que vienen a su ermita, presentándoles agua, raíces y frutos.

8. "Debe dedicarse sin cesar a la lectura del Veda, sufrir todo con paciencia, ser benevolente y perfectamente recogido, dar siempre, no recibir nunca, mostrarse compasivo con todos los seres.

9. "Que haga con regularidad las ofrendas al fuego dispuesto según el modo Vitana[181], no olvidando en tiempo conveniente las oblaciones del día de luna nueva y de luna llena.

10. "Que celebre también el sacrificio en honor de las constelaciones lunares, la ofrenda del grano nuevo, las ceremonias que se celebran cada cuatro meses y las del solsticio de invierno y las del solsticio de verano.

11. "Que haga separadamente, según la regla, los pasteles y los otros manjares destinados a ser presentados en ofrenda con granos puros, alimento de los Munis, que crecen en la primavera o en otoño[132] y que él mismo haya cosechado.

13. "Que coma las hierbas que se crían en la tierra o en el agua, flores, raíces y frutos producidos por árboles puros y los aceites que se forman en los frutos.

14. "Que evite el tomar miel y carne, hongos terrestres, bustrina, sigruka y los frutos del sleshmataka.

15. "En el mes de aswina debe arrojar los granos salvajes que había acumulado precedentemente, así como los vestidos viejos, las hierbas, las raíces y los frutos

cosechados por él.

16. "Que nunca coma lo que ha brotado de un campo labrado, aunque este campo haya sido abandonado por su propietario, ni raíces y frutas que provengan de un pueblo, aun cuando le atormente el hambre.

17. "Puede comer alimentos cocidos al fuego o frutos madurados por el tiempo; para aplastar ciertos frutos, emplear una piedra o servirse de los dientes a guisa de mano de mortero.

18. "Que recoja grano para un día solamente ó que haga provisión de él para un mes, para seis meses o aun para un año.

19. "Que después de haberse procurado, en cuanto haya podido, de qué alimentarse, coma en la tarde y. en la mañana o solamente cuando llega el momento de la cuarta o de la octava comida[133].

20. "O que observe las reglas de la penitencia lunar (Chandrayana) durante la quincena iluminada o durante la quincena oscura, o que coma una sola vez al fin de cada una de estas quincenas, granos hervidos.

21. "O que no viva absolutamente sino de flores y de raíces y de frutos madurados por el tiempo que han caído espontáneamente, observando estrictamente los deberes de los anacoretas.

22. "Que se revuelque en tierra o se mantenga todo un día sobre la punta de los pies; que se levante y se siente alternativamente y que se bañe tres veces al día[134].

23. "Que en la estación cálida (grishma), soporte el ardor de los cinco fuegos[135], que durante las lluvias (varshas) se ponga enteramente desnudo bajo los torrentes de agua que vierten las nubes; que durante la estación fría (he-manta) lleve un vestido húmedo, aumentando gradualmente sus austeridades.

24. "Que tres veces al día haciendo su ablución, satisfaga a los Dioses y a los Manes con una libación de agua, y que reseque su sustancia mortal entregándose a austeridades cada vez más rigurosas.

25. "Que entonces, habiendo depositado en sí mismo, según la regla, los fuegos sagrados, tragando las cenizas, no tenga más fuegos domésticos ni habitación; que guarde el más absoluto silencio y viva de raíces y de frutos.

26. "Que esté exento de toda inclinación a los placeres sensuales, que sea casto como un novicio, que tenga por lecho la tierra, no consulte su propio gusto para elegir una habitación y resida al pie de los árboles.

27. "Que reciba de Bracmanes, anacoretas y otros Dwidjas dueños de casa que residen en el bosque, la limosna necesaria para el sostenimiento de su existencia.

28. "O puede traer alimento de un pueblo, después de haberlo recibido en una fuente hecha de hojas o en la mano desnuda o en un tiesto, y comer ocho bocados.

29. "Tales son, con algunas otras todavía, las prácticas piadosas que debe observar un Bracmán retirado a un bosque; y para unir su alma al Ser supremo debe estudiar las diferentes partes teológicas (Upanishads) del libro revelado.

30. "Que han sido respetuosamente estudiadas por los devotos y por los Bracmanes dueños de casa retirados a un bosque para el acrecentamiento de su ciencia y de sus austeridades y para la purificación de su cuerpo.

31. "O que si tiene alguna enfermedad incurable, se. dirija hacia la región invencible del Noroeste' y con paso seguro camine hasta la disolución de su cuerpo, aspirando a la unión y no viviendo sino de agua y de aire.

32. "El Bracmán que se ha desprendido de su cuerpo por una de estas prácticas que han puesto en vigor los grandes Rishis, que está exento de pena y de temor, es admitido honrosamente en la mansión de Brahama.

33. "Cuando el anacoreta ha pasado así en los bosques el tercer período de su existencia, debe en el cuarto abrazar la vida ascética, renunciando enteramente a toda especie de afecto.

34. "El hombre que ha pasado de orden a orden[136], que ha hecho las oblaciones requeridas al fuego, que ha señoreado siempre sus órganos, fatigados de dar limosnas y. de hacer ofrendas, consagrado a la devoción ascética, obtiene, después de su muerte, la suprema felicidad.

35. "Que después de haber cancelado sus tres deudas para con los Santos, los Manes y los Dioses, encamine su espíritu a la liberación final (Moksha); pero quien antes de haber pagado estas deudas desea la beatitud, se precipita a la mansión infernal.

36. "Cuando ha estudiado los Vedas del modo prescrito por la ley, cuando ha procreado hijos según el modo legal, y cuando ha ofrecido cuantos sacrificios ha podido, estando canceladas sus tres deudas, puede no pensar entonces sino en la liberación final.

37. "Pero el Bracmán que, sin haber estudiado los Libros santos, sin haber engendrado hijos, ni haber hecho sacrificios, desea la beatitud, se va al infierno.

38. "Después de haber celebrado el sacrificio del Pradjapati, en el que presenta a guisa de ofrenda todo lo que posee, según el mandamiento del Veda; después de haber depositado en sí mismo el fuego del sacrificio, un Bracmán puede abandonar su casa para adoptar la vida ascética[137].

39. "Cuando un hombre imbuido de la parte teológica de los Libros santos, poniendo a abrigo de temor a los seres animados, abandona la orden de los dueños de casa para pasar a la de los devotos ascéticos, resplandecen con su gloria los mundos celestes.

40. "El Dwidja de quien no experimentan ningún temor las criaturas sensibles, desembarazado de su sustancia mortal, no tiene nada que temer de quienquiera.

41. "Que abrace la vida ascética saliendo de su casa, llevando consigo utensilios puros, como su bastón y su aguamanil, guardando silencio, exento de todo deseo provocado por los objetos que se le presentan.

42. "Que esté siempre solo y sin compañero, a fin de obtener la felicidad suprema, considerando que la soledad es el único modo de obtener esta felicidad; en efecto, no abandona y no es abandonado y no sufre jamás la pena que esto causa.

43. "Que no tenga fuego ni domicilio; que vaya al pueblo a buscar su alimento cuando el hambre le atormenta; que esté resignado, lleno de firmes propósitos; que medite en silencio y fije su espíritu en el Ser divino.

44. "Una vasija de barro, por morada la raíz de grandes árboles, un mal vestido,

una absoluta soledad, el mismo modo de tratar a todo el mundo, tales son los signos que distinguen a un Bracmán que está cercano a la liberación final.

45. "Que no desee la muerte, que no desee la vida; que espere el momento fijado para él como un criado espera su salario.

46. "Que purifique sus pasos mirando dónde pone los pies por temor de caminar sobre cabellos, sobre un hueso o sobre cualquier otra cosa impura; que purifique el agua que beberá, filtrándola con un pedazo de paño, por temor de hacer perecer a los animalitos que pudieran hallarse en ella; que purifique las palabras por su verdad; que conserve siempre puro su espíritu.

47. "Debe soportar con paciencia las palabras injuriosas, no despreciar a nadie y no guardar rencor a nadie por causa de este cuerpo débil y enfermizo.

48. "Que no se encolerice a su vez con un hombre irritado; que si le injurian responda dulcemente y que no diga palabra vana que se relacione con los objetos sometidos a las siete percepciones, que son los cinco órganos de los sentidos, el sentimiento y la inteligencia; que no hable sino del Ser divino.

49. "Que meditando con deleite en el Alma suprema, sentado, sin tener necesidad de nada, inaccesible a todo deseo sensual, sin otra sociedad que su alma, viva aquí abajo en espera de la beatitud eterna.

50. "Nunca debe tratar de procurarse alimentos explicando prodigios y presagios[138], ni valiéndose de la astrología o de la quiromancia, ni dando preceptos de moral casuística o interpretando la Escritura santa.

51. "Que no entre nunca a una casa frecuentada por ermitaños, Bracmanes, pájaros, perros o por otros mendigos.

52. "Que con los cabellos cortados, provisto de una fuente, de un bastón y de un aguamanil, yerre continuamente en perfecto recogimiento, evitando el hacer daño a cualquiera criatura animada.

53. "Que las fuentes de que se sirve no sean de metal y no tengan fractura alguna: conviene purificarlas con agua, así como las tazas. empleadas en un sacrificio.

54. "Una cantimplora, una fuente de madera, una vasija de barro, una canasta de bambú, tales deben ser, según los preceptos de Manú, Swayambhuva (salido del Ser existente por sí mismo), los utensilios de un Yati[139] (devoto ascético).

55. "Que mendigue su alimento una vez al día y no desee gran cantidad; pues el devoto ávido de limosnas acaba por abandonarse a los placeres de los sentidos.

56. "En la tarde, cuando no se ve la humareda de la cocina, cuando está en reposo la mano de mortero, cuando el carbón está apagado, las gentes ahitas, las fuentes han sido retiradas, es cuando el devoto debe mendigar su subsistencia.

57. "Que no se aflija si no obtiene nada; que no se de a la alegría si obtiene algo; que no trate sino de sostener su vida, y en la elección de sus utensilios, no consulte su fantasía.

58. "Que procure, sobre todo, no recibir limosnas después de un humilde saludo, pues las limosnas así recibidas encadenan con los brazos del renacimiento al devoto que está a punto de librarse de él.

59. "Que tomando poco alimento, retirándose a apartados lugares, contenga sus órganos arrastrados naturalmente por la inclinación a la sensualidad.

60. "Enseñoreando sus órganos, renunciando a toda clase de afecto o de odio, evitando el hacer daño a las criaturas, prepara su inmortalidad.

61. "Que considere con detención las transmigraciones de los hombres que causan sus acciones culpables, su caída al infierno y los tormentos que sufren en la mansión de Yama.

62. "Su separación de las personas amadas y su unión con las personas odiadas; la vejez que comienza a hacerse sentir, las enfermedades de que son víctimas.

63. "El espíritu vital que sale de este cuerpo para renacer en el vientre de una criatura humana y las transmigraciones de esta alma en diez mil millones de matrices.

64. "Las desgracias que sufren los seres animados a consecuencia de su iniquidad y la felicidad inalterable que sienten proveniente de esta contemplación del Ser divino que da la virtud.

65. "Que reflexione, con la más exclusiva atención de espíritu, en la esencia sutil e indivisible del Alma suprema (Paramatma) y en su existencia en el cuerpo de los seres más elevados y los más bajos.

66. "Que cualquiera que sea la orden en que se halle un hombre, aunque haya sido acusado con falsedad e injustamente privado de las insignias de su orden, continúe cumpliendo su deber y trate de igual manera a todas las criaturas; llevar las insignias de una orden no es cumplir los deberes de ella.

67. "Así, aunque el fruto del kataka[IV] tenga la propiedad de purificar el agua, no se purificará, sin embargo, el agua pronunciando solamente el nombre de este fruto.

68. "Que a fin de no causar la muerte de animal alguno, el Sannuasi camine mirando al suelo, tanto la noche como el día, aun a riesgo de hacerse daño.

69. "Como en el día y en la noche hace morir involuntariamente a cierto número de animalitos, debe,. para purificarse, bañarse y retener seis veces su aliento.

70. "Tres supresiones de aliento únicamente hechas según la regla y acompañadas de las palabras sagradas: Bhur, Bhuvah, Swar, del monosílabo Aum, de la Savitri y del siras, deben considerarse como el acto de devoción más grande de un Bracmán.

71. "Así como desaparecen las impurezas de los metales cuando se los expone al fuego, así también todas las faltas que pueden cometer los órganos se borran con supresiones de aliento.

72. "Que borre sus pecados, reteniendo su aliento; que expíe sus faltas, entregándose al-más absoluto recogimiento; que reprima los deseos sensuales imponiendo un freno a sus órganos; que destruya con la meditación profunda las cualidades opuestas a la naturaleza divina[140].

73. "Que entregándose a la más abstracta meditación observe la marcha del alma

---

[IV] Si se frota con una de las semillas de esta planta el interior de una jarra que sirve para conservar agua, ésta hace precipitar las partículas terrosas esparcidas en el agua.

a través de los diferentes cuerpos, desde el grado más alto hasta el más bajo, marcha que difícilmente distinguen los hombres que no tienen el espíritu perfeccionado por la lectura de los Vedas.

74. "Quien está dotado de esta sublime[141] vista, ya no sufre la esclavitud de las acciones; pero quien está privado de esta vista perfecta, está destinado a volver al mundo.

75. "No haciendo daño a las criaturas, señoreando sus órganos, cumpliendo los deberes piadosos prescritos por el Veda y sometiéndose a las más austeras prácticas de devoción, se llega aquí abajo al fin supremo, que es identificarse con Brahama.

76. "Esta mansión, a la que sirven los huesos de armazón, a la que sirven de ligamen los músculos, cubierta de sangre y de carne cubierta de piel, infecta, que encierra excrementos y orina.

77. "Sometida a la vejez y a las penas, afligida por enfermedades, presa de sufrimientos de toda clase, unida a la cualidad de pasión, destinada a perecer, esta mansión humana debe ser abandonada con gusto por quien la ocupa.

78. "Así como un árbol abandona la orilla de un río cuando lo arrastra la corriente, así como un pájaro abandona el árbol obedeciendo a su capricho, así también quien abandona por necesidad o por su propia voluntad a este cuerpo se liberta de un monstruo horrible.

79. "Dejando a sus amigos sus buenas acciones y a sus enemigos sus faltas, y entregándose a una profunda meditación, se eleva el Sannyasi hasta Brahama, que existe de toda eternidad.

80. "Cuando, por su conocimiento íntimo del mal, se vuelve insensible a todos los placeres de los sentidos, obtiene entonces la felicidad en este mundo y la beatitud eterna en el otro.

81. "Habiéndose libertado de esta manera gradualmente de todo afecto mundanal, tornándose insensible a todas las opuestas condiciones, como el honor y el deshonor, es absorbido para siempre en Brahama.

82. "Lo que acaba de ser declarado se obtiene siempre por la meditación en la esencia divina; pues ningún hombre, cuando no se ha elevado al conocimiento del Alma suprema, puede cosechar el fruto de sus esfuerzos.

83. "Que lea constantemente en voz baja la parte del Veda que concierne al sacrificio, la que habla de las Divinidades, la que tiene por objeto el Alma suprema y todo lo que está declarado en el Vedanta.

84. "La Santa Escritura es un refugio asegurado aun para los que no la comprenden, para los que la comprenden y la leen, para los que desean el Cielo y para los que aspiran a una eternidad de felicidad.

85. "El Bracmán que abraza la vida ascética según las reglas que acaban de ser declaradas en el orden conveniente, se despoja aquí abajo de todo pecado y se reúne con la Divinidad suprema.

86. "Os he manifestado los deberes comunes a las cuatro clases[142] de los Yatis dueños de sí; aprended ahora las reglas particulares a las que están sometidos los de la primera clase que renuncian a, todas las prácticas piadosas prescritas por el Veda.

87. "El novicio, el hombre casado, el anacoreta y el devoto ascético forman cuatro órdenes distintas que deducen su origen del dueño de la casa.

88. "El Bracmán que entra sucesivamente a todas estas órdenes conforme a la ley y que se conduce del modo prescrito llega a la condición suprema, es decir, a la identificación con Brahama.

89. "Pero entre los miembros de estas órdenes, el dueño de casa que observa los preceptos de la Sruti y la Smriti está considerado como el principal de todos, pues es él quien sostiene a los otros tres.

90. "Así como todos los ríos y todos los riachuelos van a confundirse en el Océano, así también todos los miembros de las otras órdenes vienen a buscar un asilo junto al dueño de casa.

91. "Los Dwidjas, que pertenecen a estas cuatro órdenes, deben practicar siempre con el mayor celo las diez virtudes que componen el deber.

92. "La resignación, el acto de devolver bien por mal, la temperancia, la probidad, la pureza, la represión de los sentidos, el conocimiento de los Sastras, el del Alma Suprema, la veracidad y la abstinencia de cólera: tales son las diez virtudes en que consiste el deber.

93. "Los Bracmanes que estudian estos diez preceptos del deber, y que después de haberlos estudiado se conforman a ellos, llegan a la condición suprema.

94. "El Dwidja que practica con el mayor celo estas diez virtudes, que ha escuchado la interpretación del Vedanta como la ley lo prescribe y cuyas tres deudas están canceladas, puede renunciar enteramente al mundo.

95. "Que desistiéndose de todos los deberes religiosos de dueño de casa, habiendo borrado todos sus pecados, habiendo reprimido sus órganos y habiendo comprendido perfectamente el sentido de los Vedas, viva feliz y apacible bajo la. tutela de sus hijos.

96. "Después de haber abandonado toda clase de práctica piadosa, dirigiendo su espíritu hacia el único objeto de sus pensamientos, la contemplación del Ser divino, estando exento de todo otro deseo, habiendo expiado sus faltas por la devoción, llega al fin supremo.

97. "Os he declarado las cuatro reglas de conducta que conciernen a los Bracmanes, reglas santas y que producen frutos imperecederos después de la muerte; aprended ahora cuál es el deber de los reyes."

LIBRO SEPTIMO:

Conducta que deben observar los reyes y la clase militar

1. "Voy a declarar los deberes de los reyes, la conducta que debe observar un monarca; diré cuál en su origen y por qué medio puede obtener la recompensa suprema.

2. "Un Chatrya que ha recibido, según la regla, el divino sacramento de la iniciación, debe dedicarse a proteger con justicia a todo lo que está sometido a su poder.

3. "En efecto, como cuando está privado de reyes este mundo queda trastornado de temor por todas partes, el Señor, para la conservación de todos los seres, creó a un. rey.

4. "Tomando partículas eternas de la sustancia Indra, de Anila, de Yama, de Surya, de Añi, de Varuna, de Chandra y de Kuvera.

5. "Y porque un rey ha sido formado con partículas sacadas de la esencia de estos Dioses principales, es por lo que sobrepasa en brillo a todos los otros mortales.

6. "Al igual del Sol, quema los ojos y los corazones, y nadie en la tierra puede mirarlo de frente.

7. "Es el Fuego, el Viento, el Sol, el Genio que preside la luna, el Rey de la justicia, el Dios de las riquezas, el Dios de las aguas y el Soberano del firmamento por su poder.

8. "No debe despreciarse a un monarca, aun cuando sea niño todavía, diciéndose: "Es un simple mortal"; pues es una gran Divinidad que reside bajo esta forma humana.

9. "El fuego no quema sino al hombre que se acerca a él imprudentemente; pero el fuego de la cólera de un rey consume a toda una familia con sus ganados y sus otros bienes.

10. "Después de haber examinado maduramente la oportunidad de un asunto, sus propias fuerzas, el tiempo y el lugar, un rey reviste toda clase de formas para hacer triunfar la justicia; según las circunstancias, es amigo, enemigo o neutral.

11. "El que, en su benevolencia, prodiga los favores de la fortuna, determina por su valor la victoria, y con su cólera ocasiona la muerte, reúne ciertamente toda la majestad de los guardianes del mundo.

12. "El hombre que en su extravío le manifiesta odio debe perecer infaliblemente; pues el rey busca inmediatamente la manera de arruinarlo.

13. "Que el rey nunca se aparte de las reglas por las que ha determinado lo que es legal y lo que es ilegal, con respecto a las cosas permitidas y a las cosas prohibidas.

14. "Para ayudar al rey en sus funciones, el Señor produjo desde el principio al

Genio del castigo, protector de todos los seres, ejecutor de la justicia, hijo suyo y cuya esencia es enteramente divina.

15. "Es el temor del castigo lo que permite a todas las criaturas gozar de lo que les es propio y lo que les impide apartarse de sus deberes.

16. "Que después de haber considerado el lugar y el tiempo, los medios de castigar y los preceptos de la ley, inflija el rey el castigo a todos los que se entregan a la iniquidad.

17. "El castigo es un rey lleno de energía; es un administrador hábil, es un cuerdo dispensador de la ley: está reconocido como la garantía del cumplimiento del deber de las cuatro órdenes.

18. "El castigo gobierna al género humano; el castigo lo protege; el castigo vela mientras todo duerme; el castigo es la justicia, dicen los Sabios.

19. "Infligido con circunspección y con oportunidad trae felicidad a los pueblos; pero aplicado inconsideradamente, los destruye de arriba abajo.

20. "Si el rey no castigara sin descanso a los que merecen ser castigados, los más fuertes asarían a los más débiles como a pescados en un asador.

21. "La corneja vendría a picotear la ofrenda de arroz, el perro lamería la mantequilla clarificada; no existiría más derecho de propiedad; el hombre de más baja condición ocuparía el lugar del hombre de clase más elevada.

22. "El castigo rige a todo el género humano, pues se encuentra difícilmente a un hombre de natural virtuoso: es por temor al castigo por lo que el mundo puede entregarse a los placeres que le están otorgados.

23. "Los Dioses, los Titanes, los Músicos celestes, los, Gigantes, las serpientes, cumplen con sus funciones especiales, contenidos que están por el temor al castigo.

24. "Todas las clases se corromperían, todas las barreras serían derribadas, el universo no sería sino confusión si el castigo cesara de cumplir su deber.

25. "En dondequiera que el castigo, de color negro, de oro rojo, viene a borrar las faltas, no experimentan los hombres espanto alguno si quien dispone el castigo está dotado de sano juicio. .

26. "Los cuerdos consideran que un rey verídico es apropiado para reglamentar el castigo, cuando sólo obra con, circunspección, cuando posee los Libros santos y es perfectamente experto en materia de virtud, de placer y de riqueza.

27. "El rey que lo impone con oportunidad aumenta estos tres medios de felicidad; pero un príncipe voluptuoso, colérico y bribón, muere por haber castigado.

28. "Pues el castigo es la energía más poderosa; es difícil de mantener para los que no tienen el alma fortalecida por el estudio de las leyes; destruiría con toda su raza a un rey que se apartara de su deber.

29. "Devastaría los castillos, el territorio, los países habitados, con los seres móviles e inmóviles que encierran,. y afligiría por la privación de las ofrendas que deben hacérseles a los Santos y a los Dioses en el Cielo.

30. "No puede infligir convenientemente el castigo un rey desprovisto de consejeros, imbécil, ávido de lucro, cuya inteligencia no se ha perfeccionado con el

estudio de las leyes y que está entregado a los placeres de los sentidos.

31. "Por un príncipe enteramente puro, fiel a sus promesas, cumplidor de las leyes, rodeado de hábiles servidores y dotado de sano juicio es por quien puede ser impuesto el castigo equitativamente.

32. "Que se conduzca en su reino con justicia, que castigue rigurosamente a sus enemigos, que sea siempre franco con los amigos que afecciona, que esté lleno de dulzura para con los Bracmanes.

33. "El renombre de un monarca que obra de esta manera, aunque él viva de grano espigado, se extiende a lo lejos en el mundo como una gota de aceite de sésamo en el agua.

34. "Pero el renombre del príncipe que es lo contrario del primero y que no ha vencido sus pasiones, se estrecha en el mundo como una gota de mantequilla liquidada en el agua.

35. "El rey ha sido creado para ser el protector de todas las clases y de todas las órdenes[143] que se mantienen sucesivamente en el cumplimiento de sus deberes.

36. "Por lo que voy a exponeros del modo conveniente y por orden lo que el rey debe hacer con sus ministros para proteger a los pueblos.

37. "Después de haberse levantado al alba del día, debe mostrar el rey su respeto a los Bracmanes versados en el conocimiento de los tres Libros santos y en la ciencia de la moral y guiarse por sus consejos.

38. "Que venere constantemente a los Bracmanes respetables por su vejez y por su devoción, que poseen la Santa Escritura y son puros de espíritu y de cuerpo; pues el que venera a los ancianos es siempre honrado, aun por los Gigantes.

39. "Que-tome ejemplo de ellos por su humildad, aun cuando su conducta sea juiciosa y mesurada.

40. "Muchos soberanos, a consecuencia de su mala conducta, han perecido con sus bienes, mientras que ermitaños han obtenido reinos por su cordura y su humildad.

41. "Vena se arruinó por su falta de juicio, así como el rey Nahusha[144], Sudasa[145], Yavana, Sumukha y Nimi.

42. "Prithú[146], por el contrario, llegó a la reyecía por la cordura de su conducta, así como Manú; como también Kuvera obtuvo el imperio de las Riquezas y el hijo de Gadhi[147], el puesto de Brahama.

43. "Que el rey aprenda de quienes poseen los tres Vedas la triple doctrina que encierran, que estudie las leyes inmemoriales relativas a la aplicación de las penas, que adquiera la ciencia del raciocinio, el conocimiento del alma suprema, y que se informe sobre los trabajos de las diferentes profesiones, como la agricultura, el comercio y el cuidado de los ganados, consultando a los que las ejercen.

44. "Que día y noche se esfuerce en domeñar sus órganos; pues sólo el que señorea sus órganos es capaz de someter los pueblos a su autoridad.

45. "Que evite con el mayor cuidado los vicios que conducen a desgraciado fin, entre los cuales diez y ocho provienen del amor al placer y de la cólera.

46. "En efecto, un soberano dado a los vicios, que causa el amor al placer, pierde

su virtud y su riqueza; si se entrega a los vicios que origina la cólera, pierde aun la existencia por la venganza de sus súbditos.

47. "La caza, el juego, el sueño durante el día, la maledicencia, las mujeres, la embriaguez, el canto, la danzo, la música instrumental y los viajes inútiles son las diez clases de vicios que nacen del amor al placer.

48. "La ociosidad en divulgar el mal, la violencia, el acto de dañar en secreto, la envidia, la calumnia, el acto de apropiarse el bien ajeno, el de injuriar o de golpear a alguien componen la serie de ocho vicios que engendra la cólera.

49. "Que ponga esfuerzo principalmente en vencer al deseo inmoderado, al que todos los Sabios consideran como el de origen de estas dos series de vicios; en efecto, estas dos series derivan de ello.

50. "A los licores que embriagan, al juego, a las mujeres y a la caza, enumerados así en orden, debe mirarlos el rey como a lo que hay de más funesto en la serie de los vicios nacidos del amor al placer.

51. "Que considere siempre el acto de golpear, el de injuriar y el de dañar al bien ajeno como las tres cosas más perniciosas en la serie de los vicios producidos por la cólera.

52. "Y en el conjunto de los siete vicios mencionados a los que están inclinados los hombres en todas partes, a los primeros en ese orden debe considerarlos todo príncipe magnánimo como más graves que los que siguen.

53. "Comparados el vicio y la muerte, se ha declarado que el vicio es la cosa más horrible; en efecto, el hombre vicioso cae en las profundas regiones del infierno; después de su muerte el hombre exento de vicios llega al cielo.

54. "El rey debe escoger siete u ocho ministros cuyos antepasados hayan estado ligados al servicio real, que estén ellos mismos versados en el conocimiento de las leyes, que sean valientes, hábiles en el manejo de las armas, de noble linaje y cuya fidelidad esté asegurada con un juramento hecho por la imagen de una Divinidad,

55. "Una cosa fácil en sí misma se torna difícil para un hombre solo; con tanta mayor razón cuando se trata de gobernar, sin ser ayudado, un reino cuyas rentas son considerables.

56. "Que examine siempre con estos ministros las cosas que deben discutirse en común, la paz y la guerra, sus fuerzas[148], sus rentas, su seguridad personal y la de su reino y los medios de asegurar las ventajas adquiridas.

57. "Después de haber consultado sus pareceres separadamente, después colectivamente, debe adoptar en el asunto de que se trata la medida que le parezca más ventajosa.

58. "Pero que delibere con un Bracmán de profundo saber y que sea el más hábil de todos estos consejeros sobre la importante resolución que ha tomado con respecto a los seis artículos principales.

59. "Que le comunique con toda confianza cuantos asuntos tenga, y que después de haber tomado con él una determinación final, ponga en ejecución el asunto.

60. "Debe también escoger otros consejeros íntegros, muy instruidos, asiduos, expertos en materia de finanzas y de probada virtud.

61. "Cuantos hombres son necesarios para que se ejecuten convenientemente los asuntos, tantos otros debe tomar a su servicio entre las gentes activas, capaces y experimentadas.

62. "Que entre éstos emplee a los que son valientes, de buena familia e íntegros en la explotación de las minas de oro, de plata o de piedras preciosas, y en percibir los productos de las tierras cultivadas; y que confíe la custodia del interior del palacio a los hombres pusilánimes, porque hombres valientes, viendo al rey solo a menudo o rodeado de sus mujeres, podrían matarlo a instigación de sus enemigos.

63. "Que escoja un embajador perfectamente versado en el conocimiento de todos los Sastras, el cual sepa interpretar los signos, el continente y los gestos; sea puro en sus costumbres e incorruptible, hábil y de nacimiento ilustre.

64. "Se estima al embajador de un rey cuando es afable, puro, mañoso, dotado de buena memoria, muy al corriente de los lugares y de los tiempos, de buena presencia, intrépido y elocuente.

65. "De un general es de quien depende el ejército; de la justa aplicación de las penas, de lo que depende el buen orden; el tesoro y el territorio dependen del rey; la guerra y la paz, del embajador.

66. "En efecto, el embajador es quien realiza el acercamiento de los enemigos, quien divide a los aliados, pues se ocupa de los asuntos que determinan una ruptura o la buena inteligencia.

67. "Que en las, negociaciones con un rey extranjero, el embajador adivine las intenciones de éste por ciertos signos, por su continente y sus gestos y por los signos y los gestos de los propios emisarios secretos, y que sepa los proyectos de este príncipe abocándose con consejeros ávidos o descontentos.

68. "Que habiéndose informado por su embajador de todos los designios del soberano extranjero, tome el rey las mayores precauciones para que no pueda hacerle daño alguno.

69. "Que fije su residencia en un paraje campestre, fértil en granos, habitado por gentes de bien, sano, agradable, rodeado de vecinos apacibles y en donde los habitantes puedan fácilmente procurarse con qué comer.

70. "Que se establezca en un lugar que tenga su acceso defendido ya sea por un desierto árido que se extienda a todo alrededor, ya sea por murallas de piedra o de ladrillo, ya por bosques impenetrables, ya por fosos llenos de agua, ya por hombres armados, ya por una montaña sobre la que está situada esta plaza.

71. "Que haga todo lo posible para retirarse a una plaza que una montaña hace inaccesible, pues tal fortaleza es muy estimada a causa de las numerosas ventajas que presenta.

72. "Los tres primeros lugares de difícil acceso, los desiertos, las murallas y los fosos, sirven de protección a las fieras, los ratones y los animales acuáticos; y los tres últimos medios de defensa, siguiendo el orden, los bosques, los soldados y las montañas, a los monos, los hombres y los Dioses.

73. "Así como los enemigos de estos seres no pueden hacerles daño cuando están al abrigo en sus diferentes albergues, así también un rey que se ha retirado a

una plaza inaccesible no tiene nada que temer de sus enemigos.

74. "Un solo arquero colocado sobre una muralla puede afrontar a diez enemigos; cien arqueros pueden resistir a cien mil enemigos; he aquí por qué se da valor a una plaza fuerte.

75. "La fortaleza debe estar provista de armas, de víveres, de dinero, de bestias de carga, de Bracmanes, de hombres que abran trochas, de máquinas, de hierbas y de agua.

76. "Que, en el medio, el rey haga construir para él un palacio que encierre todos los edificios necesarios y que, esté bien distribuido, defendido por muros y fosos, habitable en toda estación, brillante de estuco, rodeado de agua y de árboles.

77. "Que después de haberse establecido allí tome esposa de su misma clase, dotada de los signos que son de feliz presagio, la que pertenezca a una gran familia, sea encantadora y esté adornada de belleza y de cualidades estimables.

78. "Que escoja un consejero espiritual (Purohita) y un capellán (Ritwidj) encargados de celebrar para él las ceremonias domésticas y las que se celebran con los tres fuegos sagrados.

79. "Que el rey haga diferentes sacrificios acompañados de diferentes presentes; que para cumplir enteramente su deber procure goces y riquezas a los Bracmanes.

80. "Que haga percibir, por medio de comisionados fieles, su renta anual en todos sus dominios; que observe las leyes en este mundo; que se conduzca como un padre con sus súbditos.

81. "Debe establecer en cada parte diversos inspectores inteligentes, encargados de examinar la conducta de los que están al servicio del príncipe.

82. "Que honre con presentes a los Bracmanes que, después de haber terminado sus estudios teológicos, han abandonado la casa de su padre espiritual, pues este tesoro que depositan los reyes en manos de los Bracmanes ha sido declarado imperecedero.

83. "No puede ser robado por ladrones ni por enemigos, no puede perderse; por consiguiente, debe confiar a los Bracmanes este tesoro imperecedero.

84. "La oblación vertida en la boca o en la mano de un Bracmán es mucho mejor que las ofrendas al fuego; no cae nunca, nunca se reseca, no se consume nunca.

85. "El don hecho a un hombre que no es Bracmán no tiene sino un mérito corriente; vale el doble si se le hace a un hombre que se dice Bracmán; hecho a un Bracmán avanzado en el estudio de los Vedas, es cien mil veces más meritorio; hecho a un teólogo consumado, es infinito.

86. "Ofrecido a una persona que es digna de él y con fe pura, un don trae después de la muerte una recompensa ligera o considerable al que lo hace.

87. "Cuando un rey que protege a su pueblo se ve desafiado por un enemigo que lo iguala, lo sobrepasa o le es inferior en fuerza, no debe rehuir el combate; que recuerde el deber de la clase militar.

88. "No huir nunca en un combate, proteger a los pueblos, honrar a los Bracmanes, tales son los deberes eminentes cuyo cumplimiento trae la felicidad a los reyes.

89. "Los soberanos que en las batallas, deseosos de vencerse uno a otro, combaten con la mayor valentía y sin volver la cabeza, se van directamente al cielo después de su muerte.

90. "Un guerrero nunca debe emplear en una lucha contra sus enemigos armas pérfidas, como palos que encierran estiletes agudos, ni flechas arpadas, ni flechas envenenadas, ni tiros inflamados[149].

91. "Que no hiera a un enemigo que camina a pie si él se halla en un carro, ni a un hombre afeminado, ni al que junta las manos pidiendo gracia, ni al que tiene sueltos los cabellos, ni al que está sentado, ni al que dice: "Soy tu prisionero."

92. "Ni a un hombre dormido, ni a quien no tiene coraza, ni al que está desnudo, ni al que está desarmado, ni al que mira el combate sin tomar parte en él, ni al que está luchando con otro.

93. "Ni al que tiene el arma rota, ni al que está anonadado por la tristeza, ni a un hombre gravemente herido, ni a un cobarde, ni a un fugitivo; que se acuerde del deber de los guerreros valientes.

94. "El cobarde que huye durante el combate y a quien matan sus enemigos, carga con todas las malas acciones de su jefe, cualesquiera que sean.

95. "Y si este fugitivo, que ha sido asesinado, había hecho provisión de algunas buenas obras para la otra vida, su jefe se aprovecha de ellas.

96. "Los carros, los caballos, los elefantes, las sombrillas, los vestidos, los granos, los ganados, las mujeres, los ingredientes de toda clase, los metales, con excepción del oro y de la plata, pertenecen por derecho a quien se ha apoderado de ellos en la guerra.

97. "Debe deducirse de este botín la parte de más precio para ofrecerla al rey; tal es la regla del Veda; y el rey debe distribuir entre todos sus soldados lo que no ha sido tomado separadamente.

98. "Tal es la ley irreprochable y primordial que concierne a la clase militar; un Chatria, al matar a sus enemigos en un combate, no debe nunca apartarse de esta ley.

99. "Que desee conquistarlo que no ha adquirido, que conserve cuidadosamente lo que adquiere; que conservándolo, la aumenté, dándole valor, y que dé el producto a los enemigos que de ello son dignos.

100. "Que sepa que la observancia de estos cuatro preceptos hace obtener lo que es objeto de los deseos del hombre: la felicidad; en consecuencia, debe siempre conformarse a ellos con exactitud y sin descanso.

101. "Que el rey trate de conquistar lo que ansia, con ayuda de su ejército; que conserve por su vigilancia lo que ha ganado; que conservándolo, lo aumente con los medios legales; que cuando lo ha aumentado, lo distribuya en liberalidades.

102. "Que ejercite constantemente sus tropas; que siempre despliegue valor; que esconda cuidadosamente lo que debe quedar en secreto; que constantemente espíe el lado débil del enemigo.

103. "El rey cuyo ejército continuamente se ejercita es temido en el mundo entero; en consecuencia, que siempre se haga respetar de los pueblos por sus fuerzas

militares.

104. "Que obre siempre lealmente y no recurra al fraude nunca, y que, estando siempre sobre aviso, descubra las maniobras pérfidas de su enemigo.

105. "Que su adversario no se dé cuenta de su lado débil, sino que él trate de conocer la parte vulnerable de su enemigo; que, semejante a la tortuga, atraiga a sí a todos los miembros de la reyecía y que repare todas las brechas del Estado.

106. "Que, como la garza, reflexione en todas las ventajas que puede obtener; que, como el león, despliegue su valor; que, como el lobo, ataque de improviso; que, como la liebre, haga prudente su retirada.

107. "Que cuando se ha dispuesto así a hacer conquistas, someta a su autoridad a los que se oponen por medio de negociaciones y por otros tres medios, que son: distribuir presentes, Sembrar la discordia y emplear la fuerza de las armas.

108. "Que si no logra obligarlos por estos tres medios, los ataque abiertamente por la fuerza y los obligue sucesivamente a someterse.

109. "De estos cuatro medios, comenzando por los tratados, estiman siempre de preferencia los hombres instruidos a las negociaciones pacíficas y a la guerra para utilidad de los reinos.

110. "Así como el cultivador arranca la mala hierba para preservar el grano, así también un rey debe proteger su reino destruyendo a sus enemigos.

111. "El rey que oprime a sus súbditos con su injusto comportamiento, se ve privado pronto de la reyecía y de la vida, así como todos sus parientes.

112. "Así como el agotamiento del cuerpo acaba la vida de los seres animados, así también la vida de los reyes se acaba por el agotamiento de su reino.

113. "Que para mantener el buen orden en sus estados, el rey se conforme siempre a las reglas siguientes, pues el soberano cuyo reino está bien gobernado ve acrecentarse su prosperidad.

114. "Que para dos, tres o aun cien pueblos, según su importancia, establezca una compañía de guardias mandados por un oficial de confianza y encargados de vigilar por la seguridad del país.

115. "Que por cada comuna instituya un jefe, un jefe de veinte, un jefe de ciento, un jefe de mil.

116. "El jefe de una comuna debe por sí mismo dar a conocer a los jefes de las diez comunas los desórdenes, como robos, pillajes, a medida que ocurren en su jurisdicción, cuando no puede reprimirlos; el jefe de diez comunas debe darlo a conocer al jefe comisionado para veinte.

117. "El jefe de las veinte comunas debe notificarlo todo al jefe instituido para ciento, y este último debe transmitir el informe personalmente al jefe de mil comunas.

118. "Las cosas que están obligados a dar los habitantes de una comuna todos los días al rey, como arroz, bebida, leña, debe percibirlas el jefe de una comuna para sus emolumentos.

119. El jefe de diez comunas debe gozar del producto de un kula[V]; el jefe de veinte comunas, del producto de cinco (grama); el jefe de mil comunas, del producto de una ciudad (pura).

120. "Los asuntos de las comunas, ya sean generales, ya sean particulares, deben ser inspeccionados por otro ministro del rey, activo y bienintencionado.

121. "Que en cada gran ciudad (nagara) nombre un superintendente general de elevado nacimiento, rodeado de imponente aparato, semejante a un planeta en medio de las estrellas.

122. "Este superintendente debe vigilar siempre a los otros funcionarios; y él debe darse cuenta exacta, por medio de sus emisarios, de la conducta de todos sus delegados en las diferentes provincias.

123. "Pues, en general, los hombres encargados por el rey de velar por la seguridad del país son bribones inclinados a apoderarse del bien ajeno; que el rey tome la defensa de su pueblo contra esas gentes.

124. "Los empleados que llevan su perversidad hasta sacar dinero de los que tienen que tratar con ellos, deben ser despojados por el rey de todos sus bienes y desterrados del reino.

125. "Que a las mujeres ligadas su servicio y a toda la banda de criados el rey les otorgue un salario diario proporcionado a su cargo y a sus funciones.

126. "Se debe dar al último de los sirvientes una pana[150] de cobre al día, un vestido completo[151] dos veces por año y una drona[152] de grano todos los meses; y al primero de los sirvientes, seis panas, seis vestidos dos veces al año y seis medidas de grano todos los meses.

127. "Que el rey haga pagar impuestos a los comerciantes después de haber considerado el precio en que se compran las mercancías, aquel a quien se las vende, la distancia del país de donde se las trae, los gastos de alimento y de condimentos, las precauciones necesarias para traer con toda seguridad las mercancías.

128. "Después de maduro examen, debe levantar continuamente impuestos en sus estados, de tal manera que él y el mercader saquen la justa recompensa de su trabajo.

129. "Así como la sanguijuela, el becerro tierno y la abeja no toman sino poco a poco sus alimentos, así también sólo por porciones menudas debe percibir el rey el tributo anual en su reino.

130. "Puede el rey deducir la quincuagésima parte de los ganados y del oro y la plata agregados cada año al fondo; la octava, la sexta o duodécima parte de los granos, según la calidad del suelo y los cuidados que exige.

131. "Que tome la sexta parte del beneficio anual hecho con los árboles, la carne, la miel, la mantequilla clarificada, los perfumes, las plantas medicinales, los jugos vegetales, las raíces y los frutos.

132. "Con las hojas, las plantas, la hierba, los utensilios de caña, las pieles, las

---

[V] El kula es la extensión de terreno que pueden labrar dos arados, provisto cada uno de seis toros.

vasijas de barro y todo lo que es en piedra.

133. "Un rey, aun cuando muera de necesidad, no debe recibir tributo de un Bracmán versado en la Santa Escritura; y que no consienta jamás que en sus estados semejante Bracmán esté atormentado por el hambre.

134. "Cuando en el territorio de un rey un hombre imbuido de la Santa Escritura sufre de hambre, el reino de este príncipe será pronto presa del hambre.

135. "Que, después de haberse asegurado de sus conocimientos y de la pureza de su conducta, le asegure una posición honorable; que lo proteja contra todos, como hace un padre con su hijo legítimo.

136. "Los deberes religiosos que cumple todos los días este Bracmán, bajo la protección del rey, prolongan la duración de la existencia del soberano y aumentan sus riquezas y sus estados.

137. "Que él haga pagar como impuesto un censo anual muy módico a los hombres de su reino que pertenecen a la última clase y que viven de un comercio poco lucrativo.

138. "Que en cuanto a los obreros, los artesanos y los Sudras que ganan su existencia a fuerza de trabajo, los haga trabajar un día al mes.

139. "Que no corte su propia raíz, rehusando por exceso de bondad el recibir los impuestos, ni las de los otros, exigiendo tributos exorbitantes por exceso de avaricia; pues cortando su propia raíz y la de los otros se reduce a sí y a los otros al estado más miserable.

140. "Que el rey sea severo o dulce, según las circunstancias; un soberano dulce, severo con oportunidad, es generalmente estimado.

141. "Que cuando esté fatigado de examinar los asuntos de los hombres confíe este empleo a un primer ministro versado en el conocimiento de las leyes, muy instruí do, dueño de sus pasiones y que pertenezca a una buena familia.

142. "Que proteja así a sus pueblos con celo y vigilancia, cumpliendo de la manera prescrita todos los deberes que le están impuestos.

143. "El soberano cuyos súbditos desolados se ven raptados y llevados por bandidos a las afueras del reino a vista suya y de la de sus ministros, es verdaderamente un muerto y no un ser vivo.

144. "El principal deber de un Chatria es defender a los pueblos, y rey que goza de las ventajas que se han enumerado está obligado a cumplir este deber.

145. "Que habiéndose levantado en la última velada de la noche, después de haberse purificado, haga en profundo recogimiento sus ofrendas al fuego y sus homenajes a los Bracmanes y que entre a la sala de audiencia decorada convenientemente.

146. "Que una vez allí regocije a sus súbditos con palabras y miradas graciosas y los despida en seguida, y que después de haberlos despedido celebre consejo con sus ministros.

147. "Que subiendo a la cima de una montaña, o yendo secretamente a una terraza o a lugar apartado de un bosque, delibere con ellos sin ser observado.

148. "El rey cuyas resoluciones secretas no llegan al conocimiento de los otros

hombres que se reúnen entre ellos, extiende a toda la tierra su poder, aunque no tenga tesoro.

149. "Los hombres idiotas, mudos, ciegos o sordos, los pájaros habladores, como el loro y la sarika, las gentes de avanzada edad, las mujeres, los bárbaros (Mlechhas), los enfermos y los lisiados deben ser apartados en el momento de la deliberación.

150. "Los hombres desgraciados en esta vida por faltas cometidas en un nacimiento precedente, revelan una resolución secreta, así como los pájaros habladores y particularmente las mujeres; por lo que hay que tener cuidado de excluirlos.

151. "Que al medio del día o de la noche, cuando está libre de inquietudes y de fatigas, de concierto con sus ministros o solo, reflexione sobre la virtud, el placer y la riqueza.

152. "Sobre los medios de adquirir al mismo tiempo estas cosas que son generalmente puestas una a otra; sobre el matrimonio de sus hijas y sobre la educación de sus hijos.

153. "Sobre la oportunidad de mandar embajadores, sobre las probabilidades de éxito de sus empresas; que vigile la conducta de sus mujeres en el departamento interior y las diligencias de sus emisarios.

154. "Que reflexione sobre los ocho asuntos de los reyes, a saber: las rentas, los gastos, las misiones de los ministros, las prohibiciones, la decisión de los casos dudosos, el examen de los asuntos judiciales, la aplicación de las penas, las expiaciones; sobre las cinco clases de espías que debe emplear secretamente, a saber: jóvenes atrevidos y de espíritu penetrante, anacoretas degradados, labradores desgraciados, mercaderes arruinados, falsos penitentes; sobre las intenciones benévolas u hostiles de sus vecinos y sobre las disposiciones de los Estados circunvecinos.

155. "Sobre el comportamiento del príncipe extranjero que no tiene sino fuerzas mediocres y que encontrándose en la vecindad de un enemigo o de un ambicioso no tiene suficiente poder para resistirles, pero sí puede afrontarlos si están divididos; sobre los preparativos del monarca deseoso de conquistas; sobre la situación del príncipe que permanece neutral, pero que puede resistir al enemigo, al conquistador y al que tienen fuerzas mediocres siempre que no estén reunidos, y en particular sobre la de su propio enemigo.

156. "Estos cuatro poderes designados bajo el nombre común de troncos de los países circunvecinos, con otros ocho llamados ramas, y que ofrecen diferentes clases de aliados o de adversarios, están declarados los doce principales poderes.

157. "Otros cinco poderes secundarios, a saber: sus ministros, sus territorios, sus plazas fuertes, sus tesoros y sus ejércitos, agregados a cada uno de estos doce poderes, forman en total setenta y dos poderes, que es preciso examinar.

158. "El príncipe debe considerar como enemigo suyo al príncipe que es su vecino inmediato, así como al aliado de este príncipe; como amigo al vecino de su enemigo; y como neutral a todo soberano que no se halla en ninguna de estas dos

situaciones.

159. "Que tome ascendiente sobre estos príncipes con auxilio de las negociaciones y por los otros tres medios, ya sea separados, ya reunidos, sobre todo por su valor y su política.

160. "Que medite sin cesar en los seis recursos, que son: hacer un tratado de paz o de alianza, emprender la guerra, ponerse en camino, asentar sus reales, dividir sus fuerzas, ponerse bajo la protección de un monarca poderoso.

161. "Que se determine según las circunstancias, después de haber considerado el estado de los asuntos, a esperar al enemigo, a ponerse en camino, a hacer la paz o la guerra, a dividir sus fuerzas o a buscar un apoyo.

162. "Un rey debe saber que hay dos clases de alianzas y de guerras, que hay igualmente dos maneras de acampar o de ponerse en camino y de obtener la protección de otro soberano.

163. "Deben reconocerse dos clases de alianzas que tienen por fin procurar ventajas, ya sea en el instante, ya derivadas más tarde: aquella según la que dos príncipes convienen en obrar y caminar juntos y aquella según la que deben obrar separadamente.

164. "Se han reconocido dos clases de guerra: puede emprendérsela por cuenta propia o para vengar una injuria hecha a un aliado, con el propósito de vencer a un enemigo, ya sea en la estación oportuna, ya en cualquier otro tiempo.

165. "Ora se pone el rey en campaña sólo para anonadar a un enemigo a su sabor, ora se reúne con su aliado; se reconocen entonces dos clases de marcha.

166. "Está declarado que tiene lugar el campamento en dos circunstancias: cuando se ha ido debilitando sucesivamente, ya sea por golpes de la Suerte[153], ya a consecuencia de malas combinaciones[154] o cuando se quiere favorecer al aliado.

167. "Para asegurar el éxito de una empresa, el ejército y el rey deben separarse en dos cuerpos; tal es el doble sistema de la división de fuerzas proclamado por los que aprecian las ventajas de los seis recursos.

168. "Un príncipe se pone bajo la protección de un rey poderoso en dos circunstancias: cuando está anonadado por el enemigo, a fin de ponerse al abrigo de sus ataques, y de antemano, por el temor de ser asaltado, a fin de que el ruido de esta protección poderosa se esparza y lo respete el enemigo.

169. "Cuando el rey comprende que más tarde su superioridad será indiscutible y que por el momento no tiene que soportar sino un ligero daño, debe recurrir a las negociaciones pacíficas.

170. "Pero que cuando ve que todos los miembros del Estado están en la situación más floreciente y que él mismo se ha elevado al más alto grado de poder, emprenda entonces la guerra.

171. "Que entre en campaña contra su adversario cuando está perfectamente seguro de que su ejército está contento y bien pertrechado y que lo contrario pasa con su enemigo.

172. "Pero que si está escaso de equipos y soldados, escoja cuidadosamente una posición ventajosa e induzca a sus enemigos a hacer la paz.

173. "Que cuando un rey piensa que su enemigo es bajo todo aspecto más poderoso que él, dividiendo sus fuerzas en dos cuerpos, se retire entonces con una parte de las tropas a una plaza fuerte y trate de lograr sus fines, que son detener los progresos del enemigo.

174. "Pero que, cuando puede ser atacado por todos lados por las fuerzas de su antagonista, busque entonces con celeridad la protección de un soberano justo y poderoso.

175. "A aquel que a la vez hace respetar a sus propios súbditos y a las fuerzas enemigas, debe él honrarlo en cuanto pueda, constantemente, como si fuera un maestro espiritual (Gurú).

176. "No obstante, si se observa de que en esta situación semejante protección tiene inconvenientes, debe sin dudar hacer una guerra vigorosa, por desamparado que se encuentre.

177. "Un soberano, profundo político, debe poner en obra todos los medios indicados para que sus aliados, las potencias, neutrales y sus enemigos no tengan ninguna superioridad sobre él.

178. "Que examine maduramente el resultado presumible de todos los asuntos, el presente estado de cosas, así como las ventajas y las desventajas de todo lo que ha ocurrido.

179. "El que sabe prever en el porvenir la utilidad o los inconvenientes de una medida, que en la ocasión presente se decida con prontitud, que cuando ocurre un suceso aprecie sus consecuencias, no es derribado nunca por sus enemigos.

180. "Que disponga todo de tal modo que sus aliados, los monarcas neutrales y sus enemigos no puedan obtener sobre él ventaja alguna; tal es, en suma, toda la política.

181. "Cuando el rey se pone en campaña para invadir el territorio de su enemigo, debe avanzar poco a poco del modo siguiente; dirigiéndose hacia la capital de su adversario.

182. "Que comience su expedición en el mes favorable de matgasirsha[155], cuando embarazan su marcha los elefantes y los carros, o hacia el mes de falguna[156], y de chetra[157], si tiene mucha caballería, según las tropas que lo acompañan, a fin de hallar las cosechas del otoño o de la primavera en la comarca que quiere invadir.

183. "Que aun en las otras estaciones se ponga en marcha para combatir cuando ve que la victoria es segura y que ha ocurrido alguna desgracia a su enemigo.

184. "Que habiendo tomado todas las precauciones necesarias para seguridad de su reino, y habiendo hecho todos los preparativos de su empresa; habiéndose procurado todo lo necesario para su permanencia en el país enemigo, y habiendo enviado oportunamente espías.

185. "Habiendo hecho abrir tres clases de caminos a través de las llanuras, los bosques y los lugares inundados, y habiendo organizado los seis cuerpos de su ejército, los elefantes, la caballería, los carros, los soldados de infantería, los oficiales y los espoliques, conforme a la regla de la táctica militar, se dirija a la capital de su enemigo.

186. "Que se cuide de los falsos amigos que en secreto están en inteligencia con su enemigo, y demás gentes que han vuelto a su servicio después de haberlo abandonado, pues éstos son sus peores enemigos.

187. "Que durante la marcha disponga sus tropas en un orden que tenga forma de bastón[158], de carro[159], de verraco[160], de monstruo marino (macara)[161], de aguja[162] o de Garura[168].

188. "Que despliegue sus tropas del lado de donde teme que venga el peligro y que se coloque siempre en el centro de un batallón dispuesto como una flor de loto.

189. "Que ponga en todas direcciones a un comandante (Senapati) y a un general (Baladhyaksha), y cada vez que tema un ataque por un lado, debe dirigirse a ese lugar.

190. "Que por todos lados establezca puestos formados de soldados fieles que conocen las diferentes señales, que tienen habilidad en sostener un ataque y en cargar contra el enemigo, que son intrépidos e incapaces de desertar.

191. "Que haga combatir, reunidos en una sola falange, a soldados en corto número; que despliegue, si quiere, fuerzas considerables, y después de haberlas dispuesto en forma de aguja o de rayo[164], dé batalla.

192. "Que combata en una llanura con carros y caballos; en un lugar cubierto de agua, con elefantes y barcos armados; en un terreno cubierto de árboles y de matorrales, con arces; en una plaza descubierta, con cables, escudos y otras armas.

193. "Debe colocar en las primeras filas a hombres nacidos en las provincias de Kurukshetra, de Matsya, de Panchala, de Surasena y a hombres grandes y ágiles nacidos en otras comarcas.

194. "Que aliente a su ejército, después de haberlo puesto en orden de batalla, y que examine cuidadosamente a sus soldados; que se informe de la manera como se han comportado mientras estuvieron luchando con el enemigo.

195. "Cuando ha bloqueado a su enemigo, debe sentar sus reales, devastar el territorio extranjero y malograr continuamente la hierba de los pastos, las provisiones de boca, el agua y la leña de su adversario.

196. "Que destruya los estanques, las murallas, los fosos; que hostigue al enemigo durante el día y lo ataque de improviso durante la noche.

197. "Que se atraiga a los que pueden secundar sus propósitos, como a los parientes del príncipe enemigo que tienen pretensiones al trono o a los ministros descontentos; que se informe de cuanto hacen; y que cuando el cielo se muestre favorable, combata para hacer conquistas, libre de todo temor.

198. "Que no omita esfuerzos para obligar a sus enemigos, ya sea por negociaciones, ya con presentes, y fomentando disensiones; que emplee estos medios separada o juntamente, sin tener que recurrir al combate.

199. "Como no se puede prever nunca de modo seguro cuál de los dos ejércitos obtendrá la victoria o será derrotado en una batalla, debe el rey, en cuanto pueda, evitar el llegar a las manos.

200. "Pero que, cuando no puede servirse de ninguno delos tres expedientes indicados, combata valientemente a fin de vencer al enemigo.

201. "Que, después de haber conquistado un país, el rey honre a las Divinidades allí adoradas, y a los virtuosos Bracmanes; que distribuya liberalidades al pueblo y haga proclamas que disipen todo temor.

202. "Que, cuando se ha asegurado completamente de los propósitos de todos los vencidos, instale en este país a un príncipe de raza real y le imponga condiciones.

203. "Que haga respetar las leyes de la nación conquistada como fueron promulgadas, y que obsequie con pedrerías al príncipe y a sus cortesanos.

204. "Quitar cosas preciosas, lo que origina odio, o darlas, lo que provoca amistad, puede ser digno de elogio o de censura según las circunstancias.

205. "El éxito de todos los asuntos del mundo depende de las leyes del Destino, que se rigen por los actos de los mortales en sus existencias precedentes, y de la conducta del hombre; los decretos de la Divinidad son un misterio: es, pues, preciso recurrir a los medios que dependen del hombre.

206. "El vencedor puede firmar la paz con su adversario y tomarlo por aliado con todo empeño, considerando que los tres frutos de una expedición son un amigo, oro o un aumento de territorio.

207. "Que examine desde luego las disposiciones del rey que podría aprovechar de su ausencia para invadir su reino y las del príncipe que atemoriza a este rey; y que luego saque el fruto de su expedición, firmando o no un tratado de alianza con el adversario vencido.

208. "Ganando riquezas y aun aumento de territorio, no acrecienta un rey tanto sus recursos como procurándose un amigo fiel que, aunque débil, pueda tornarse un día poderoso.

209. "Un aliado poco temible, pero virtuoso, agradecido, que haga la felicidad de sus súbditos, adicto a sus amigos y constante en sus empresas, es digno de alta estima.

210. "Los Sabios consideran como a un enemigo invencible al que es instruido, de noble estirpe, valiente, hábil, generoso, lleno de gratitud para con los que le han prestado servicios e inquebrantable en sus propósitos.

211. "La bondad, el arte de conocer a los hombres, el valor, la compasión, una generosidad inagotable, tales son las virtudes que adornan a un príncipe neutral. .

212. "Un rey debe abandonar sin vacilación, para salvar su persona, aun una comarca saludable, fértil y muy favorable al acrecentamiento del ganado.

213. "Que para remediar el infortunio guarde cuidadosamente sus riquezas, que sacrifique sus riquezas para salvar a su esposa, que sacrifique a su esposa y sus riquezas para salvarse a sí mismo.

214. "Un príncipe cuerdo que ve caer sobre sí toda clase de calamidades al mismo tiempo, debe poner en práctica toda clase de expedientes oportunos, ya sea a la vez, ya separadamente.

215. "Que se esfuerce por alcanzar el fin de sus deseos, limitándose por entero al examen de los tres temas siguientes: quién dirige el negocio, es decir, él mismo; el objeto que se propone y los medios de conseguirlo.

216. "Que después de haber deliberado con sus ministros sobre todo lo que

concierne al Estado, de la manera que ha sido prescrita; después de haberse dedicado a los ejercicios propios de un guerrero, y de haberse bañado al mediodía, entre el rey a su departamento interior para tomar su comida. ,

217. "Que allí coma alimentos preparados por servidores muy adictos, que conozcan el tiempo oportuno y sean de una fidelidad inalterable; este alimento debe ser ensayado con el mayor cuidado[165] y consagrado con plegarias (Mantras) que neutralizan el veneno.

218. "Que mezcle antídotos a todos los alimentos y que tenga cuidado de llevar siempre consigo piedras preciosas que destruyan la acción del veneno.

219. "Que mujeres cuidadosamente vigiladas, y cuyos adornos y vestidos hayan sido previamente examinados, por temor de que escondan armas o veneno, vengan a ventearlo y esparcir sobre su cuerpo agua y perfumes con el mayor cuidado.

220. "Debe tomar las mismas precauciones al ir en coche, al acostarse, sentarse, al comer, al bañarse, al componerse y al revestirse de sus adornos.

221. "Que después de haber comido se divierta con sus mujeres durante el tiempo conveniente y se ocupe de nuevo de la cosa pública.

222. "Que habiéndose equipado pase revista a las tropas de guerra, los elefantes, los caballos y los carros, las. armas y los atavíos.

223. "Que en la tarde, después de haber cumplido con sus deberes piadosos, vaya, provisto de armas, a un sitio. retirado del palacio para oír los informes de sus espías.

224. "Que después, habiéndolos despedido, vuelva, rodeado de las mujeres que lo sirven, al departamento interior para tomar allí su comida de la tarde.

225. "Que allí, habiendo comido algo por segunda vez, habiéndose regocijado con el son de los instrumentos, se entregue al reposo, cuando sea tiempo de ello, y se levante en seguida sin fatiga.

226. "Tales son las reglas que debe seguir un rey cuando está en buena salud; pero que, cuando está enfermo, confíe a sus ministros el cuidado de los asuntos."

LIBRO OCTAVO:

Oficio de los jueces.
Leyes civiles y militares.

1. "Un rey deseoso de examinar los asuntos judiciales debe ir a la Corte de Justicia con humilde continente, acompañado de los Bracmanes y de los consejeros experimentados.

2. "Que allí sentado o de pie, levantando la mano derecha, modestamente vestido y adornado. examine los asuntos de las partes litigantes.

3. "Que cada día decida, una tras otra, con razones derivadas de las costumbres particulares de los países, de las clases y de las familias, y de los Códigos de leyes, las causas dispuestas bajo los principales dieciocho títulos que siguen:

4. "El primero de estos títulos comprende las deudas; el segundo, los depósitos; el tercero, la venta de un objeto sin derecho de propiedad; el cuarto, las empresas comerciales hechas por asociados; el quinto, la acción de recuperar una cosa dada,

5. "El sexto, la falta de pago de sueldos o de salario; el séptimo, la negativa de cumplir con lo convenido; el octavo, la anulación de una venta o de una compra; el noveno, las disputas entre un amo y su criado.

6. "El décimo, la ley que concierne a las disputas sobre límites; el undécimo y el duodécimo, los malos tratos y las injurias; el décimotercio, el robo; el décimocuarto, el bandolerismo y las violencias; el décimoquinto, el adulterio,

7. "El decimosexto, los deberes de la mujer y del marido; el décimoséptimo, el reparto de sucesiones; el décimoctavo, el juego y los combates de animales: tales son los dieciocho puntos sobre los que están basados los asuntos judiciales en este mundo.

8. "Las disputas de los hombres se relacionan generalmente con estos artículos y con otros no mencionados; que el rey juzgue los asuntos de ellos basándose en las leyes eternas.

9. "Cuando el rey no examina por sí mismo las1 causas, debe encargar a un Bracmán instruido que llene esta función.

10. "Que este Bracmán examine los asuntos sometidos a la decisión del rey; que acompañado de tres asesores vaya al tribunal eminente y allí se mantenga de pie o sentado.

11. "Cualquiera que sea el lugar en que tengan sus sesiones tres Bracmanes versados en los Vedas, presididos por un Bracmán muy sabio escogido por el rey, está llamada por los Sabios esta asamblea el tribunal del Brahama de cuatro caras.

12. "Cuando la justicia herida por la injusticia se presenta ante la Corte, y los jueces no le quitan el dardo, se hieren ellos mismos.

13. "Es preciso, o no venir al tribunal o hablar conforme a la verdad; el hombre que no dice nada o profiere una mentira es igualmente culpable.

14. "Dondequiera que la justicia está anonadada por la iniquidad, la verdad por la

falsedad a vista y presencia de los jueces, se verán éstos igualmente anonadados.

15. "La justicia golpea cuando se la hiere; preserva cuando se la protege; "cuidémonos, en consecuencia, de "atentar a la justicia por temor de que, si la herimos, nos "castigue". Tal es el lenguaje que deben tener los jueces para con el presidente, cuando lo ven dispuesto a violar la justicia.

16. "El venerable Genio de la justicia está representado bajo la forma de un toro (Vrisha); el que lo perjudica está llamado por los dioses Vrishala (enemigo del toro); es, pues, preciso no atentar a la justicia.

17. "La justicia es el único amigo que acompaña a los hombres después de su muerte; pues todo otro afecto está sometido a la misma destrucción que el cuerpo.

18. "Una cuarta parte de la injusticia dé un juicio recae sobre aquel de los dos litigantes que lo ha causado; una cuarta parte sobre el falso testigo, una cuarta parte sobre todos los jueces, una cuarta parte sobre el rey.

19. "Pero cuando el culpable es condenado, el rey es inocente, los jueces están exentos de censura, y la falta cae sobre el que la ha cometido.

20. "Que el príncipe escoja como intérprete de la ley, si tal es su voluntad, a un hombre de la clase sacerdotal que no cumple con los deberes de ella y que no tiene otra recomendación que su nacimiento, o a un hombre que pase por Bracmán, o también, a falta de este Bracmán, a un Chatrya o un Vaisya, pero nunca a un hombre de la clase servil.

21. "Cuando un rey soporta que un Sudra pronuncie a vista suya juicios, su reino está en miseria semejante a la de una vaca en un cenagal.

22. "Al país habitado por un gran número de Sudras, frecuentado por ateos y desprovisto de Bracmanes, pronto lo destruyen enteramente los estragos del hambre y de las enfermedades.

23. "Que colocándose en el asiento de donde debe hacer justicia, decentemente vestido y concentrando toda su atención, después de haber rendido homenaje a los guardianes del mundo (Lokapalas), el rey o el juez nombrado por él comience el examen de las causas.

24. "Que considerando lo que es provechoso o dañoso, y preocupándose sobre todo de saber lo que es ilegal o legal, examine todos los asuntos de las partes, siguiendo el orden de clases.

25. "Que descubra lo que pasa en el espíritu de los hombres por medio de los signos exteriores, por el sonido de su voz, el color de su semblante, su continente, el estado de su cuerpo, sus miradas y sus gestos.

26. "Según el estado del cuerpo, el continente, la marcha, los gestos, las palabras, los movimientos de los ojos y del semblante, se adivina la agitación interior del pensamiento.

27. "Los bienes hereditarios de un niño que no tiene protector deben quedar bajo la vigilancia del rey hasta que haya terminado sus estudios o haya salido de la infancia; es decir, hasta que tenga diez y seis años.

28. "Debe concederse la misma protección a las mujeres estériles, a las que no tienen hijos, a las mujeres sin parientes, a las que son fieles a su esposo ausente, a.

las viudas y a las mujeres que sufren de alguna enfermedad.

29. "Que un monarca justo inflija a los parientes que trataran de apropiarse los bienes de estas mujeres durante su vida el castigo reservado a los ladrones.

30. "Cualquier bien cuyo dueño no se conoce, debe ser pregonado al son del tambor; después, conservado en depósito por el rey durante tres años; antes de la expiración de estos tres años el propietario puede recuperarlo; después de este plazo, el rey puede apropiárselo.

31. "Al hombre que viene a decir: "Esto es mío", debe interrogarse cuidadosamente; sólo después de haberle hecho declarar la forma, el número y los otros datos, debe ponerse de nuevo al propietario en posesión del objeto de que se trata.

32. "Quien no puede indicar exactamente el lugar y tiempo en que se ha perdido el objeto, así como el color, la forma y la dimensión de este objeto, debe ser condenado a una multa del mismo valor.

33. "Que el rey deduzca para sí la sexta parte de un bien perdido por alguien y conservado por él, o la décima, o solamente la duodécima, acordándose del deber de las gentes de bien, según que lo haya guardado durante tres años, durante dos años o solamente durante un año.

34. "Un bien perdido por alguien y encontrado por hombres que están al servicio del rey, debe ser confiado a la custodia de personas escogidas a propósito; a quien el rey sorprenda robando este bien, debe hacerle pisotear por un elefante.

35. "Cuando un hombre dice con verdad: "Este tesoro "me pertenece", y cuando prueba lo que afirma, si lo ha encontrado el tesoro este mismo hombre u otro, el rey debe retener la sexta o la duodécima parte, según el nacimiento de este hombre.

36 "Pero quien lo ha declarado falsamente, debe ser multado con la octava parte de lo que posee, o, por lo menos, condenado a pagar una suma igual a una pequeña parte de este tesoro después de que lo hayan contado.

37. "Cuando un Bracmán llega a descubrir un tesoro, antaño perdido, puede apropiárselo enteramente, pues es señor de todo lo que existe.

38. "Pero cuando el rey encuentra un tesoro antiguamente depositado en la tierra y que no tiene dueño, debe dar la mitad a los Bracmanes y guardar la otra mitad para su tesoro.

39. "El rey tiene derecho a la mitad de los antiguos tesoros y de los metales preciosos que encierra la tierra en calidad de protector y porque es el señor de la tierra.

40. "El rey debe restituir a los hombres de todas las clases el bien que les habían robado los ladrones; pues un rey que se lo apropia se hace culpable de robo.

41. "Un rey virtuoso, después de haber estudiado las leyes particulares de las clases y de las provincias, los reglamentos de las compañías de mercaderes y las costumbres de las familias, debe darles fuerza de ley, cuando estas leyes, estos reglamentos y estas costumbres no son contrarios a los preceptos de los Libros revelados.

42. "Los hombres que se conforman a los reglamentos que les conciernen se hacen querer por los otros hombres, aunque estén alejados de ellos.

43. "Que el rey y sus oficiales se cuiden de nunca suscitar proceso alguno y que nunca descuiden por avaricia una causa que les fuere presentada.

44. "Así como un cazador, siguiendo la huella de las gotas de sangre, llega al refugio de la bestia salvaje que ha herido, así también que con ayuda de cuerdos razonamientos, llegue el rey al verdadero fin de la justicia.

45. "Que considere atentamente la verdad, el objeto, su propia persona, los testigos, el lugar, el modo y el tiempo, ateniéndose a las reglas del procedimiento.

46. "Que ponga en vigor las prácticas observadas por los Dwidjas sabios y virtuosos, si no están en oposición con las costumbres de las provincias, de las clases y de las familias.

47. "Que cuando un acreedor viene a intentar una demanda ante él, para el recobro de una suma prestada que retiene un deudor, haga pagar al deudor, después de que el acreedor ha probado la deuda.

48. "Para forzar a su deudor a que cumpla, puede recurrir un acreedor a los diferentes medios que están en uso para cobrar la deuda.

49. "Por medios conformes al deber moral[166], por medio de proceso por astucia[167], por la miseria,[168] y en quinto lugar, con medidas violentas[169], puede un acreedor hacerse pagar la suma que le adeudan.

50. "Al acreedor que obliga a su deudor a devolverle lo que le ha prestado no debe reprenderlo el rey por haber readquirido su bien.

51. "Que cuando un hombre niega una deuda, el rey le haga pagar la suma que el acreedor prueba le debe y lo castigue con una pequeña multa proporcionada a sus facultades.

52. "Que cuando un deudor requerido ante el Tribunal para el pago, niega la deuda, el demandante llame en testimonio a una persona que se hallaba en el momento del préstamo, o presente otra prueba, como un billete.

53. "Quien invoca el testimonio de una persona que no estaba presente; quien después de haber declarado una cosa, la niega; quien no se da cuenta de que las razones que primero había alegado y las que hace valer en seguida están en contradicción.

54. "Quien después de haber dado ciertos detalles modifica su primera versión; quien interrogado sobre un hecho bien sentado no da respuesta satisfactoria.

55. "Quien ha conversado con los testigos en un lugar en que no debía; el que rehusa responder a una pregunta hecha repetidas veces; el que ha abandonado el Tribunal..

56. "El que guarda silencio cuando le ordenan que hable o no prueba lo que afirmó, y, en fin, el que no sabe lo que es posible y lo que es imposible: ven todos éstos desechadas sus demandas.

57. "Cuando un hombre viene y dice: "Tengo testigos", e invitado a presentarlos no lo hace, el juez debe, por esta razón, pronunciarse en contra suya.

58. "Si el demandante no expone los motivos de su demanda debe ser castigado

según la ley, con un castigo corporal o con una multa, según las circunstancias; y si el demandado no responde en el término de tres quincenas, lo condena la ley.

59. "El que, sin razón, niega una deuda y el que reclama falsamente lo que no se le debe, serán condenados por el rey a una multa doble de la suma de que se trata, por obrar voluntariamente de modo inicuo.

60. "Cuando un hombre citado ante el Tribunal por un acreedor e interrogado por el juez niega la deuda, debe aclararse el asunto por medio del testimonio de tres personas por lo menos, ante Bracmanes designados por el rey.

61. "Voy a daros a conocer qué testigos deben presentar los acreedores y los otros litigantes en los procesos, así como la manera como deben declarar la verdad estos testigos.

62. "Los dueños de casa, los hombres que tienen hijos varones, los habitantes de un mismo lugar, que pertenezcan ya sea a la clase militar, ya a la clase comerciante, ya a la servil, cuando están citados por el demandante se les admite a dar testimonió, pero no a un cualquiera, excepto cuando hay necesidad.

63. "Se debe escoger como testigos para las causas en todas las clases a hombres dignos de confianza, que conozcan todos sus deberes, exentos de avaricia, y debe rechazarse a aquellos cuyo carácter es todo lo contrario.

64. "No hay que admitir ni a los que están dominados por un interés pecuniario, ni a los amigos, ni a los criados, ni a los enemigos, ni a hombres de mala fe conocida, ni a enfermos, ni a hombres culpables de un crimen.

65. "No puede presentarse como testigo al rey, ni a un artesano de baja extracción, como un cocinero, ni a un actor, ni a un hábil teólogo, ni a un estudiante, ni a un asceta desligado de todas las relaciones mundanas.

66. "Ni a un hombre enteramente dependiente,, ni a un hombre de mala fama, ni al que ejerce una profesión cruel, ni al que se entrega a ocupaciones prohibidas, ni a un anciano ni a un niño, ni a un hombre solamente, ni a un hombre perteneciente a una clase mezclada, ni al que tiene debilitados sus órganos.

67. "Ni a un desgraciado anonadado por su pena, ni a un borracho, ni a un loco, ni a un hombre que sufre de hambre o de sed, ni a un hombre abrumado de fatiga, ni al que está enamorado, ni a un hombre encolerizado, ni a un ladrón.

68. "Las mujeres deben dar testimonio por las mujeres; los Dwidjas de la misma clase por los Dwidjas; los Sudras honrados por las gentes de la, clase servil; los hombres que pertenecen a las clases mezcladas, por los que han nacido en estas clases.

69. "Pero si se trata de un suceso ocurrido en los departamentos interiores o en un bosque, o de un crimen, el que ha visto el hecho, quienquiera que sea, debe dar testimonio en presencia de las dos partes.

70. "En tales circunstancias, a falta de testimonios convenientes, puede recibirse la deposición de una mujer, de un niño, de un anciano, de un discípulo, de un pariente, de un esclavo o de un sirviente.

71. "Pero que como un niño, un anciano y un enfermo pueden faltar a la verdad, el juez considere como débiles sus testimonios, así como los de quienes tienen el

espíritu enajenado.

72. "Cuantas veces se trate de violencias, de robo, de adulterio, de injurias y de malos tratamientos, no debe examinar demasiado escrupulosamente la competencia de los testigos.

73. "El rey debe adoptar los informes del mayor número cuando están divididas las opiniones; cuando hay igualdad en número, debe declararse por los que son más distinguidos en mérito; cuando todos son muy recomendables, por los Dwidjas más cumplidos.

74. "Para que un testimonio sea bueno es preciso haber visto u oído, según las circunstancias; el testigo que dice la verdad, no pierde, en este caso, su virtud ni su riqueza.

75. "El testigo que declara ante la asamblea de hombres respetables una cosa distinta de la que ha oído o visto se ve precipitado, después de su muerte, de cabeza al infierno, y está privado del cielo.

76. "Cuando aun sin haber sido llamado para atestiguarlo, un hombre ve u oye una cosa y llega a ser interrogado sobre este punto, debe declarar exactamente esta cosa como la vio, como la oyó.

77. "El testimonio único de un hombre exento de avaricia es admisible en ciertos casos; mientras que el de un gran número de mujeres, aun siendo honradas, no lo es (a causa de la inconstancia del espíritu de las mujeres) así como tampoco el de los hombres que han cometido crímenes.

78. "Las deposiciones hechas voluntariamente por los testigos, deben ser admitidas en el proceso; pero todo lo que pueden decir de otro modo, estando influidos por cualquier motivo, no puede aprobar la justicia.

79. "Que cuando los testigos están reunidos en una sala de audiencia, en presencia del demandante y del demandado, lo interrogue el juez, exhortándolo dulcemente, del modo siguiente:

80. "Declarad con franqueza todo lo que ha ocurrido en "este asunto entre las dos partes recíprocamente; pues se "requiere aquí vuestro testimonio."

81. "El testigo que dice la verdad haciendo su deposición llega a las mansiones supremas y alcanza el más alto renombre en este mundo; su palabra es honrada por Brahama.

82. "El que da falso testimonio cae en los lazos de Varuna, sin poder oponer resistencia durante cien transmigraciones; sólo se debe decir, pues, la verdad.

83. "Un testigo se purifica diciendo la verdad, la verdad hace prosperar a la justicia: por esto la verdad debe ser declarada por los testigos de todas las clases.

84. "El Alma (Atma) es su propio testigo, el alma es su propio asilo; no desprecies a vuestra alma, este testigo de los hombres por excelencia.

85. "Los malvados se dicen: "Nadie nos ve"; pero los Dioses los miran, así como el espíritu (Purusha) que habita en ellos.

86. "Las Divinidades guardianas del cielo, de la tierra, de las aguas, del corazón humano, de la luna, del sol, del fuego de los infiernos, de los vientos de la noche, de los dos crepúsculos y de la justicia, conocen las acciones de los seres animados.

87. "Que en la mañana, en presencia de. las imágenes de los Dioses y de los Bracmanes, el juez, después de haberse purificado, invite a los Dwidjas, igualmente purificados, y que tengan el semblante vuelto hacia el Norte o hacia el Este, a decir la verdad.

88. "Debe dirigirse a un Bracmán, diciéndole: "Habla"; a un Chatrya, diciéndole; "Declara la verdad"; a .un Vaisya, mostrándole el falso testimonio como una acción tan culpable como la de robar ganados, grano y oro; a un Sudra, asimilando en las sentencias siguientes el falso testimonio a todos los crímenes.

89. "Las mansiones de tormento reservadas al que mata a un Bracmán, al hombre que mata a una mujer o a un niño, al que daña a su amigo y a quien devuelve mal por bien, están igualmente destinadas al testigo que hace una deposición falsa.

90. "Todo el bien que has podido hacer desde tu nacimiento, ¡oh, hombre honrado!, lo habrás perdido enteramente y pasará a los perros, si dices otra cosa que la verdad.

91. "¡Oh digno hombre!, mientras dices: "Estoy solo "conmigo mismo", reside sin cesar en tu corazón este Espíritu supremo, observador atento y silencioso de todo el bien y de todo el mal.

92. "Este espíritu que mora en tu corazón es un juez severo, un castigador inflexible, es un Dios[170], si nunca estás en discordia con él, no vayas en peregrinación al río Ganga[171] ni a las llanuras de Kurú.

93. "Desnudo y calvo, sufriendo de hambre y de sed, privado de la vida, el que haya prestado falso testimonio se verá reducido a mendigar su alimento con una taza rota en la casa de su enemigo.

94. "Será precipitado de cabeza en los abismos más tenebrosos del infierno, el insensato que interrogado en una información judicial hace una falsa deposición.

95. "Es comparable a un ciego que come pescado con espinas, y sufre dolor en vez del placer que se prometía, el hombre que viene a dar en la Corte de Justicia datos inexactos y a hablar de lo que no vio.

96. "Los Dioses piensan que no hay en el mundo un hombre mejor que aquel cuya alma, que sabe todo, siente-inquietud alguna mientras hace su declaración.

97. "Aprende ahora, ¡oh digno hombre!, por una enumeración exacta y en orden, cómo un falso testigo mata a sus parientes, según las cosas sobre las que versa la deposición.

98. "Mata a cinco parientes suyos con un falso[172] testimonio relativo a ganados; mata a diez, por un falso testimonio concerniente a vacas; mata a ciento, por un falso informe relativo a caballos; mata a mil, por una falsa deposición relativa a hombres.

99. "Mata a los que han nacido y a los que están por nacer, por una declaración falsa concerniente a oro; mata a todos los seres por un falso testimonio concerniente a la tierra; cuídate, pues, de hacer una falsa deposición en un proceso relativo a una tierra.

100. "Los Sabios han declarado que un falso testimonio concerniente al agua de

un pozo o de un estanque, y concerniente al comercio carnal con mujeres, es igual a un falso testimonio concerniente a la tierra; así como una falsa deposición relativa a perlas y otras cosas preciosas que se producen en el agua y a todo lo que tiene la naturaleza de la piedra.

101. "Sabiendo todos los crímenes de que uno se hace culpable por hacer una falsa deposición, declara con franqueza todo lo que sabes, cómo lo viste y lo que oíste.

102. "Que se dirija a los Bracmanes que guardan ganados, que comercian, que se entregan a trabajos innobles, ejercen la profesión de juglar, que se ocupan en funciones serviles o en la profesión de usureros, como los Sudras.

103. "En ciertos casos, el que por un piadoso motivo dice cosa distinta de la que sabe, no está excluido del mundo celeste; su. deposición está llamada palabra de los Dioses.

104. "Cuantas veces la declaración de la verdad podría causar la muerte a un Sudra, un Vaisya, un Chatrya o un Bracmán, cuando se trata de una falta cometida en un instante de extravío y no de un crimen premeditado, como robo, efracción, hay que decir una mentira; y en este caso es preferible a la verdad.

105. "Que los testigos que así han mentido por un motivo digno de elogio, ofrezcan a Saraswati[173] pasteles de arroz y de leche consagrados a la Diosa de la elocuencia, para hacer una expiación perfecta del pecado de este falso testimonio.

106. "O que el testigo esparza en el fuego, según la regla, una oblación de mantequilla clarificada, dirigida a la Diosa de las plegarias, recitando oraciones del Yadjur-Veda o el himno a Varuna, que comienza por UD, o las tres invocaciones a las Divinidades de las aguas.

107. "El hombre que, sin estar enfermo, no viene en el curso de las tres quincenas que siguen a un requerimiento a dar testimonio en un proceso que se refiere a una deuda, quedará obligado al pago de la deuda íntegra y será condenado, además, a una multa de la décima parte.

109. "En los asuntos en que no hay testigos, no pudiendo darse cuenta perfectamente el juez de qué lado está la verdad, puede llegar a conocerla por medio del juramento.

110. "Hicieron juramentos los siete grandes Rishis[174] y los Dioses para aclarar los asuntos dudosos; el mismo Vasistha hizo un juramento ante el rey Sucdama, hijo de Puyavana, cuando fue acusado por Viwamitra de haberse comido a cien niños.

111. "Que un hombre sensato no jure nunca en vano aun por cosas de poca monta; pues el que jura en vano está perdido en este mundo y en el otro.

112. "No obstante, con queridas, con una muchacha que uno busca para casarse, o cuando se trata de alimento de una vaca, de materias combustibles necesarias para el sacrificio o de la salvación de un Bracmán, no es un crimen hacer semejante juramento.

113. "Que el juez haga jurar a un Bracmán por su veracidad; a un Chatrya, por sus caballos, sus elefantes o sus armas; a un Vaisya, por sus vacas, sus granos y su oro; a un Sudra, por todos los crímenes.

114. "O que, según la gravedad del caso, haga tomar fuego con la mano a quien quiere probar o que ordene sumergirlo en el agua o que le haga tocar separadamente la cabeza de cada uno de sus hijos y de su mujer.

115. "A quien no le quema el fuego, no le hace sobrenadar el agua, no le ocurre pronto desgracia, debe reconocérsele como verídico en su juramento.

116. "Habiendo sido antiguamente calumniado el Rishi Vatsa por su hermano menor consanguíneo, que le reprochaba ser hijo de una Sudra, juró que esto era falso, pasó por en medio del fuego para atestiguar la verdad de su juramento, y el fuego, que es la prueba de la culpabilidad y de la inocencia de los hombres, no quemó uno siquiera de sus cabellos, a causa de su veracidad.

117. "En todo proceso en que se ha prestado un falso testimonio, debe volver a comenzar el juez, y lo hecho debe considerarse como nulo.

118. "Una deposición hecha por avaricia, por error, por temor, por amistad, por concupiscencia, por cólera, por ignorancia o por aturdimiento, está declarada sin valor.

119. "Voy a enumerar por orden las diversas clases de castigos reservadas a quien da un falso testimonio por uno de estos motivos.

120. "Si hace una deposición por avaricia, será condenado a mil panas de multa; si fue por extravío de espíritu, al primer grado de la multa, que es doscientos cincuenta panas.; si por temor, a la multa mediana de quinientos panas, repetida dos veces; por amistad, al cuádruplo de la multa del primer grado.

121. "Por concupiscencia, el décuplo de la pena del primer grado; por cólera, al triple de la otra multa, es decir, la mediana; por ignorancia, a doscientos panas completos; por aturdimiento, a ciento solamente.

122. "Tales son los castigos declarados por los antiguos Sabios y prescritos por los legisladores en caso de falso testimonio para impedir que uno se aparte de la justicia y para reprimir la iniquidad.

123. "Un príncipe justo debe desterrar a los hombres de las tres últimas clases, después de haberles hecho pagar la multa de la, manera antedicha, cuando dan falso testimonio; pero que destierre simplemente a un Bracmán.

124. "Manu Swayambhuva (salido del Ser existente por sí mismo) ha determinado diez lugares en que se puede infligir una pena a los hombres de las tres últimas clases; pero que un Bracmán salga del reino sano y salvo.

125. "Estos diez lugares son: los órganos de la generación, el vientre, la lengua, las dos manos, los dos pies en quinto lugar, los ojos, la nariz, las dos orejas, los bienes y el cuerpo, por los crímenes que merecen la pena capital.

126. "Que el rey, después de haberse asegurado de las circunstancias agravantes, como por ejemplo la reincidencia, del lugar y del momento, después de haber examinado las facultades del culpable y el crimen, haga caer el castigo sobre quienes lo merecen.

127. "Un castigo injusto quita la fama durante la vida, y la gloria después de la muerte; cierra el acceso del cielo en la otra vida, por lo que un rey debe cuidarse de ello escrupulosamente.

128. "Un rey que castiga a los inocentes, que no inflige castigo a los que merecen ser castigados, se cubre de ignominia y se va al infierno después de su muerte.

129. "Que primero castigue con una simple reprimenda; en seguida con severos reproches; en tercer lugar, con una multa; en fin, con un castigo corporal.

130. "Pero que cuando, aun con castigos corporales, no llega a reprimir a los culpables, les aplique las cuatro penas a la vez.

131. "Las diversas denominaciones aplicadas al cobre, a la plata y al oro bruto, usados continuamente en este mundo para las relaciones comerciales de los hombres, voy a explicároslas, sin omitir nada.

132. "Cuando el sol pasa a través de una ventana, éste polvo fino que se percibe es la primera cantidad perceptible; se la llama trasarenu.

133. "Ocho granos de polvo (trasarenus) deben considerarse como iguales en peso a una semilla de adormidera; tres de estos granos están reputados iguales a una semilla de mostaza negra; tres de estas últimas a una de mostaza blanca.

134. "Seis semillas de mostaza blanca son iguales a un grano de cebada de tamaño mediano; tres semillas de cebada son iguales a un krishnala[175], cinco krishnalas a un masha[176], seis mashas a un suyarnal[177].

135. "Cuatro súvarnas de oro hacen un pala; diez palas un dharana; debe reconocérsele a un maskaha de plata el valor de dos krishnalas reunidos.

136. "Diez y seis de estas mashakas de plata forman un dharana o un prurana de plata; pero el karshika[178] de cobre debe ser llamado pana o karshapana.

137. "Diez dharanas de plata son iguales a un satamana, y el peso de cuatro suvarnas está designado con el nombre de nishka.

138. "Está declarado que doscientos cincuenta panas son la primera multa;, quinientos panas deben ser considerados como la multa media, y mil panas, como la multa más elevada.

139. "Si un deudor citado ante el Tribunal por su acreedor reconoce su deuda, debe pagar cinco por ciento de milita al rey, y si la niega y se la prueban, el doble; tal es la decisión de Manú.

140. "El que prestó dinero, si tiene una prenda, debe recibir, además de su capital, el interés fijado por Vasishtha; es decir, la octagésima parte de ciento por más o uno y cuarto.

141. "O que, si no tiene prenda, tome dos por ciento al mes, recordando el deber de las gentes de bien; pues tomando dos por ciento no es culpable de ganancias ilícitas.

142. "Que reciba dos por ciento como interés mensual (nunca más) de un Bracmán, tres de un Chatrya, cuatro de un Vaisya y cinco de un Sudra, siguiendo el orden directo de clases.

143. "Pero si le han entregado un terreno o una vaca como prenda, con el permiso de aprovecharse de ella, no debe recibir otro interés por la suma prestada, y después de un gran lapso de tiempo, o cuando las ganancias suben hasta el valor de la deuda, no puede dar este prenda ni venderla.

144. "No se debe usufructuar sin permiso del propietario de una prenda

simplemente depositada y que consiste en vestidos, adornos y otros objetos de la misma clase; el que se aprovecha de ellos debe abandonar el interés; si el objeto ha sido usado o malogrado, debe contentar al propietario pagándole el precio que tenía el objeto en buen estado; de otro modo sería un ladrón de prendas.

145. "A una prenda y a un depósito no puede perderlos el propietario por haber transcurrido un lapso de tiempo considerable;. puede recobrarlos aunque hayan quedado largo tiempo donde el depositario.

146. "Una vaca que da leche, un camello, un camello de silla, un animal enviado para que le enseñen a trabajar (como, por ejemplo, un toro) y otras cosas que el propietario permite usar por amistad, no deben nunca considerárseles como perdidas para él.

147. "Excepto en los casos precedentemente enunciados, cuando un propietario ve, sin hacer reclamación alguna, que otras personas se aprovechan a vista suya durante diez años de un bien cualquiera que le pertenece, no debe entrar de nuevo en posesión de él.

148. "Si no es un idiota ni un niño menor de diez y seis años, o que no ha cumplido diez y seis años, y el usufructo del bien ha ocurrido al alcance de sus ojos, ha perdido este bien, y quien lo disfruta puede conservarlo.

149. "Una prenda, el límite de un terreno, el bien de un niño, un depósito abierto o sellado, las mujeres, las propiedades de un rey y las de un teólogo, no están perdidas por que otro haya gozado de ellas.

150. "El imprudente que usa de una prenda depositada sin el asentimiento de su poseedor, debe perder la mitad del interés en reparación de este usufructo

151. "El interés de una suma prestada, recibido de una sola vez y no por mes o por día, no debe sobrepasar al doble de la deuda; es decir, no debe ascender a una suona mayor que el capital que se reembolsa al mismo tiempo; y tratándose del grano, de los frutos, de la lana o de la crin, de las bestias de carga, prestados para ser pagados en objetos del misino valor, el interés debe, cuando más, elevarse hasta quintuplicar la deuda.

152. "Un interés que sobrepasa la tasa legal y que se aparta de la regla precedente no es válido; los Sabios lo llaman procedimiento usurario; el que presta no debe recibir, cuando más, sino cinco por ciento.

153. "Que el que presta por un mes o por dos o por tres a cierto interés, no reciba el mismo interés por más de un año, ni ningún interés desaprobado, ni el interés del interés, por convención previa, ni un interés arrancado a un deudor en un momento de apuro, ni ganancias exorbitantes de una prenda cuyo usufructo reemplaza al interés.

154. "El que no puede pagar una deuda al tiempo fijado, y que desea renovar el contrato, puede hacerlo de nuevo con el asentimiento del que prestó, pagando todo el interés debido.

155. "Pero si por algún golpe de la suerte se encuentra en la imposibilidad de ofrecer el pago del interés, puede inscribir como capital en el contrato que renueva el interés que hubiera debido pagar.

156. "El que está encargado del transporte de ciertas mercaderías mediante un interés fijado de antemano, en tal lugar, en un lapso de tiempo determinado y que no cumple con las condiciones relativas al tiempo y al lugar, no debe recibir el precio convenido, sino el que fijen expertos.

157. "Cuando hombres perfectamente al corriente de las travesías marítimas y de los viajes por tierra, y que saben proporcionar el beneficio a las distancias de los lugares y el tiempo, fijan un interés dado por el transporte de determinados objetos, esta decisión tiene fuerza de ley con relación al objeto, determinado.

158. "El hombre que se hace fiador de la comparecencia de un deudor y que no puede presentarlo, debe pagar por entero la deuda con su propio haber.

159. "Pero un hijo no está obligado a pagar las sumas que debe su padre por haberse hecho fiador o las prometidas por él sin motivo a cortesanas o a músicos, así como tampoco el dinero perdido en el juego o debido por licores espirituosos ni el resto del pago de una multa o de impuesto.

160. "Tal es la regla establecida en los casos de una fianza de comparecencia; pero cuando un hombre que había garantizado un pago llega a morir, el juez debe hacer que los herederos paguen la deuda.

161. "Sin, embargo, ¿en qué circunstancia puede ocurrir que después de la muerte de un hombre que se ha hecho fiador, pero no para el pago de una deuda, y cuyos negocios son conocidos, el acreedor le reclame la deuda al heredero?

162. "Si el fiador ha recibido plata del deudor y posee bienes bastantes para pagar al hijo del que ha recibido este dinero, debe pagar la deuda a costa de los bienes que hereda; tal es la ley.

163. "Todo contrato hecho por una persona ebria, o loca, o enferma, o enteramente dependiente; por un niño, por un anciano o por una persona que no está autorizada, no tiene efecto ninguno.

164. "El compromiso por el que una persona se obliga a hacer algo, aunque esté confirmado con pruebas, no es válido si es incompatible con las leyes establecidas y las costumbres inmemoriales.

165. "Cuando un juez se da cuenta del fraude en una prenda o en una venta, en un don o en la aceptación de una cosa, en fin, en cuanto ve que hay bribonada, debe anular el negocio.

166. "Si el que pidió prestado muere y el dinero ha sido gastado por su propia familia, la suma debe ser pagada por los parientes, junta o separadamente con su propio haber.

167. "Aun en el caso de que un esclavo haga una transacción cualquiera, un préstamo, por ejemplo, para la familia de su amo, éste haya o no estado ausente, no debe rehusar reconocerla.

168. "Lo que se ha dado por fuerza a una persona que no podía aceptarlo, o se ha poseído por fuerza o escrito por fuerza lo ha declarado nulo Manú, así como todas las cosas hechas por obligación.

169. "Tres clases de personas padecen por otros: los testigos, los fiadores, los inspectores de las causas; y otras cuatro se enriquecen, haciéndose útiles al prójimo;

el Bracmás, el financista, el mercader y el rey.

170. "Que un rey, por pobre que sea, no se apodere de lo que no debe tornar, y por rico que sea, no abandone nada de lo que debe tomar, aun la más mínima cosa.

171. "Tomando lo que no debe tomar y rehusando lo que por derecho le corresponde, el rey da pruebas de debilidad y está perdido en este mundo y en el otro.

172. "Tomando lo que es debido, evitando la mezcla de clases y protegiendo al débil, el rey adquiere fuerza y prospera en el otro mundo y en éste.

173. "Por lo que el rey, lo mismo que Yama, renunciando a todo lo que puede gustarle o disgustarle, debe seguir la regla de conducta de este juez supremo de los hombres, reprimiendo su cólera e imponiendo un freno a sus órganos,

174. "Pero el monarca de corazón perverso que en su extravío pronuncia sentencias injustas, pronto se ve reducido a depender de sus enemigos.

175. "Por el contrario, cuando un rey, reprimiendo el amor de las voluptuosidades y la cólera, examina las causas con equidad, los pueblos van obsequiosamente a él, como los ríos se precipitan al Océano. -

176. "El deudor que, imaginándose que tiene una gran influencia con el soberano, viene a quejarse ante el príncipe de que su acreedor trata de recobrar por los medios permitidos lo que se le debe, debe ser obligado por el rey a pagar como multa la cuarta parte de la suma y a devolver al creedor lo que le debe.

177. "Un deudor puede pagar a su acreedor por medio de su trabajo, si es de la misma clase o de una clase inferior; pero que si es de una clase superior, pague la deuda poco a poco, según sus facultades.

178. "Tales son las reglas según las que un rey debe decidir equitativamente los asuntos entre dos partes litigantes, después de que los testimonios y las otras pruebas han disipado las dudas.

179. "A una persona de familia honorable, de buenas costumbres, conocedora de la ley verídica, que tenga un gran número de parientes, que sea rica y honesta, debe ser a quien confíe un depósito el hombre sensato.

180. "Cualquiera que sea el objeto y de cualquier manera que se le deposite en manos de una persona, debe recuperársele de la misma manera; como ha sido tomado, así debe ser recuperado.

181. ""Aquel a quien se pide de nuevo un depósito, y que no lo entrega a la persona que se lo había confiado, debe ser interrogado por el juez, si el demandante no está presente.

182. "Que a falta de testigos, el juez haga depositar el oro o cualquier otro objeto precioso, con pretextos plausibles, en manos del demandado, por medio de emisarios que hayan pasado de la edad de la infancia y sean de modales agradables.

183. "Entonces, si el depositario entrega el objeto que le confiaron en el mismo estado y bajo la misma forma que le fue entregado, no se pueden admitir las demandas entabladas contra él por otras personas.

184. "Pero que si no entrega, como debe, a estos agentes el oro depositado, debe ser arrestado y obligado a restituir los dos depósitos; así lo ordena la, ley.

185. "No debe nunca entregarse un depósito, sellado o no, durante la vida del hombre que lo ha entregado, al heredero presunto de éste; pues se pierden estos dos depósitos si el heredero a quien el depositario los ha devuelto llega a morir antes de haberlos entregado al propietario, y el depositario está obligado a tomarlos en cuenta; pero si no muere, no se pierden, por lo que en la incertidumbre de los acontecimientos no debe entregar los depósitos sino a quien se los ha confiado.

186. "Pero si un depositario, después de la muerte de quien le había confiado un depósito, entrega por propio impulso este depósito al heredero del difunto, no debe estar expuesto a ninguna reclamación de parte del rey o de los parientes del muerto.

187. "El objeto confiado debe ser reclamado sin rodeos y amigablemente; después de haberse informado del carácter del depositario, es de modo amigable como debe terminarse el asunto.

188. "Tal es la regla que es preciso seguir para reclamar todos los depósitos; en caso de depósito sellado, no debe reclamarse nada de ningún modo al que lo recibió si no ha sustraído nada alterando el sello.

189. "Si un deposito ha sido robado por los ladrones o arrebatado por las aguas o consumido por el fuego, el depositario no está obligado a devolver su valor, siempre que no haya tomado parte alguna.

190. "Que él pruebe por toda clase de expedientes y con las ordalías que prescribe el Veda al que se ha apropiado un depósito y al que reclama lo que no ha depositado.

191. "El hombre que no entrega un objeto que le confiaron y el que pide un depósito que no ha hecho, deben ser ambos castigados como ladrones si se trata de un objeto importante como oro o perlas, o condenados a una multa de igual valor que la cosa si ésta es de poco precio.

192. "Que el rey haga pagar un multa del valor del objeto a quien ha robado un depósito ordinario, así como al que ha sustraído un depósito sellado, sin distinción.

193. "El que con falsos ofrecimientos de servicios se apodera del dinero ajeno debe padecer públicamente, así como sus cómplices, diversas clases de suplicios, según las circunstancias, y aun la muerte.

194. "Un depósito consistente en tales cosas, entregado por alguien en presencia de ciertas personas, debe serle entregado en el mismo estado y de la misma manera; el que hace fraude en él debe ser castigado.

195. "El depósito hecho y recibido en secreto debe ser devuelto en secreto; como fue entregado será recuperado.

196. "Que el rey decida de esta manera las causas concernientes a un depósito y a un objeto prestado por amistad, sin maltratar al depositario.

197. "El que vende el bien ajeno sin el asentimiento de su propietario no debe ser admitido por el juez a dar testimonio como ladrón que se imagina que no ha robado.

198. "Si es próximo pariente del propietario, debe ser condenado a una multa de seiscientos panas; pero si no es pariente y no tiene pretensión alguna que hacer valer, es culpable de robo.

199. "Una donación o una venta hecha por persona diferente del propietario verdadero, debe considerarse como nula; tal es la regla establecida en los procesos.

200. "Tratándose de cualquier cosa que se ha usufructuado, pero de que no puede presentarse título alguno, sólo los títulos, y no el usufructo, hacen autoridad; así lo ha determinado la ley.

201. "El que en pleno mercado, delante de un gran, número de personas, compra cualquier cosa, adquiere a justo título la propiedad de ella pagando su valor, aun si el vendedor no es su propietario.

202. "Pero si el vendedor que no era propietario no puede ser dado a conocer, el comprador que prueba que la venta se efectuó públicamente será liberado sin costas por el rey, y el antiguo poseedor que había perdido la cosa la recuperará, pagando al comprador la mitad de su valor.

203. "No debe venderse ninguna mercadería mezclada con otra como si no estuviera mezclada, ni una mercadería de mala calidad como si fuera buena, ni una mercadería de menor peso que el convenido, ni una cosa alejada, ni una cosa cuyos defectos se han ocultado.

204. "Si después de haberle mostrado al pretendiente una joven, cuya mano le fue otorgada mediante una gratificación, se le da otra como esposa, queda como marido de las dos por el mismo precio; tal es la decisión de Manú.

205. "El que da en matrimonio a una joven advirtiendo de antemano sus defectos, declarando que está loca, atacada de elefantiasis o que ya ha tenido comercio con un hombre, no debe sufrir castigo alguno.

206. "Si un sacerdote oficiante, escogido para hacer un sacrificio, abandona su tarea, los acólitos sólo deben darle una parte de los honorarios en proporción a lo que ha hecho.

207. "Que después de la distribución de los honorarios, si se ve obligado a abandonar la ceremonia por causa de enfermedad y no por algún pretexto falso; tome por entero su parte y haga terminar lo que ha comenzado por otro sacerdote.

208. "Cuando en una ceremonia religiosa se han fijado gratificaciones particulares por cada parte del oficio divino, quien ha celebrado una parte dada, ¿debe tomar lo que fue concedido, o los sacerdotes deben distribuir en común los honorarios?

209. "Que, en ciertas ceremonias, el Adhawaryu (lector del Tadjur-Veda) tome el carro, el Brahma (sacerdote oficiante) tome un caballo, el Hotri (lector del Rig-Veda) tome otro caballo y el Ud-Gatri (cantor del Sama-Veda) el carro en que han sido traídos los ingredientes del sacrificio.

210. "Estando por distribuirse cien vacas entre dieciséis sacerdotes, los cuatro principales tienen derecho a cerca de la mitad, o sea a cuarenta y ocho; los cuatro siguientes, a la mitad de este número; la tercera serie, a la tercera parte; la cuarta, a la cuarta parte.

211. "Cuando los hombres se reúnen para cooperar, cada uno con su trabajo, en una misma empresa, tal es la manera como debe hacerse la distribución de las partes.

212. "Cuando una persona ha dado o prometido plata a otra que la pedía para dedicarla a un acto religioso, el don no. tendrá efecto si no se ha cumplido el acto.

213. "Pero si por orgullo o avaricia el hombre que ha recibido dinero rehusa devolverlo, en este caso, o toma por fuerza el dinero prometido, debe el rey condenarlo a una multa de una suvarna en castigo de este robo.

214. "Tal es, como acabo de declararlo, la manera legal de recuperar una cosa dada; voy a declararos a continuación los casos en que se puede no abonar los salarios.

215. "El hombre asalariado que sin estar enfermo rehusa por orgullo hacer la obra convenida, será castigado con una multa de ocho krishnalas de oro y no debe pagársele su salario.

216. "Pero si después de haber estado enfermo, cuando está restablecido, hace su obra conforme a la convención anterior, debe ser pagado, aun después de un gran lapso de tiempo.

217. "No obstante, esté enfermo o no, si la obra estipulada no la hace él mismo o por otro, no debe dársele su salario, aunque falte muy poco para que la obra esté acabada.

218. "Tal es el reglamento completo que concierne a todo trabajo emprendido por un salario; voy a declararos ahora la ley que se relaciona con los que rompen sus compromisos.

219. "Que el rey destierre de su reino al que, habiendo hecho con negociantes y otros habitantes de un barrio (grama) o de un distrito un convenio al que se había obligado por juramento, falta a sus promesas por avaricia.

220. "Que, además, el rey, habiendo hecho arrestar a este hombre de mala fe, lo condene a pagar cuatro suvarnas o seis niskhas o un satamana de plata, según las circunstancias, y aun las tres multas a la vez.

221. "Tal es la regla según la cual un rey justo debe infligir castigos a los que no cumplen con sus compromisos, sin exceptuar ciudadanos ni hacer distinción de clases.

222. "El que, habiendo comprado o vendido una cosa que tiene precio fijo y es imperecedera, como la tierra y los metales, se arrepiente de ello, puede devolver o recuperar la cosa durante diez días.

223. "Pero pasado el décimo día, ya no puede devolver ni obligar a devolver; el que recupera por la fuerza u obliga a tomar de nuevo una cosa debe ser castigado por el rey con una multa de seiscientos panas.

224. "Que el rey mismo haga pagar una multa de noventa y seis panas al que da en matrimonio a una muchacha que tiene defectos, sin prevenir que los tiene.

225. "Pero el que por maldad dice: "Esta muchacha no es virgen", debe sufrir una multa de cien panas, si no puede probar que ha sido manchada.

226. "Las plegarias nupciales están destinadas solamente a las vírgenes, y nunca en este mundo a las que han perdido su virginidad; pues semejantes mujeres están excluidas de las ceremonias legales.

227. "Las plegarias nupciales son la sanción necesaria del matrimonio, y los

hombres instruidos deben saber que el pacto consagrado con estas plegarias es completo e irrevocable al séptimo paso (pada) que da la casada cuando camina dando la mano a su marido.

228. "Cuando una persona siente pesar de haber concertado un negocio cualquiera, el juez debe, según la regla enunciada, hacerle entrar al buen camino.

229. "Voy ahora a decidir convenientemente, y de acuerdo con los principios de la ley, las disputas que se entablan entre los propietarios de ganado y los pastores cuando ocurre cualquier accidente.

230. "Durante el día, la responsabilidad relativa a la seguridad de los ganados corresponde al guardián; durante la noche, su seguridad corresponde al dueño, si el rebaño está en su casa; pero si ocurre de otra manera, si noche y día el rebaño está confiado al guardián, es el guardián el responsable.

231. "El vaquero que tiene por salario raciones de leche debe ordeñar por cada diez vacas la más hermosa, con consentimiento del dueño; éste es el salario del pastor que no tiene otro sueldo.

232. "Cuando un animal se pierde, lo matan reptiles o perros o cae a un precipicio, y esto ocurre por negligencia del guardián, está obligado a dar otro igual.

233. "Pero cuando los ladrones han robado un animal, no está obligado a reemplazarlo, si ha pregonado el robo y ha tenido cuidado de informarlo al dueño en tiempo y lugar oportunos.

234. "Que cuando un animal muere, lleve a su amo las orejas, la piel, la cola, la piel del abdomen, los tendones, la rochana[179] y que muestre los miembros.

235. "Cuando un rebaño de cabras o de ovejas es asaltado por los lobos y el pastor no acude, la falta es suya si un lobo roba una cabra o una oveja y la mata.

236. "Pero si mientras las cuida y pacen en un bosque reunidas un lobo se precipita de improviso y mata a una, en este caso no es culpable el pastor.

236. "Que a todo el rededor de un pueblo (grama) se deje para pasto un espacio inculto de extensión de cuatrocientos codos o de tres tiros de bastón y tres veces este espacio alrededor de una ciudad.

238. "Si los ganados que pacen en este prado malogran el grano de un campo no cercado de setos, el rey no debe infligir castigo a los guardianes.

239. "Que el propietario de un campo lo rodee con un seto de arbustos espinosos por encima de los cuales no pueda mirar un camello y que tape con cuidado todas las aberturas por las que un perro o un puerco podrían pasar la cabeza.

240. "Los ganados acompañados de un pastor que causan algún perjuicio cerca del gran camino o cerca del pueblo en un terreno cercado, deben ser sometidos a la multa de cien panas; que, si no tienen guardián, los aleje el propietario del campo.

241. "Por otros campos, el dueño del ganado debe pagar una multa de un pana y cuarto; pero en todas partes debe pagársele al dueño el precio del grano desperdiciado; tal es la decisión.

242. "Una vaca, durante los diez días que corren desde que ha parido; los toros que se guardan para la fecundación, y los ganados consagrados a los Dioses, estén

acompañados o no con su guardián, han sido declarados exentos de multa por Manú.

243. "Cuando el campo ha sido devastado por culpa de los ganados del mismo cortijero, o cuando no siembra en tiempo conveniente, debe ser castigado con una multa igual al décuplo del valor de la parte de la cosecha que le toca al rey, la que se ha perdido por su negligencia, o solamente la mitad de esta multa, si la culpa es de sus asalariados, sin que él lo haya sabido.

244. "Tales son los reglamentos que debe observar un rey justo en todos los casos de transgresión de parte de los propietarios, de los ganados y de los guardianes.

245. "Que si ocurre una disputa con motivo de los límites de dos pueblos, el rey escoja el mes de djyashtha para determinar estos límites, siendo más fáciles de distinguir entonces los hitos, pues el ardor del sol ha secado enteramente là hierba.

246. "Establecidos los límites, deben plantarse grandes árboles, como nyagrodhas, aswatrhas, kinsukas, salmalis, salas, talas, y árboles ricos en leche, como el udumbara.

247. "Arbustos apiñados, bambúes de diversas clases, samis, lianas, saras, kubdjakas, espesos; que se formen, además, montículos de tierra; por medio de esto no pueden destruirse los límites.

248. "Deben también hacerse en los límites comunes lagos, pozos, estanques y arroyos, así como también capillas consagradas a los Dioses.

249. "Deben hacerse también en los límites otras señales secretas, pues se ve que los hombres están continuamente en incertidumbre sobre la determinación de hitos.

250. "Gruesas piedras, huesos, colas de vaca, menudas pajas de arroz, ceniza, tizones, boñiga seca de vaca, ladrillos, carbón, guijarros y arena.

251. "Y, en fin, sustancias de toda clase que no corroen la tierra en un lapso de tiempo considerable, deben depositarse en tinajas y esconderse en tierra en el sitio de los límites comunes.

252. "Valiéndose de estas señales es como puede determinar el rey el límite entre los terrenos de dos partes que disputan, así como según la antigüedad de la posesión y según el curso de un arroyo.

253. "Pero por pocas dudas que haya sobre las señales, son necesarias las declaraciones de los testigos para decidir la disputa relativa a los límites.

254. "En presencia de un gran número de vecinos del pueblo y de las dos partes litigantes es como debe interrogarse a estos testigos sobre las señales de los límites.

255. "Que cuando hacen una declaración unánime y positiva los hombres interrogados sobre los límites, se determinen éstos por escrito, con los nombres de todos los testigos.

256. "Que estos hombres, esparciendo tierra sobre su cabeza, llevando guirnaldas de flores rojas y vestidos rojos, después de haber jurado por la recompensa futura de sus buenas acciones, fijen exactamente el límite.

257. "Los testigos verídicos que hacen su deposición como lo ordena la ley, quedan purificados de toda falta; pero los que dan un falso informe deben ser

condenados a doscientos panas de multa.

258. "A falta de testigos, deben ser invitados a decidir los límites cuatro hombres de los pueblos vecinos situados a los cuatro lados de los pueblos en disputa, en presencia del rey y estando bien preparados.

259. "Pero si no hay vecinos ni gentes cuyos antepasados hayan vivido en el pueblo desde el tiempo en que se fundó y capaces de dar un testimonio sobre los límites, el rey debe llamar a los hombres siguientes que pasan su vida en los bosques:

260. "A cazadores, pajareros, vaqueros, pescadores, gentes que arrancan raíces, buscadores de serpientes, segadores y otros hombres que viven en los bosques.

261. "Consultadas estas gentes, y según la respuesta que den sobre las señales de los límites comunes, el rey debe hacer poner con justicia hitos entre los dos pueblos.

262. "Tratándose de campos, de estanques, de jardines y de casas, el testimonio de los vecinos es el mejor medio de decisión relativo a los hitos.

263. "Si los vecinos hacen una declaración falsa cuando hay hombres que se hallan en controversia sobre los límites de sus propiedades, debe cada uno de ellos ser condenado por el rey a una multa media[180].

264. "El que se apodera de una casa, de un estanque, de un jardín o de un campo, amenazando al propietario, debe ser condenado a quinientos panas de multa, y a doscientos solamente si lo hizo por error.

265. "Que si no pueden ser determinados los límites de cualquier otro modo por falta de señales y de testigos, un rey equitativo se encargue él mismo, en interés de las partes, de fijar el límite de las tierras; tal es la regla establecida.

266. "Acabo de enunciar completamente la ley relativa a la determinación de límites; ahora os daré a conocer las decisiones concernientes a los ultrajes de palabra.

267. "Un Chatrya, por haber injuriado a un Bracmán, merece una multa de cien panas; un Vaisya, una multa de ciento cincuenta o doscientos; un Sudra, una pena corporal.

268. "Un Bracmán será multado con cien panas por haber ultrajado a un hombre de clase militar; con veinticinco si a un hombre de la clase comerciante; con doce si a un Sudra.

269. "Por haber injuriado a un hombre de la misma clase que él, un Dwidja será condenado a doce panas de multa; tratándose de términos infames, debe duplicarse generalmente la pena.

270. "Un hombre de la última clase que insulta a Dwidjas con invectivas horribles merece que le corten la lengua, pues ha sido producido por la parte, inferior de Brahama.

271. "Si los designa por sus nombres y por sus clases de manera ultrajante, se le hundirá en la boca un estilete de hierro quemante de diez dedos de largo.

272. "Que el rey le haga verter aceite hirviente en la boca y en las orejas, si tiene la imprudencia de dar consejos a los Bracmanes sobre su deber.

273. "El que niega sin razón y por orgullo los conocimientos sagrados, el país natal, la clase, la iniciación y los otros sacramentos de un hombre que le es igual en

condición social, debe ser obligado a pagar doscientos panas de multa.

274. "Si un hombre reprocha a otro el ser tuerto, cojo o tener un defecto semejante, aunque diga la verdad debe pagar la pequeña multa de un karshapana.

275. "El que maldice a su padre, su mujer, su hermano, su hijo o su maestro espiritual, debe sufrir una multa de cien panas, así como el que rehusa ceder el paso a su director.

276. "Un rey juicioso debe imponer la multa siguiente a un Bracmán y a un Chatrya que se han injuriado mutuamente: el Bracmán debe ser condenado a la pena inferior[181], y el Chatrya, a la multa media.

277. "Debe hacerse la misma aplicación de penas al Vaisya y al Sudra que se han injuriado recíprocamente según sus clases[182], sin mutilación de lengua; así lo ha prescrito la ley.

278. "Acabo de declarar completamente cuáles son los modos de castigo que se deben infligir por los ultrajes de palabra; ahora voy a exponeros la ley que concierne a los malos tratos.

279. "Cualquiera que sea el miembro de que se vale un hombre de bajo nacimiento para golpear a un inferior, se le mutilará ese miembro; tal es la orden de Manu.

280. "Si ha levantado la mano o un bastón sobre su superior, debe cortársele la mano; si en un rapto de cólera le ha dado un puntapié, deben cortarle el pie.

281. "Un hombre de la clase inferior que se atreve a colocarse al lado de un hombre que pertenece a la clase más elevada, debe ser marcado abajo de la cadera y desterrado, o el rey debe ordenar que le hagan un chirlo sobre las nalgas.

282. "Si escupe con insolencia sobre un Bracmán, el rey debe hacerle mutilar ambos labios; si orina sobre este Bracmán, la uretra; si pee enfrente de él, el ano.

283. "Si lo coge de los cabellos, de los pies, de la barba, del cuello o por las bolsas, que el rey, sin vacilar, le haga cortar las dos manos.

284. "Si un hombre araña la piel de una persona de su misma clase y si hace correr sangre, debe ser condenado a cien panas de multa; por una herida penetrante en la carne, a seis nishkas; por la fractura de un hueso, al destierro.

285. "Cuando se dañan grandes árboles; se debe pagar una multa proporcionada a su utilidad y a su valor: tal es la decisión.

286. "Si se ha dado un golpe seguido de viva angustia a hombres o a animales, el rey debe infligir una pena al que ha pegado en razón del dolor más o menos grande que ha debido causarle el golpe.

287. "Cuando ha sido herido un miembro y esto causa una llaga o una hemorragia, el autor del daño debe pagar los gastos de curación; o si se niega a ello, debe ser condenado a pagar el gasto y la multa.

288. "El que daña los bienes de otro, a sabiendas o por descuido, debe darle satisfacción y pagar al rey una multa igual al daño.

289. "Por haber malogrado sacos de cuero, utensilios de madre o de barro, flores, raíces o frutos, debe pagarle una multa del quíntuplo de valor.

290. "Los Sabios han admitido diez circunstancias relativas a un coche, al

cochero y al dueño de este coche, en que se levanta la multa; en todos los otros casos está ordenada una multa.

291. Cuando las bridas[183] se han roto por accidente, el yugo se ha roto, el coche va acostado a causa de la desigualdad del terreno, o choca con alguna cosa; cuando el eje se ha roto o la rueda se ha destrozado,

292. "Cuando las cinchas, el cabestro o las riendas se han roto; cuando el cochero ha gritado: "¡Cuidado!", Manú ha declarado que en cualquiera de estos diez casos no debe imponerse multa alguna por un accidente.

293. "Pero cuando un coche se aleja del camino por torpeza del cochero, si ocurre desgracia, el dueño debe ser condenado a doscientos panas de multa.

294. "Si el cochero es capaz de manejar bien, pero es descuidado, merece la multa; pero si el cochero es torpe, cada una de las personas que están en el coche debe pagar cien panas.

295. "Si un cochero en cuyo camino se le cruzan ganados u otro coche mata por culpa suya a seres animados, debe, sin duda alguna, ser condenado a una multa según la regla que sigue:

296. "Debe imponerse en seguida una multa[184] igual a la. que se paga por robo, por hombre muerto; si se trata de grandes animales, como vacas, elefantes, camellos y caballos, es sólo de la mitad.

297. "Tratándose de ganados de poco valor, la multa es de doscientos panas, y si son bestias salvajes, como el ciervo y la gacela, o aves agradables, como el cisne y el loro, la multa es de cincuenta panas.

298. "Si es un asno, un cabrón o un morueco, la multa debe ser de cinco mashas de plata, o de una sola masha sí se ha matado a un puerco o a un perro.

299. "Una mujer[185], un hijo, un sirviente, un discípulo, un hermano de padre y madre, pero mas joven, pueden ser castigados, cuando cometen alguna falta, con una cuerda o con un tallo de bambú.

300. "Pero siempre en la parte posterior del cuerpo y nunca en las partes nobles; el que golpea de otro modo debe sufrir la misma pena que el ladrón.

301. "La ley que concierne a los malos tratos acaba de ser expuesta por entero; voy a declararos ahora la regla de las penas establecida contra el robo.

302. "Que el rey se dedique con el mayor cuidado a reprimir a los ladrones; con la represión de los ladrones se acrecientan su gloria y su reino.

303. "En verdad, quien pone a las gentes de bien al abrigo de todo temor debe ser honrado siempre; pues en cierto modo celebra un sacrificio permanente cuyos presentes son la segunda contra el peligro.

304. "La sexta parte del mérito de todas las acciones virtuosas le toca al rey que protege a sus pueblos; la sexta parte de las acciones injustas le corresponde al que no vela por la seguridad de sus súbditos.

305. "La sexta parte de la recompensa obtenida por las lecturas piadosas, los sacrificios, los dones y los honores hechos a los Dioses pertenece con justo título al rey por la protección que concede.

306. "Protegiendo a todas las criaturas con equidad y castigando a los culpables,

un rey celebra cada día un sacrificio acompañado de cien mil presentes.

307. "El rey que no protege a sus pueblos y que sin embargo cobra las rentas[186], los impuestos, los derechos sobre las mercaderías, los presentes diarios de flores, de frutas y de hierbas, y las multas, se va inmediatamente, después de su muerte, al infierno.

308. "Este rey que, sin ser el protector de sus súbditos, toma la sexta parte de los frutos de la tierra, está considerado por los Sabios como que toma sobre sí todas las manchas de los pueblos.

309. "Sépase que un soberano que no toma en consideración los preceptos de los Libros sagrados, que niega el otro mundo, que se procura riquezas por medios inicuos, que no protege a sus súbditos y devora sus bienes, está destinado a las regiones infernales.

310. "Que para reprimir al hombre perverso, el rey emplee con perseverancia tres medios: la detención, los grilletes y las diversas penas corporales.

311. "Reprimiendo a los malvados y favoreciendo a las gentes de bien, es como los reyes se purifican siempre, lo mismo que ocurre con los Bracmanes cuando sacrifican.

312. "El rey que desea el bien de su alma debe perdonar sin cesar a los litigantes, a los niños, a los ancianos y a los enfermos que se dejan llevar por la cólera e invectivarlo.

313. "El que perdona a las gentes afligidas que lo injurian es, por esto, honrado en el cielo; pero el que por orgullo de su poder conserva resentimiento, se irá por esta causa al infierno.

314. "El que ha robado oro a un Bracmán debe ir con toda premura adonde el rey, con los cabellos sueltos, y declararle su robo diciendo: "He cometido tal acción, castígame".

315. "Debe llevar sobre los hombros un haz de armas, o una porra da madera de khadira o una javalina puntiaguda en sus dos extremidades o una barra de hierro.

316. "El ladrón, ya sea que muera inmediatamente al ser golpeado por el rey, ya que lo dejen por muerto y sobreviva, queda purgado de su crimen; pero si el rey no lo castiga, la falta del ladrón cae sobre él.

317. "El causante de la muerte de un muévedo comunica su falta a la persona que come la comida que él ha preparado; una mujer adúltera la comunica al marido que tolera sus desórdenes; un discípulo que descuida sus deberes piadosos, a su director, que no lo vigila; el que celebra un sacrificio y no observa las ceremonias, al sacrificador negligente; un ladrón, al rey que lo perdona.

318. "Pero los hombres que han cometido crímenes, y a los que el rey ha infligido castigos, se van derechos al cielo, libres de mancha, tan puros como las gentes que hicieron buenas acciones.

319. "El que se lleva la cuerda o el cubo de un pozo, el que destruye una fuente pública, deben ser condenados a una multa de una masha de oro y a restablecer las cosas en su primitivo estado.

320. "Debe infligirse una pena corporal al que roba más de diez kumbhas[187] de

grano; por menos de diez kumbhas debe ser condenado a una multa del undécuplo del valor del robo y a restituir al propietario lo robado.

321. "Se infligirá también un castigo corporal por haber robado más de cien palas de objetos preciosos que se venden al peso, comò oro y plata o ricos vestidos.

322. "Por un robo de más de cincuenta palas, el rey debe aplicar una multa que iguale a once veces el valor del objeto.

323. "Por haber raptado a hombres de buena familia y, sobre todo, mujeres, y haber robado joyas de gran precio, como diamantes, el ladrón merece la pena capital.

324. "Por robo de grandes animales, de armas y de medicamentos, el rey debe infligir una pena, después de haber considerado el tiempo y el motivo.

325. "Por haber robado vacas pertenecientes a Bracmanes y haberles agujereado las narices[188]; en fin, por haber robado ganados a Bracmanes, el malhechor merece que le corten en seguida el pie.

326. "Por haber tomado hilo, algodón, semillas que sirven para facilitar la fermentación de los licores espirituosos, boñiga de vaca, azúcar en bruto, leche cuajada, leche, leche de mantequilla, agua o hierba,

327. "Recipientes de bambú para sacar agua, sal de toda clase, vasijas de barro, arcilla o cenizas.

328. "Pescados, pájaros, aceite, mantequilla clarificada, carne, miel o toda cosa proveniente de los animales, como cuero, cuerno o marfil.

329. "U otras sustancias de poca importancia, licores espirituosos, arroz hervido, o manjares de toda clase, la multa es del doble del objeto robado.

330. "Por haber robado flores, grano todavía verde matas, lianas, arbustos y otros granos no descascarados, en cantidad igual a la carga de un hombre, la multa es de cinco krishnalas de plata o de oro, según las circunstancias.

331. "Por granos mondados o ahechados, por hierbas, raíces o frutas, la multa es de cien panas, si no existe lazo alguno entre el ladrón y el propietario; de cincuenta si existen relaciones entre ellos.

332. "La acción de tomar por fuerza una cosa a vista de su propietario es un latrocinio; en su ausencia es un robo, así como lo que se niega después de haberlo recibido.

333. "Que el rey ponga la primera multa[189] al hombre que roba los objetos más arriba enumerados, cuando están listos para usarse, así como al que roba fuego de una capilla.

334. "Cualquiera que sea el miembro de que se vale el ladrón de un modo o de otro para dañar a las gentes, el rey debe hacérselo cortar, para impedirle que cometa nuevamente el crimen.

335. "A un padre, un institutor, un amigo, una madre, una esposa, un hijo y un consejero espiritual no debe dejarlos el rey sin castigo cuando no se mantiene en el cumplimiento de sus deberes.

336. "En el caso en que un hombre de baja extracción fuera castigado con una multa de un karshapana, el rey debe sufrir una multa de mil panas y arrojar el dinero

al río[100] o darlo a Brasmanes: tal es la decisión.

337. "La multa de un Sudra por cualquier robo debe ser ocho veces más considerable que la pena ordinaria; la de un Vaisya, dieciséis veces; de un Chatrya, treinta y dos veces.

338. "La de un Bracmán, sesenta y cuatro veces o cien veces o ciento veintiocho veces más considerable, cuando cada uno de ellos conoce perfectamente la bondad o la maldad de sus actos.

339. "Despojar de raíces o de frutos a grandes árboles no encerrados en cerco, o de leña para un fuego sagrado, o hierba para alimentar vacas, no ha sido declarado robo por Manú.

340. "El Bracmán que recibe como precio de un sacrificio o por la enseñanza de los dogmas sagrados, con conocimiento de causa, de mano de un hombre una cosa que éste ha tomado y que no le han dado, es castigable como un ladrón.

341. "Si el Dwidja que viaja y cuyas provisiones son escasas toma dos cañas de azúcar o dos pequeñas raíces en el campo de otro, no debe pagar multa.

342. "El que ata animales libres pertenecientes a otro y pone en libertad a los que están atados, y el que se apodera de un esclavo, de un caballo o de un carro, deben padecer las mismas penas que el ladrón.

343. "Cuando un rey con la aplicación de estas leyes reprime a los ladrones, obtiene la gloria en este mundo, y después de su muerte, la felicidad suprema.

344. "Que el rey que aspira a la soberanía del mundo, así como a la gloria eterna e inalterable, no soporte un solo instante al hombre que comete actos de violencia, como incendios, pillajes.

345. "El que comete actos de violencia debe ser considerado como más culpable que un difamador, que un ladrón y que un hombre que golpea con un bastón.

346. "El rey que soporta a un hombre que comete violencias, camina a su perdición e incurre en el odio general.

347. "Nunca, ya sea por amistad, ya por esperanza de una ganancia considerable, debe el rey soltar a los autores de acciones violentas que siembran el terror entre todas las criaturas.

348. "Los Dwidjas pueden tomar las armas cuando los turban en el ejercicio de su deber y cuando, de súbito, un desastre aflige a las clases regeneradas.

349. "Por propia seguridad, en una guerra emprendida para defender derechos sagrados, y para proteger a una mujer o a un Bracmán, el que mata justamente no tiene culpa.

350. "Un hombre debe matar sin vacilar a quienquiera que se lance contra él para asesinarlo, no habiendo medio de escapar, aunque fuera su director, o un niño o un anciano o un Bracmán muy versado en la Santa Escritura.

351. "Matar a un hombre que hace una tentativa de asesinato en público o en privado no hace culpable al matador; es el furor en lucha con el furor.

352. "Que el rey destierre, después de haberlos castigado con mutilaciones deshonrosas, a los que se complacen en seducir a la mujer ajena.

353. "Pues del adulterio es de donde nace en este mundo la mezcla de clases, y

de la mezcla de clases proviene la violación de los deberes, destructora de la raza humana, y que causa la ruina del universo.

354. "El hombre que conversa secretamente con la mujer de otro, y que ya ha sido acusado de tener malas costumbres, debe ser condenado a la primera multa.

355. "Pero aquel contra quien no se le ha hecho semejante acusación y que tiene entrevista con una mujer, con un motivo plausible, no debe sufrir pena alguna, pues no es culpable de transgresión.

356. "El que habla a la mujer ajena en un lugar de peregrinación, en un bosque o en una espesura o hacia la confluencia de dos ríos, es decir, en un lugar apartado, sufre la pena de adulterio.

357. "Tener menudas atenciones con una mujer, enviarle flores y perfumes, retozar con ella, tocar sus adornos o sus vestidos y sentarse con ella en el mismo lecho están considerados por los Sabios como pruebas de amor adúltero.

358. "Tocar el seno de una mujer casada u otras partes de su cuerpo de una manera indecente, dejarse tocar por ella, son consecuencias del adulterio por consentimiento mutuo.

359. "Un Sudra debe sufrir la pena capital por haber violentado a la mujer de un Bracmán; y en todas las clases son principalmente las mujeres las que deben ser vigiladas sin cesar.

360. "Que los mendigos, los panegiristas, las personas que han comenzado un sacrificio y los artesanos de último orden como los cocineros, platiquen con las mujeres casadas sin que nadie se oponga a ello.

361. "Que ningún hombre dirija la palabra a mujeres extranjeras, cuando se lo han prohibido las personas de' quienes ellas dependen; si les han hablado a pesar de la prohibición que le hicieron, debe pagar un suvarna de multa.

362. "Estos reglamentos no conciernen a las mujeres de los bailarines y de los cantores, ni a las de los hombres que viven de la deshonra de sus mujeres; pues estos hombres les traen hombres y les procuran entrevistas con sus mujeres o se mantienen escondidos para favorecer una entrevista amorosa.

363. "Sin embargo, el que tiene relaciones particulares, ya sea con estas mujeres, ya sea con sirvientas que dependen de su amo, ya con religiosas de una secta herética, debe ser condenado a una ligera multa.

364. "El que violenta a una moza sufrirá en seguida una pena corporal; pero si goza de esta moza con el consentimiento de ella y es de su misma clase, no merece castigo.

365. "Si una moza ama a un hombre de una clase superior a la suya, el rey no debe hacerle pagar la menor multa; pero si se liga con un hombre de nacimiento inferior, debe ser encerrada en su casa bajo una buena vigilancia.

366. "Un hombre de humilde origen que pone su mira en una señorita de elevado nacimiento, merece una pena corporal; que si corteja a una moza del mismo nacimiento que él le dé la gratificación usual y se despose con la joven en consintiéndolo el padre.

367. "Al hombre que por orgullo mancilla por la fuerza a una joven con el

contacto de su dedo, se le cortarán en seguida dos dedos, y merece, además, una multa de seiscientos panas.

368. "Cuando hubo consentimiento de la joven al que la ha manchado de esta manera, si es de su misma condición, no deben cortársele los dedos;. pero hay que hacerle pagar una multa de doscientos panas para impedirle que reincida.

369. "Si una señorita mancha a otra señorita con el contacto de su dedo, debe ser condenada a doscientos panas de multa, debe pagar al padre de la joven el doble del regalo de boda y recibir diez latigazos.

370. "Pero a una mujer que atenta del mismo modo al pudor de una joven, debe afeitársele inmediatamente la cabeza y cortársele los dedos, según las circunstancias, y debe paseársela por las calles montada en un asno.

371. "Que si una mujer, muy pagada de su familia y de sus cualidades, es infiel a su esposo, el rey la haga devorar por los perros en un lugar muy frecuentado.

372. "Que condene a su cómplice el adúltero a ser quemado en un lecho de hierro calentado al rojo y que los ejecutores alimenten sin cesar el fuego con leña, hasta que se queme el perverso.

373. "Un hombre a quien se ha reconocido ya como culpable una vez y que al cabo de año es acusado nuevamente de adulterio, debe pagar una multa doble; y lo mismo por haber cohabitado con la hija de un excomulgado (Vratya) o con una mujer Chándali.

374. "El Sudra que tiene comercio criminal con una mujer que pertenece a una de las tres primeras clases, custodiada en la casa o no custodiada, se verá privado del miembro culpable y de todo su haber si no estaba tenida en la casa; si lo estaba, perderá todo, sus bienes y su existencia.

375. "Por el adulterio con una mujer de la clase de los Bracmanes que estaba custodiada en la casa, será privado un Vaisya de toda su fortuna, después de una detención de un año; un Chatrya será condenado a mil panas de multa, y le será afeitada la cabeza y regada con orines de asno.

376. "Pero que si un Vaisya o un Chatrya tiene relaciones culpables con una Brakmani que no estaba bajo la guarda de su marido, el rey haga pagar al Vaisya quinientos panas de multa, y mil al Chatria.

377. "Si ambos cometen adulterio con una Brahmani que se halla bajo la guarda de su marido y que está dotada de cualidades estimables, deben ser castigados como Sudrás o quemados en un fuego de hierbas o de cañas.

378. "Un Bracmán debe ser condenado a mil panas de multa si goza por fuerza de una Brahmani vigilada; no debe pagar sino quinientos, si ella se ha prestado a sus deseos.

379. "Está ordenada una tonsura ignominiosa en vez de la pena capital, para el Bracmán adúltero en los casos en que el castigo de las otras clases sería la muerte.

380. "Que el rey se cuide de no matar a un Bracmán, aunque hubiese cometido todos los crímenes posibles; que lo destierre de su reino, dejándole todos sus bienes y sin hacerle mal alguno.

381. "No hay en el mundo más grande iniquidad que el asesinato de un

Bracmán, por lo que el rey no debe siquiera concebir la idea de dar muerte a un Bracmán,

382. "Un Vaisya que tiene relaciones culpables con una mujer custodiada que pertenece a la clase militar y un Chatrya con una mujer de la clase comerciante, deben ambos sufrir la misma pena que en el caso de una Brahmani no retenida.

383. "Un Bracmán debe ser condenado a pagar mil panas si tiene comercio criminal con mujeres vigiladas que pertenecen a estas dos clases; por el adulterio con una mujer de la clase servil, un Chatrya y un Vaisya sufrirán una multa de mil panas.

384. "Por el adulterio con una mujer Chatrya no custodiada, la multa de un Vaisya es de quinientos panas; a un Chatrya debe afeitársele la cabeza y regársela con orines de asno o hacerle pagar la multa.

385. "Un Bracmán que tiene comercio criminal con una mujer no custodiada que pertenece a la clase militar o a la clase comerciante o a la clase servil, merece una multa de quinientos panas; de mil, si la mujeres de una clase mezclada.

386. "El príncipe en cuyo reino no se halla ladrón ni adúltero, ni difamador, ni hombre culpable de acciones violentas o de malos tratos, comparte la mansión de Sakra[191].

387. "La represión de estos cinco individuos en el país sometido al dominio de un rey le trae la preeminencia sobre los hombres de su misma condición y difunde su gloria por el mundo.

388. "El sacrificador que abandona al sacerdote celebrante y el celebrante que abandona al sacrificador, estando ambos en estado de cumplir con su deber y no habiendo cometido ninguna falta grave, deben sufrir cada uno la multa de cien panas.

389. "Una madre, un padre, una esposa y un hijo no deben ser abandonados; el que abandona a uno de ellos cuando no es culpable de ningún gran crimen, debe sufrir una multa de seiscientos panas.

390. "Cuando los Dwidjas están en controversia sobre un asunto que concierne a su orden, no debe atreverse a interpretar él mismo la ley, si desea la salud de su alma.

391. "Después de haberles hecho los honores que le son debidos y de haberlos apaciguado con palabras amigables, el rey, asistido de varios Bracmanes, debe darles a conocer su deber.

392. "El Bracmán que da un festín a veinte Dwidjas y no invita al vecino cuya casa está al lado de la suya ni a aquel cuya casa está situada cerca de ésta, siendo ellos dignos de ser convidados, merece una multa de un masha de plata.

393. "Un Bracmán muy versado en la Santa Escritura que no invita a un Bracmán vecino suyo, igualmente sabio y virtuoso, con ocasión de regocijos, como un matrimonio, debe ser condenado a pagarle a este Bracmán el doble del valor de la comida y un masha de oro al rey.

394. "Un ciego, un idiota, un hombre tullido, un septuagenario y el hombre que presta buenos servicios a las personas muy versadas en la Santa Escritura, no deben estar sometidos por ningún rey a impuesto alguno.

395. "Que el rey honre siempre a un sabio teólogo, a un enfermo, a un anciano, a un hombre afligido, a un niño, a un hombre de noble nacimiento y a un hombre respetable por su virtud.

396. "Un lavandero debe lavar la ropa de sus clientes poco a poco sobre una plancha pulida de madera de salmali; no debe mezclar los vestidos de una persona con los vestidos de otra, ni hacérselos poner a alguien:

397. "El tejedor a quien se le han entregado diez palas de hilo de algodón, debe devolver un tejido que pese un pala más, a causa del agua de arroz que entra en él; si obra de otra manera debe pagar una multa de doce panas.

398. "Que los hombres que conozcan bien en qué casos se pueden imponer derechos y que son expertos en toda clase de mercancías evalúen el precio de las mercaderías y que el rey guarde para sí la vigésima parte del beneficio.

399. "Que el rey confisque toda la fortuna de un negociante que por avaricia exporta mercaderías cuyo comercio está reservado al rey o cuya exportación ha sido prohibida.

400. "El que defrauda estos derechos, el que vende o compra a una hora indebida, o que da una falsa evaluación a sus mercaderías, debe pagar una multa ocho veces mayor que el valor de los objetos.

401. "Después de haber considerado, tratándose de toda clase de mercaderías, de qué distancia se las trae, si vienen de país extranjero; a qué distancia deben ser enviadas en caso de que se las exporte; cuánto tiempo han sido conservadas, el beneficio que se puede obtener de ellas, el gasto hecho, el rey debe establecer reglas para la compra y la venta.

402. "Cada quince días o en cada quincena, según que el precio de los objetos sea más o menos variable, el rey debe reglamentar el precio de las mercaderías en presencia de estos expertos más arriba mencionados.

403. "Que determine exactamente el valor de los metales preciosos, así como los pesos y medidas, y que todos los meses los examine de nuevo.

404. "El peaje por atravesar un río es de una pana por carro vacío, de un medio pana por un hombre cargado de un fardo, de. un cuarto de pana por un animal, como una vaca, o por una mujer, de un octavo de pana por un hombre no cargado.

405. "Los carros que llevan fardos de mercaderías deben pagar el derecho en razón de su valor; los que no tienen sino cajas vacías, poca cosa, así como los hombres mal vestidos.

406. "Que por un largo trayecto, el precio de transporte en un barco esté proporcionado a los lugares y a las épocas; pero esto debe entenderse tratándose del trayecto en un río; en cuanto al mar, no hay flete fijo.

407. "Una mujer preñada de dos meses o más, un mendigo ascético, un anacoreta y los Bracmanes que llevan las insignias del noviciado, no deben pagar derecho alguno de pasaje.

408. "Cuando en un barco llega a perderse un objeto cualquiera por culpa de los bateleros, deben ponerse a escote para devolver uno igual.

409. "Tal es el reglamento concerniente a los que van en barco, cuando ocurre

alguna desgracia por culpa de los bateleros en el trayecto; pero en caso de accidente inevitable, no se puede hacer pagar nada.

410. "Que el rey ordene a los Vaisyas comerciar, prestar dinero a rédito, labrar la tierra, o criar ganados; que a los Sudras les ordene servir a los Dwidjas.

411. "Que cuando un Chatrya o un Vaisya se hallan necesitados, los sostenga por compasión un Bracmán, haciéndoles ocuparse en las funciones que les corresponden.

412. "El Bracmán que por avaricia emplea en trabajos serviles a Dwidjas que han recibido la investidura a pesar de ellos, y abusando de su poder, debe ser castigado por el rey con una multa de seiscientos panas.

413. "Pero el que obligue a un Sudra, haya o no sido comprado, a desempeñar funciones serviles, pues fue creado por el Ser existente por sí mismo para servir a los Bracmanes.

414. "Un Sudra, aunque haya sido libertado por su amo, no se liberta del estado de servidumbre; pues siéndole natural tal estado, ¿quién 'podría eximirlo?

415. "Hay siete clases de servidores, que son: el que fue hecho prisionero bajo la bandera o en una batalla, el criado que se pone al servicio de una persona para que ella lo sustente, el siervo nacido de una mujer esclava en casa de su amo, el que ha sido comprado o regalado, el que ha pasado de padre a hijo, el que es esclavo por castigo porque no pudo pagar una multa.

416. "Está declarado por la ley que una esposa, un hijo y un esclavo no poseen nada por sí mismos, todo lo que pueden adquirir es propiedad de la persona de quien dependen.

417. "Si un Bracmán está necesitado puede, con toda tranquilidad de conciencia, apoderarse de la fortuna de un Sudra esclavo suyo, sin que deba el rey castigarlo, pues un esclavo no tiene nada que le pertenezca en propiedad, y no posee nada de que no pueda apoderarse su amo.

418. "Que el rey ponga sumo cuidado en obligar a los Vaisyas y a los Sudras a cumplir con sus deberes; pues si estos hombres se alejaran del cumplimiento. de sus deberes, serían capaces de trastornar el mundo.

419. "Que todos los días el rey se ocupe de llevar a término los asuntos comenzados, y que se informe del estado de su equipo, de las rentas y de los gastos fijos, del producto de sus minas y de su tesoro.

420. "Decidiendo todos los asuntos del modo que ha. sido prescrito, es como evita el rey toda falta y llega a la condición suprema."

LIBRO NOVENO:

Leyes civiles y criminales.
Deberes de la clase comerciante y de la clase servil.

1. "Voy a declararos los deberes inmemoriales de un hombre y de una mujer que se mantienen firmes en el sendero de la ley, ya separados, ya unidos.

2. "Día y noche las mujeres deben estar mantenidas por sus protectores en estado de dependencia; y deben estar sometidas a la autoridad de las personas de quienes dependen, cuando tienen muy grande inclinación a los placeres inocentes y legítimos.

3. "Una mujer está bajo la guarda de su padre durante su infancia; bajo la guarda de su marido durante su juventud; bajo la guarda de sus hijos durante su vejez; no debe nunca conducirse a su capricho.

4. "Un padre es represible si no da a su hija en matrimonio en tiempo oportuno; un marido es represible si no se acerca a su mujer en la estación favorable; un hijo es represible si después de la muerte del marido no protege a su madre.

5. "Debe tratarse, sobre todo, de asegurar a las mujeres contra las malas inclinaciones, aun las más ligeras; si las mujeres no estuvieran vigiladas, harían la desgracia de dos familias.

6. "Que los maridos, por débiles que sean, considerando que es una ley suprema para todas las clases, tengan sumo cuidado de velar por la conducta de sus mujeres.

7. "En efecto, un marido preserva a su linaje, sus costumbres, su familia, se preserva a sí mismo y su deber, preservando a su esposa.

8. "Un marido, fecundando el seno de su mujer, renace allí bajo la forma de un muévedo, y la esposa está llamada Djada porque el marido nace (djayate) en ella por segunda vez.

9. "Una mujer da siempre a luz un hijo dotado de las mismas cualidades que el que lo ha engendrado; por lo que a fin de asegurar la pureza de su prole, un marido debe siempre cuidar con el mayor celo a su mujer.

10. "Nadie llega a mantener en su deber a las mujeres con medios violentos; pero se logra esto fácilmente con ayuda de los expedientes siguientes.

11. "Que el marido asigne como funciones a su mujer el recaudo de las rentas y el gasto, la purificación de los objetos y del cuerpo, el cumplimiento de su deber, la preparación del alimento y el cuidado de los utensilios de casa.

12. "Encerradas en la casa bajo la guarda de hombres fieles y adictos, no están, sin embargo, las mujeres en seguridad; sólo están en perfecta seguridad las que se guardan a sí mismas por propia voluntad.

13. "Beber licores embriagadores, frecuentar malas compañías, separarse de su esposo, correr de un lado a otro, entregarse al sueño a horas indebidas y residir en casa ajena, son seis acciones deshonrosas para las mujeres casadas.

14. "Tales mujeres no se fijan en la belleza, no se detienen a considerar la edad; que su amante, sea hermoso o feo, poco importa: es un hombre y gozan de él.

15. "A causa de su pasión por los hombres, de la inconstancia de su ánimo y de la falta de afecto que les es. propio, por más que se les guarde aquí abajo con vigilancia, son infieles a sus esposos.

16. "Que conociendo así el carácter que les fue otorgado en el momento de la creación, por el Señor de las criaturas, los maridos pongan el mayor celo en vigilarlas.

17. "Manu ha dado en lote a las mujeres el amor de su lecho, de su asiento y de su adorno, la concupiscencia, la cólera, las malas inclinaciones, el deseo de hacer el mal y la perversidad.

18. "Ningún sacramento, tratándose de mujeres, está acompañado de plegarias (Mantras), la ley así lo prescribe; privadas del conocimiento de las leyes y de las plegarias expiatorias, las mujeres culpables son la falsedad misma: tal es la regla establecida.

19. "En efecto, se lee en los Libros santos diversos párrafos que demuestran su verdadero carácter; conoced ahora los Textos sagrados que pueden servir de expiación.

20. "Que esta sangre que mi madre, infiel a su esposo, ha mancillado yendo a la casa ajena, la purifique mi padre. Tal es el temor de la fórmula sagrada que debe recitar el hijo que conoce la falta de su madre.

21. "Si una mujer ha concebido en su mente un pensamiento cualquiera perjudicial a su esposo, esta plegaria, según está declarado, sirve de perfecta expiación de la falta al hijo y no a la madre.

22. "Cualesquiera que sean las cualidades de un hombre al que está unido una mujer en matrimonio legítimo, adquiere ella tales cualidades, del mismo modo que el río por su unión con el mar.

23. "Akshamala, mujer de baja extracción, unida a Vasishtha y Sarangi, unida a Mandapala, obtuvieron muy honroso puesto.

24. "Estas mujeres y otras aún, todas de baja extracción, llegaron a elevarse en el mundo por las virtudes de sus señores.

25. "Tales son las prácticas siempre puras en cuanto a la conducta civil del hombre y de la mujer; aprended ahora las leyes que conciernen a los niños y de las que depende la felicidad en este mundo y en el otro.

26. "Las mujeres que se unen a sus esposos con el deseo de tener hijos, que son perfectamente felices y dignas de respeto y que hacen honor a sus casas, son verdaderamente las Diosas de la fortuna; no hay diferencia alguna.

27. "Dar a luz hijos, educarlos cuando vienen al mundo, ocuparse cada día en los cuidados domésticos: tales son los deberes de las mujeres.

28. "Sólo de la mujer proceden los hijos, el cumplimiento de los deberes piadosos, los cuidados diligentes, el más delicioso placer y el cielo[192] para los Manes de los antepasados y para el marido mismo.

29. "La que no engaña a su marido y cuyos pensamientos, palabras y cuerpo son

puros, llega después de su muerte a la misma mansión que su esposo y la llaman virtuosa las gentes de bien.

30. "Pero por una conducta culpable para con su esposo, una mujer está expuesta en este mundo a la ignominia; después de su muerte renacerá en el vientre de un chacal y sufrirá enfermedades como la consunción pulmonar y la elefantiasis.

31. "Sabed ahora, con respecto a los niños, esta ley saludable concerniente a todos los hombres y declarada por los Sabios y los Maharshis nacidos desde un principio.

32. "Reconocen al hijo varón como al hijo del Señor de la mujer; pero la Santa Escritura presenta dos opiniones con respecto al Señor: según unos, el Señor es el que ha engendrado al hijo; según los otros, es aquel a quien pertenece la madre.

33. "La mujer está considerada por la ley como el campo, y el hombre como la simiente; por la cooperación del campo y de la simiente ocurre el nacimiento de todos los seres animados.

34. "En ciertos casos, el poder prolífico del macho tiene una importancia especial; en otros casos es la matriz de la hembra: cuando hay igualdad en los poderes, la raza obtenida es estimadísima.

35. "Si se compara el poder procreador del macho con el poder de la hembra, está reconocido como superior el del macho, pues la progenitura de todos los seres animados se distingue por las señales del poder macho.

36. "Cualquiera que sea la especie de grano que se arroje a un campo preparado en la estación conveniente, se desarrolla tal simiente en una planta de la misma especie dotada de cualidades visibles particulares.

37. "Sin duda alguna se le llama esta tierra la matriz primitiva de los seres; pero la simiente, en su vegetación, no desarrolla ninguna de las propiedades de la matriz.

38. "En esta tierra, en el mismo campo cultivado, se desarrollan según su naturaleza simientes de diferentes clases sembradas en tiempo conveniente por los labradores.

39. "Las diversas clases de arroz: el mudga, el sésamo, el masha, la cebada, el ajo y la caña de azúcar, brotan según la naturaleza de las simientes.

40. "Que se siembre una planta y brote otra, he aquí lo que no puede ocurrir; cualquiera que sea el grano sembrado, sólo él brota.

41. "En consecuencia, el hombre de buen sentido, bien educado, versado en los Vedas y los Angas, y deseoso de larga vida, no debe nunca esparcir su simiente en campo ajeno.

42. "Los que conocen las cosas pasadas repiten con este motivo ciertos versos cantados por Vayú, que muestran cómo no debe arrojarse la propia simiente en campo ajeno.

43. "Así como se lanza sin provecho la flecha del cazador en la herida que otro cazador hizo al antílope, así también pierde en seguida su simiente el hombre que la esparció en el campo de otro.

44. "Los Sabios que conocen los antiguos tiempos miran siempre a esta tierra (Prithivi) como esposa del rey Prithú, y han decidido que el campo cultivado es de

propiedad del primero que cortó la leña en él para roturarlo, y la gacela, la propiedad del cazador que la hirió mortalmente[193].

45. "Sólo es hombre perfecto el que se compone de tres personas reunidas, a saber: su mujer, él mismo y su hijo; y los Bracmanes han declarado esta máxima: "El marido no forma sino una sola persona con su esposa."

46. "Una mujer no puede libertarse de la autoridad de su esposo ni por venta ni por abandono; reconocemos así la ley promulgada antiguamente por el Señor de las criaturas (Pradjapathi).

47. "Una sola vez se hace el reparto de una sucesión; una sola vez se da a una joven en matrimonio; una sola vez el padre dice: "La otorgo": tales son las tres cosas que las gentes de bien hacen una vez por todas.

48. "El propietario del macho que ha engendrado con vacas, yeguas, camellas, esclavas, búfalos hembras, cabras y ovejas, no tiene derecho alguno a la progenitura; la misma cosa ocurre con las mujeres de los otros hombres.

49. "Los que no poseen campo, pero tienen simientes y van a esparcirlas en tierra ajena, no sacan provecho alguno del grano que llega a brotar.

50. "Si un toro engendra cien becerros, ayuntándose con las vacas ajenas, estos becerros pertenecen a los propietarios de las vacas, y el toro ha esparcido inútilmente su simiente.

51. "Así, los que no teniendo campo[194] arrojan su simiente a campo ajeno, trabajan para su propietario; el sembrador, en este caso no saca provecho alguno de su simiente.

52. "A menos que, con respecto al producto, hayan hecho un convenio particular el propietario del campo y el de la simiente, el producto pertenece evidentemente al dueño del campo; la tierra es más importante que la semilla.

53. "Pero cuando, por pacto especial, se da un campo para que lo siembren, está declarado en este mundo que el producto es propiedad común del propietario de la simiente y del dueño del campo.

54. "El hombre en cuyo campo llega a brotar una semilla traída por el agua o por el viento, conserva para sí la planta obtenida; el que no ha hecho otra cosa que sembrar en terreno ajeno, no cosecha fruto alguno.

55. "Tal es la ley que concierne a las crías de las vacas, de las yeguas, de las esclavas, de las hembras del camello, de las cabras, de las ovejas, de las gallinas y de las hembras del búfalo.

56. "Os he declarado la importancia y la no importancia del campo y de la simiente; voy a exponeros ahora la ley que concierne a las mujeres que no tienen hijos.

57. "La mujer de un hermano mayor está considerada como la suegra del hermano menor, y la mujer del menor como la nuera del mayor.

58. "El hermano mayor que conoce normalmente a la mujer de su hermano menor y el menor que conoce a la de su hermano mayor están degradados, aunque hayan sido inducidos a ello por el marido o los parientes, a menos que el matrimonio sea estéril.

59. "Cuando no se tienen hijos, la progenitura deseada puede obtenerse con la unión de la esposa convenientemente autorizada, con un hermano u otro pariente (sapinda).

60. "Que, untado de mantequilla líquida y guardando silencio, el pariente encargado de esta misión, acercándose durante la noche a una viuda o a una mujer privada de hijos, engendre un solo hijo; nunca un segundo.

61. "Algunos de los que conocen a fondo esta cuestión, fundándose en que puede no lograrse perfectamente el objeto de tal disposición con el nacimiento de un solo hijo, son de opinión que las mujeres pueden legalmente engendrar de este modo un segundo hijo.

62. "Que, una vez obtenido el objeto de esta comisión, según la ley, las dos personas, el hermano y la cuñada, se traten entre sí como un padre y una nuera.

63. "Pero un hermano, ya sea el mayor, ya el menor, que, encargado de cumplir con este deber, no observa la regla prescrita y no piensa sino en satisfacer sus deseos, será degradado en los dos casos: si es el mayor, por haber manchado el lecho de su nuera; si es el menor, el de su padre espiritual.

64. "Una viuda o una mujer privada de hijos no debe ser autorizada por los Dwidjas a concebir valiéndose de otra persona, pues los que le permiten concebir así violan la ley primitiva.

65. "No está mentada absolutamente semejante comisión en los pasajes de la Santa Escritura que se refieren al matrimonio, y no dicen las leyes nupciales que una viuda pueda contraer otra unión.

66. "En efecto, esta costumbre, que no conviene sino a los animales, ha sido altamente censurada por los Bracmanes instruidos; sin embargo, se dice que tuvo aceptación entre los hombres bajo el reino de Vena.

67. "Este rey, que reunió antiguamente a toda la tierra bajo su dominio y que fue mirado, sólo por esta causa, como el más distinguido de los Radjarshis[195], turbado su espíritu por la concupiscencia, hizo nacer la mezcla de clases.

68. "Desde entonces, las gentes de bien desaprueban al hombre que por extravío induce a una viuda o una mujer estéril a recibir las caricias de otro hombre para tener hijos.

69. "Que, sin embargo, cuando el marido de una joven muere después de los desposorios, el propio hermano del marido la. tome como esposa, observando la regla siguiente:

70. "Que después de haberse desposado, según los ritos, con esta joven, que debe estar vestida de blanco y ser pura de costumbres, se acerque siempre a ella en la estación favorable una vez hasta que ella haya concebido.

71. "Que un hombre de buen sentido, después de haber concedido a alguien su hija, no la dé a otro; pues dando su hija después de haberla otorgado, es tan culpable como el que ha prestado falso testimonio en un asunto relativo a los hombres.

72. "Aun después de haberse desposado con ella, según las reglas, un hombre debe abandonar a una joven que tenga señales funestas o que esté enferma o manchada, o a quien la hicieron tomar con fraude.

73. "Si un hombre da en matrimonio a una moza que tiene algún defecto sin advertírselo antes, el esposo puede anular el acto del malvado que le ha dado a esta moza.

74. "Cuando un marido tiene negocios en país extranjero, no debe ausentarse sino después de haber asegurado medios de subsistencia a su mujer, pues una mujer, aun siendo honesta, puede cometer una falta si se ve afligida por la miseria.

75. "Que si antes de partir el marido le ha dado con qué subsistir, viva observando una austera conducta; que si no le ha dejado nada, gane su vida ejerciendo una profesión honrada, como la de hilandera.

76. "Que cuando el marido ha partido para cumplir con un deber piadoso, lo espere durante ocho años; que cuando se ha ausentado por motivos de ciencia o de gloria, lo espere durante seis años; cuando fue por su gusto, durante tres años solamente; que, vencido este término, vaya a juntarse con él.

77. "Que durante un año entero, un marido soporte la aversión de su mujer; pero que después de un año, si ella continúa odiándolo, tome lo que ella posee en particular, le dé realmente con qué subsistir y vestirse y cese de vivir con ella.

78. "La mujer que es negligente con un marido apasionado por el juego, que ama los licores espirituosos o sufre de alguna enfermedad, debe ser abandonada durante tres meses y privada de sus adornos y de sus muebles.

79. "Pero la que tiene aversión por un marido insensato o culpable de grandes crímenes, o eunuco, o impotente, o enfermo, ya sea de elefantiasis, ya de consunción pulmonar, no debe ser abandonada ni privada de sus bienes.

80. "Una mujer dada a las bebidas embriagadoras, que tiene malas costumbres, que está siempre en contradicción, con su marido, que se halla atacada de una enfermedad. incurable, como la lepra; que tiene muy mal carácter y que disipa su haber, debe ser reemplazada por otra mujer[196].

81. "Una mujer estéril debe ser reemplazada al octavo año; aquella a quien se le han muerto todos los hijos, el décimo; la que no da a luz sino hijas, el undécimo; la que habla con acritud, inmediatamente.

82. "Pero la que, aunque esté enferma, es buena y de buenas costumbres, no puede ser reemplazada por otra mientras ella no lo consienta, y no debe ser nunca tratada con desprecio.

83. "La mujer reemplazada legalmente que abandona con cólera la casa de su marido, debe ser inmediatamente detenida o repudiada en presencia de la familia reunida.

84. "La que después de que se lo han prohibido bebe en una fiesta licores embriagadores o frecuenta los espectáculos o las asambleas, será castigada con una multa de seis krishnalas.

85. "Si los Dwidjas toman mujer en la propia clase y en las otras, la precedencia, las consideraciones y el domicilio deben reglamentarse según el orden de clases.

86. "Tratándose de todos los Dwidjas, una mujer de su misma clase, y no una mujer de una clase diferente, debe ocuparse de los menesteres oficiosos que conciernen a la persona del marido y hacer los actos religiosos de cada día.

87. "Pero el que locamente hace cumplir sus deberes por otra cuando tiene a su lado una mujer de su clase, ha sido considerado en todo tiempo como un Chándala engendrado por una Brahmani y un Sudra.

88. A un joven distinguido, de exterior agradable y de la misma clase, es a quien debe un padre dar a su hija en matrimonio, según la ley, aunque ella no haya llegado a la edad de ocho años, en la que se la debe casar.

89. "Vale más para una señorita que está en la edad de ser casada quedarse en la casa de su padre hasta su muerte que haber sido concedida por su padre a un hombre desprovisto de buenas cualidades.

90. "Que una moza, aunque sea núbil, espere durante tres años; pero que, después de este término, se escoja un marido del mismo nacimiento que ella.

91. "Si una joven a quien no la dan en matrimonio toma esposo por propia voluntad, no comete falta alguna, como tampoco aquel con quien ella va a reunirse.

92. "La señorita que se escoge un marido no debe llevarse los adornos que ha recibido de su padre, de su madre o de sus hermanos; si se los lleva, comete un robo.

93. "El que se desposa con una moza núbil no dará gratificación al padre, pues el padre ha perdido toda autoridad sobre su hija, retardando para ella el momento de ser madre.

94. "Un hombre de treinta años debe casarse con una moza de doce. años que le plazca; un hombre de veinticuatro años, con una moza de ocho; si ha terminado más pronto su noviciado, debe casarse pronto, para que no se retarde el cumplimiento de sus deberes dé dueño de casa.

95. "Aunque el marido tome una mujer que le es dada por los Dioses, y. a la que no siente inclinación, debe, a pesar de todo, protegerla si es virtuosa a fin de complacer a los Dioses.

96. "Las mujeres han sido creadas para dar a luz hijos, y los hombres para engendrarlos; en consecuencia, están ordenados por el Veda deberes comunes que debe cumplir el hombre de concierto con la mujer.

97. "Si se ha dado una gratificación para obtener la mano de una señorita y si el pretendiente muere antes de que se consume el matrimonio, debe casarse a la señorita con el hermano del pretendiente, en consintiéndolo ella.

98. "Aun el Sudra no debe recibir gratificación dando a su hija en matrimonio; pues el padre que recibe gratificación vende su hija de una manera tácita.

99. "Pero lo que las gentes de bien antiguas y modernas no han hecho nunca es, después de haber prometido una joven a alguien, darla a otro en matrimonio.

100. "Y nunca hemos oído decir que, aun en las creaciones precedentes, haya habido venta tácita de una moza por medio de un pago llamado gratificación, cuyo autor fuera un hombre de bien.

101. "Que una mutua fidelidad se mantenga hasta la muerte, tal es, en suma, el principal deber de la mujer y del marido.

102. "Por lo que un hombre y una mujer unidos en matrimonio deben tratar de nunca estar desunidos ni de faltar a la fe que mutuamente se deben.

103. "El deber lleno de afectó del hombre y de la mujer acaba de seros declarado, así como el medio de tener hijos en caso de esterilidad del matrimonio; aprended ahora cómo debe hacerse el reparto de una sucesión.

104. "Que después de la muerte del padre y de la madre, los hermanos, habiéndose reunido, se repartan por igual entre ellos los bienes de sus padres cuando el hermano mayor renuncia a su derecho; no son dueños de hacerlo durante la vida de estas dos personas, a menos que el padre haya preferido hacer por sí mismo la partición.

105. "Pero el hermano mayor, cuando es eminentemente virtuoso, puede tomar posesión del patrimonio en su totalidad, y los otros hermanos deben vivir bajo su tutela como si vivieran bajo la de su padre.

106. "En el momento del nacimiento del mayor, aun antes de que el niño haya recibido los Sacramentos, un hombre es padre y paga su deuda para con sus antepasados[197], el hijo mayor debe, pues, recibir todo.

107. "El hijo, por cuyo nacimiento un hombre paga su deuda y adquiere la inmortalidad, ha sido engendrado para el cumplimiento del deber; los Sabios consideran a los otros como nacidos del amor.

108. "Que el hermano mayor, cuando no se hace partición de la fortuna, tenga para sus hermanos menores el afecto de un padre para con sus hijos; según la ley, deben comportarse con ellos como con un padre.

109. "El mayor hace prosperar la familia o la destruye, según sea virtuoso o perverso; el mayor es el más respetable en este mundo; al mayor no lo tratan con desprecio las gentes de bien.

110. "El hermano mayor que se conduce como debe hacerlo un mayor, es digno de ser reverenciado como un padre, como una madre; si no se conduce como un hermano mayor, debe respetársele como a un. pariente.

111. "Que los hermanos vivan reunidos o separados, si tienen el deseo de cumplir separadamente con los deberes piadosos; con la separación se multiplican los actos piadosos; la vida separada es, pues, virtuosa.

112. "Hay que deducir para el hermano mayor la vigésima parte de la herencia con lo mejor de los muebles; para el segundo, la mitad de esto o una cuadragésima par te; para el más joven, la cuarta parte o una octogésima parte.

113. "Que el mayor y el menor tomen cada uno su parte como se ha indicado, y que de los que están entre ellos tengan cada uno una parte media o una cuadragésima parte.

114. "Que de todos los bienes reunidos tome el que nació primero lo mejor, todo lo que es excelente en su género, y el mejor de los diez bueyes u otros ganados, si aventaja a sus hermanos en buenas cualidades.

115. "Pero no hay deducción del mejor de los diez animales entre hermanos igualmente exactos en cumplir con sus deberes; solamente debe darse poca cosa al mayor como testimonio de respeto.

116. "Que si se hace una deducción de la manera antedicha, el resto se divida en partes iguales; pero que si no se ha deducido nada, la distribución de las partes se

haga de la manera siguiente:

117. "Que el mayor tenga una parte doble, el segundo hijo una parte y media, si éstos sobrepasan a los otros en virtud y en saber, y que de los hermanos menores tenga cada cual una parte simple: tal es la ley establecida.

118. "Que los hermanos den de sus propios lotes partes a sus hermanas de madre que no están casadas, a fin de que puedan casarse; que den la cuarta parte de lo que les toca; los que rehusen hacerlo serán degradados.

119. "Un solo macho cabrío, un solo carnero y un solo animal de pezuña no hendida no pueden repartirse; es decir, no pueden venderse para que se reparta el valor; un macho cabrío o un carnero que quedan después de la distribución de partes, debe tocarle al hermano mayor.

120. "Si un hermano menor, después de haber sido autorizado a ello, ha engendrado un hijo cohabitando con la mujer de su hermano mayor fallecido, debe hacerse la partición por igual entre este hijo, que representa a su padre, y su padre natural, que es al mismo tiempo su tío, sin deducción alguna; tal es la regla establecida.

121. "El que representa, hijo de la viuda y del hermano menor, no puede ser sustituido al heredero principal, que es el hermano mayor fallecido; con respecto al derecho de recibir una parte deducida de la herencia, además de la parte simple; el heredero principal se ha tornado padre a consecuencia de la procreación de un hijo por medio de su hermano menor; este hijo no debe recibir, según la ley, sino una parte igual a la de su tío, y no una parte doble.

122. "Habiendo nacido un hijo menor de una mujer casada primero y uno mayor de una mujer casada en último término, pueden ocurrir dudas sobre la manera como debe hacerse la partición.

123. "Que el hijo nacido de la primera mujer tome un excelente toro deducido de la herencia; los otros toros de inferior calidad les tocan a los que le son inferiores por parte de sus madres casadas más tarde.

124. "Que el hijo nacido primero, y que fue dado a luz por una mujer casada primero, tome quince vacas y un toro cuando es sabio y virtuoso, y que los otros hijos tomen lo que queda, cada cual según el derecho que le transmite su madre; tal es la decisión.

125. "Como entre hijas nacidas de madres iguales, sin ninguna otra distinción, no hay primacía por parte de madre, está declarado que la primacía depende del nacimiento.

126. "El derecho de invocar a Indra en las plegarias. llamadas Swabrahmanyas, está otorgado al que ha venido primero al mundo; y cuando entre diferentes mujeres nacen dos gemelos, está reconocido que la primacía pertenece al que ha nacido primero.

127. "El que no tiene hijo varón puede, del modo siguiente, encargar a su hija que le críe un hijo, diciéndose que el hijo varón que ella dé a luz se vuelva "mío y celebre en honor mío la ceremonia fúnebre".

128. "De este modo es como antiguamente el Pradjapati Daksha destinó a sus

cincuenta ayas darle hijos para el acrecentamiento de su raza.

129. "Dio diez a Darma[198], trece a Kasyapa[199] y veintisiete[200] a Soma, rey de los Bracmanes y de las hierbas medicinales, regalándoles adornos con entera satisfacción.

130. "El hijo de un hombre es como sí mismo, y una hija encargada del oficio designado es como un hijo: ¿quién, pues, podría recoger la herencia de un hombre que no deja hijos cuando tiene una hija que sólo forma un alma con él?

131. "Todo lo que se ha dado a la madre en la época de su matrimonio, le toca, por herencia, a su hija no casada; y el hijo de una moza dado a luz para el objeto más arriba mencionado heredará toda la fortuna del padre de su madre, que murió sin tener hijo varón.

132. "Que el hijo de una hija casada con la intención antedicha tome toda la fortuna de su abuelo materno muerto sin tener hijo varón y que ofrende dos pasteles fúnebres: el uno, a su propio padre; el otro, a su abuelo materno.

133. "Entre el hijo de un hijo y el hijo de una hija así casada, no hay, según la ley, diferencia alguna en este mundo, puesto que el padre del primero y la madre del segundo han nacido ambos del mismo hombre.

134. "Si después que se ha encargado a una hija que críe para su padre un hijo varón le nace un hijo a este hombre, el reparto de la sucesión debe, en este caso, hacerse por igual; pues una mujer no tiene derecho de primogenitura.

135. "Si una hija a quien su padre ha encomendado así que le dé un hijo muere sin haber dado a luz un hijo varón, el marido de esta hija puede entrar en posesión de toda su fortuna sin vacilar.

136. "Haya o no (habiendo formado el padre este proyecto sin declarárselo) recibido la hija la comisión antedicha en presencia del marido, si tiene un hijo por su unión con un marido de su misma clase, el abuelo materno, por el nacimiento de este niño, se torna padre de un hijo, y este hijo debe ofrendar el pastel fúnebre y heredar fortuna.

137. "Por un hijo gana un hombre los mundos celestes; por el hijo de un hijo obtiene la inmortalidad; por el nieto de este nieto se eleva a la mansión del sol.

138. "A causa de que el hijo liberta a su padre de la mansión eterna llamada Put, ha sido llamado por el mismo Brahama Salvador del infierno (Puttra).

139. "En este mundo no hay diferencia alguna entre el hijo de un hijo y el de una hija encargada de la misión mencionada; el hijo de una hija libra en el otro mundo a su abuelo tan bien como el hijo de un hijo.

140. "Que el hijo de una hija casada por el motivo antedicho ofrende el primer pastel a su madre, el segundo al padre de su madre y el tercero a su bisabuelo materno.

141. "Cuando un hijo dotado de todas las virtudes ha sido dado a un hombre del modo que se indicará, tal hijo, aunque haya salido de otra familia, debe recibir la herencia por entero, a menos que haya un hijo legítimo, pues en este caso no puede' recibir sino la sexta parte.

142. "Un hijo dado a otra persona no forma parte de la familia de su padre

natural y no debe heredar su fortuna; el pastel fúnebre sigue la condición de la familia y el patrimonio; para el que ha dado su hijo no hay más oblación fúnebre hecha por tal hijo.

143. "El hijo de una mujer no autorizada a tener un hijo de otro hombre y el hijo engendrado por el hermano del marido en una mujer que tiene un hijo varón no son aptos para heredar, por ser el uno hijo de un adulterio y el otro originado por la lujuria.

144. "El hijo de una mujer, aunque estuviere autorizada, pero que no ha sido engendrado según las reglas, no tiene derecho a la herencia paterna, pues ha sido engendrado por un hombre degradado.

145. "Pero el hijo engendrado según las reglas prescritas, por una mujer autorizada, si está dotado de buenas cualidades, debe heredar, bajo todo aspecto, como un hijo engendrado por el marido; pues en este caso la semilla y el fruto pertenecen por derecho propio al propietario del campo.

146. "El que toma bajo su custodia los bienes, muebles e inmuebles de un hermano muerto y a su mujer, debe, después de haber procreado un hijo para su hermano, entregarle a este hijo toda la fortuna que le toca cuando éste llegue a la edad de diez y seis años.

147. "Cuando una mujer, sin estar autorizada[201] a ello, obtiene un hijo por medio del comercio ilegal con el hermano de su marido o cualquier otro pariente, está declarado que este hijo nacido del amor no puede heredar, y ha. nacido en vano.

148. "Entiéndase que el reglamento que acaba de enunciarse sólo se aplica a los hijos nacidos de mujeres de la. misma clase; aprended ahora la ley que concierne a los hijos dados a luz por muchas mujeres de clases diferentes.

149. "Si un Bracmán tiene cuatro mujeres que pertenecen a las cuatro clases en el orden directo, y si todas ellas tienen hijos, he aquí cuál es la regla prescrita para la partición:

150. "El mozo de labranza, el toro que sirve para fecundar las vacas, el carro, las joyas y la morada principal deben deducirse de la herencia y darse al hijo de la mujer Brahmani con una parte mayor a causa de su superioridad.

151. "Que el Bracmán tome tres partes del resto de la herencia; el hijo de la mujer Chatrya, dos partes; el de la Vaisya, una parte y media; el de la Sudra, una parte simple.

152. "O también, un hombre versado en la Santa Escritura debe dividir todo su haber en diez partes, sin que se deduzca nada, y hacer una distribución legal de la manera siguiente:

153. "Que el hijo de la Brahmani tome cuatro partes; el hijo de la Chatrya, tres; el hijo de la Vaisya, dos; el hijo de la Sudra, una sola.

154. "Pero tenga o no tenga un Bracmán hijos nacidos de mujeres que pertenecen a las tres clases regeneradas, la ley prohíbe dar al hijo de una Sudra más de la décima parte del bien.

155. "Al hijo de un Bracmán, de un Chatrya o de un Vaisya habido en una mujer Sudra, no se le permite que herede, a menos que sea virtuoso o que su madre haya

estado legítimamente casada; pero lo que su padre le da le pertenece en propiedad.

156. "Todos los hijos de Dwidjas nacidos de mujeres que pertenecen a la misma clase que sus maridos, deben repartirse por igual la herencia, después de que los menores han dado al mayor su lote deducido.

157. "Le está ordenado a un Sudra el casarse con una mujer de su clase y no de otra; a todos los hijos que nacen de ella deben tocarles partes iguales, aunque hubiera un centenar de hijos.

158. "De estos doce hijos de los hombres que Manú Swayambhuva (salido del Ser existente por sí mismo) ha distinguido, seis son parientes y herederos de la familia y seis no son herederos, pero sí parientes.

159. "El hijo engendrado por el marido mismo en legítimo matrimonio, el hijo de su mujer y de su hermano, según la manera arriba mencionada; un hijo dado, un hijo adoptado, un hijo nacido clandestinamente o cuyo padre se ignora y un hijo rechazado por sus padres naturales, son todos seis parientes y herederos de la familia.

160. "El hijo de una señorita no casada, el de la que se ha casado estando encinta, un hijo comprado, el hijo de una mujer dos veces casada, un hijo que se ha dado él mismo y el hijo de un Sudra, son todos seis parientes, pero no herederos.

161. "El hombre que pasa a través de la oscuridad infernal no dejando tras de sí sino hijos despreciables como los once últimos, tiene la misma suerte del que atraviesa el agua en una mala barca.

162. "Si un hombre tiene como herederos de su fortuna a un hijo legítimo y a un hijo de su mujer y de un pariente, nacido antes que el hijo legítimo durante una enfermedad de este hombre, enfermedad que había sido considerada incurable, cada uno de estos hijos, con exclusión del otro, debe entrar en posesión del haber de su padre natural.

163. "El hijo legítimo de un hombre es el único dueño del haber paterno; pero que, para evitar el daño, asegure medios de existencia a los otros hijos.

164. "Que cuando el hijo legítimo ha evaluado el haber paterno, dé al hijo de la mujer y de un pariente la sexta parte, o la quinta si es virtuoso.

165. "El hijo legítimo y el hijo de la esposa pueden heredar inmediatamente la fortuna paterna del modo arriba indicado, pero los otros diez hijos, en el orden enunciado (estando excluido el que sigue por el que le precede), no heredan sino los deberes de la familia y una parte de la herencia.

166. "El hijo engendrado por un hombre con la mujer a quien está unido éste por el sacramento del matrimonio, si es legítimo debe ser reconocido como el primero en clase.

167. "El que es engendrado, según las reglas prescritas, por la mujer de un hombre muerto, impotente o enfermo, la cual está autorizada para cohabitar con un pariente, está llamado hijo de esta esposa.

168. "Debe reconocerse como hijo dado al que un padre y una madre por mutuo consentimiento dan, haciendo una libación de agua, si el hijo es de la misma clase que esta persona y le muestra afecto.

169. "Cuando un hombre toma por hijo a un muchacho de la misma clase que él, que conoce el provecho de la observancia, las ceremonias fúnebres y el mal que proviene de su omisión, y que está dotado de todas las cualidades apreciadas en un hijo, se llama a este niño hijo adoptivo.

170. "Si un niño nace en la mansión de alguien, sin que se sepa quién es su padre, este hijo nacido clandestinamente en la casa pertenece al marido de la mujer que lo ha dado a luz.

171. "Al hijo al que un hombre recibe como hijo propio, después de haber sido abandonado por su padre y su madre o por uno de los dos, habiendo muerto el otro, se le llama hijo rechazado.

172. "Cuando una moza pare secretamente un hijo en casa de su padre, este niño, que se torna en hijo del hombre que se casa con la moza, debe estar designado con la denominación de hijo de soltera.

173. "Si una mujer encinta se casa, esté o no conocido su embarazo, el hijo varón que lleva en el seno pertenece al marido y se dice que es recibido con la esposa.

174. "Al niño que un hombre deseoso de tener un hijo que celebre en honor suyo al servicio fúnebre compra al padre o a la madre, se le llama hijo comprado, le iguale o no en buenas cualidades; exigiéndose en cuanto a todos estos hijos la igualdad con respecto a la clase.

175. "Cuando una mujer abandonada por su esposo o viuda, casándose de nuevo por su gusto, da a luz un hijo varón llámesele a éste hijo de una mujer vuelta a casar.

176. "Si es virgen todavía cuando se casa por segunda vez o si después de haber abandonado a un joven marido para seguir a otro hombre, vuelve a su lado, debe renovar la ceremonia del matrimonio con el esposo que toma en segundas nupcias o con el joven marido a cuyo lado vuelve.

177. "El niño que ha perdido padre y madre o que ha sido abandonado por ellos sin motivo, y que se ofrece motu proprio a alguien, está llamado dado por sí mismo.

178. "El hijo a quien un Bracmán engendra por lujuria, uniéndose a una mujer de la clase servil, aunque goza de la vida (parayan) es como un cadáver (sava); por lo que se le llama cadáver vivo (parasava).

179. "El hijo engendrado por un Sudra y por una mujer esclava suya o por la esclava de su esclavo, puede recibir una parte de la herencia si lo autorizan a ello los hijos legítimos: tal es la ley establecida.

180. "Los once hijos que acaban de ser enumerados, comenzando por el hijo de la esposa, han sido declarados por los legisladores aptos para representar sucesivamente al hijo legítimo para la cesación de la ceremonia fúnebre.

181. "Estos once hijos, así llamados porque pueden ser sustituidos al hijo legítimo, y que deben la vida a otro hombre, son realmente los hijos de quien les ha dado el ser y no de ningún otro; por esto no debe tomárseles por hijos sino a falta de hijo legítimo o del hijo de una hija.

182. "Si entre muchos hermanos de padre y madre hay uno que tenga un hijo, Manú ha declarado que todos son padres de un niño por medio de este hijo; es

decir, que entonces los tíos de este niño no deben adoptar otros hijos; que reciba la herencia de ellos y les ofrende el pastel fúnebre.

183. "Semejantemente, si entre las mujeres del mismo marido una de ellas da el ser a un hijo, ha declarado Manú que todas, por medio de este hijo, son madres de un niño varón.

184. "A falta cada uno de los primeros por orden entre estos doce hijos,. el primero que sigue y que es inferior debe recibir la herencia; pero si existen varios de la misma condición, deben todos participar de la fortuna.

185. "No son los hermanos ni el padre y la madre, sino los hijos legítimos y sus hijos o, a falta de ellos, los otros hijos quienes deben heredar de un padre; que la fortuna de un hombre que no deja hijos, hija, ni viuda, vuelva a su padre y a sus hermanos, a falta de padre y madre.

186. "Por tres antepasados deben hacerse libaciones de agua; a saber: por el padre, el abuelo paterno y el bisabuelo; debe ofrendársele un pastel a los tres; la cuarta persona en la descendencia es la que celebra estas oblaciones y que hereda su fortuna a falta de heredero más cercano; la quinta persona no toma parte en la oblación.

187. "Al más próximo pariente (sapinda)[202], sea varón o hembra, pertenece la herencia de la persona fallecida; a falta de sapindas y su prole, el samanodaka o pariente lejano será el heredero, o el preceptor espiritual o el discípulo del difunto.

188. "A falta de estas personas, están llamados a heredar Bracmanes versados en los tres Libros Santos, puros de espíritu y dé cuerpo y dueños de sus pasiones; deben, en consecuencia, ofrendar el pastel; de esta manera no pueden cesar los deberes fúnebres.

189. "Las propiedades de los Bracmanes no deben jamás tocarle al rey: tal es la regla establecida; pero que en las otras clases, a falta de otro heredero, el rey entre en posesión de la fortuna.

190. "Si la viuda de un hombre muerto sin tener hijos concibe a un hijo varón cohabitando con un pariente, debe darle a este hijo cuando sea mayor de edad lo que su marido poseía.

191. "Que si dos hijos nacidos de la misma madre y de dos maridos diferentes, muertos sucesivamente, están en controversia sobre su patrimonio que permanece en manos de la madre, entre cada uno, con exclusión del otro, en posesión de la fortuna de su propio padre.

192. "Que, a la muerte de la madre, los hermanos uterinos y las hermanas uterinas no casadas se repartan por igual la fortuna materna; las hermanas casadas reciben un regalo proporcionado a la fortuna.

193. "Y aún, si tienen hijas, es oportuno darles algo de la fortuna de su abuela materna por afecto.

194. "El haber propio de la mujer es de seis clases, a saber: el que le ha sido dado ante el fuego nupcial; el que se le dio en el momento de su partida para la casa de su marido; el que le ha sido dado en señal de afecto; el que ha recibido de su hermano, de su padre o de su madre.

195. "Los obsequios que ella ha recibido después de su matrimonio de la familia del marido o de su propia familia, o los que su marido le ha hecho por afecto, deben pertenecer, después de su muerte, a sus hijos, aun en vida de su esposo.

196. "Ha sido decidido que todo lo que posee una joven casada conforme a la manera de Brahama, de los Dioses, de los Santos, de los Músicos celestes o de los Creadores debe tocarle al marido, si ella muere sin dejar posteridad.

197. "Pero está ordenado que toda la fortuna que ha podido dársele en un matrimonio hecho conforme al modo de los Malos Genios, o según los otros dos modos, se lo repartan el padre y la madre, si ella muere sin dejar hijos.

198. "Todos los bienes que su padre haya podido dar en cualquier tiempo a una mujer de una de las tres clases últimas, cuyo marido, que es Bracmán, tiene otras mujeres, debe tocarle, si ella muere sin dejar posteridad, a la hija de una Brahmani o a sus hijos.

199. "Una mujer no puede separar para sí nada de los bienes de la familia que le son comunes a ella y a varios otros parientes, como tampoco la fortuna de su marido sin su permiso.

200. "Los adornos que llevan las mujeres durante la vida de sus maridos no deben repartírselos entre sí los herederos de los maridos; si hacen reparto, son culpables.

201. "No se permite heredar a los eunucos, los hombres degradados, los ciegos y los sordos de nacimiento, los locos, los idiotas, los mudos y los lisiados.

202. "Pero es justo que todo hombre sensato que hereda les dé, en cuanto esté a su alcance, de qué subsistir y cubrirse hasta el fin de sus días; si no lo hiciera, sería criminal.

203. "Si alguna vez les da el capricho de casarse al eunuco y a los otros, y tienen hijos, habiendo concebido la mujer del eunuco por medio de otro hombre, según las reglas prescritas, estos hijos pueden heredar.

204. "Si después de la muerte del padre el hermano mayor que vive en común con sus hermanos gana algo por su trabajo, los hermanos menores deben recibir alguna parte de él en caso de que se dediquen al estudio de la ciencia sagrada.

205. "Y que si todos son ajenos al estudio de la ciencia y obtienen beneficios por su trabajo, el reparto de estas ganancias se haga por igual entre ellos, puesto que esto no proviene del padre: tal es la decisión.

206. "Pero la riqueza adquirida por el saber pertenece exclusivamente al que la ha ganado así como la cosa dada por un amigo o recibida con ocasión de un matrimonio o presentada como ofrenda hospitalaria.

207. Si uno de los hermanos está en estado de acumular fortuna por su profesión, y no tiene necesidad de la fortuna de su padre, debe renunciar a su parte, después de que le hayan hecho un pequeño obsequio, a fin de que más tarde sus hijos no puedan hacer reclamación alguna.

208. "Lo que un hermano ha ganado a costa de esfuerzos, sin dañar a la fortuna paterna, no debe darlo contra su voluntad, puesto que lo ha adquirido por su propio trabajo.

209. "Que cuando un padre llega a recobrar por sus esfuerzos algún bien que su padre no había podido recuperar, no lo reparta con sus hijos contra su voluntad, puesto que lo ha adquirido por sí mismo.

210. "Si algunos hermanos, después de haberse separado primero, se reúnen en seguida para hacer vida en común, y hacen después un segundo reparto, las partes deben ser iguales; no hay en este caso derecho de primogenitura.

211. "Si en el momento de hacer una partición el mayor o el menor de varios hermanos es privado de su parte porque abraza la vida de devoto ascético o si uno de ellos muere, se pierde su parte.

212. "Si no, que sus hermanos uterinos que han reunido en común sus partes, y sus hermanas uterinas, se reúnan y dividan entre sí su parte, si no deja mujer ni hijos y el padre y la madre han muerto.

213. "Un hermano mayor que por avaricia perjudica a sus hermanos menores está privado del honor ligado a la primogenitura, así como de su propia parte, y debe ser castigado por el rey con una multa.

214. "Todos los hermanos que se dan a algún vicio pierden sus derechos a la herencia, y el mayor no debe apropiarse toda la fortuna sin dar nada a sus hermanos menores.

215. "Si algunos hermanos que viven en común con su padre reúnen sus esfuerzos para una misma empresa, el padre, al repartir el beneficio, no debe nunca hacer partes desiguales.

216. "Que el hijo nacido después de una partición de la fortuna hecha por el padre en vida entre en posesión de la parte del padre o que si los hermanos que habitan han compartido con su padre, o reunido de nuevo sus partes con él, parta con ellos.

217. "Si un hijo muere sin descendencia y sin dejar mujer, el padre o la madre deben heredar su fortuna; que, habiendo muerto también la madre, tomen la fortuna la madre del padre o el abuelo paterno, a falta de hermanos y de sobrinos.

218. "Cuando todas las deudas y todos los bienes han sido convenientemente distribuidos según la ley, todo lo que más tarde se descubra debe repartirse de la misma manera.

219, "Ha sido declarado que los vestidos, los carruajes y los adornos de valor mediocre que tal o cual heredero usaba antes de la partición, el arroz preparado, el agua de un pozo, las esclavas, los consejeros espirituales o los sacerdotes de la familia y los pastos para los ganados no pueden dividirse, sino deben emplearse como antes.

220. "Acaban de seros expuestas sucesivamente la ley de las herencias y las reglas que conciernen a los hijos, comenzando por el de la esposa; conoced ahora la ley que se refiere a los juegos de azar.

221. "El rey debe prohibir en su reino el juego y las apuestas; pues estas dos culpables prácticas causan a los príncipes la pérdida de sus reinos.

222. "El juego y las apuestas son robos manifiestos; por eso el rey debe hacer todo esfuerzo para impedirlos.

223. "El juego corriente es aquel en que se emplea objeto inanimado, como dados; se llama apuestas (samahwaya)[203] al juego en que se emplean seres animados, como gallos, moruecos, y al que precede una apuesta.

224. "El que se entrega al juego o las apuestas, y el que los favorece, teniendo casa de juego, deben ser castigados corporalmente por el rey; como a los Sudras que llevan las insignias de los Dwidjas.

225. "Los jugadores, los bailarines y los actores públicos, los hombres que desacreditan los Libros Santos, los religiosos heréticos, los hombres que no cumplen con los deberes de su clase, y los mercaderes de licores, deben ser arrojados inmediatamente de la ciudad.

226. "Cuando están esparcidos en el reino de un soberano, estos ladrones secretos vejan con sus acciones perversas a las gentes honradas.

227. "Antiguamente, en una creación precedente, se tuvo reconocido el juego como un gran móvil de odio; en consecuencia, el hombre cuerdo no debe dedicarse al juego, ni aun para divertirse.

228. "Que el hombre que en secreto o en público se dedica al juego sufra el castigo que quiera infligirle el rey.

229. "Todo hombre perteneciente a las clases militar, comerciante y servil, que no puede pagar una multa, debe pagar con su trabajo; un Bracmán la pagará poco a poco.

230. "Que la pena infligida por el rey a las mujeres, a los niños, a los locos, a. las gentes de edad, a los pobres y a los enfermos sea el ser azotados con un látigo o una rama de tronco de bambú, o ser atados con cuerdas.

231. "El rey debe confiscar todos los bienes de los ministros que, encargados de los asuntos públicos e hinchados de orgullo por sus riquezas, arruinen los asuntos de quienes los someten a su decisión.

232. "Que el rey haga matar a los que hacen falsos edictos, a los que causan disensiones entre los ministros, a los que matan mujeres, niños o Bracmanes, y a los que están en inteligencia con los enemigos.

233. "A todo asunto que en cualquier época fue visto y juzgado, debe considerarlo el rey como terminado, si se ha observado la ley; que no lo haga comenzar nuevamente.

234. "Pero cualquiera que sea el asunto que ha sido sentenciado injustamente por los ministros o por el juez, debe ser examinado por el rey nuevamente y debe condenarlos a una multa de mil panas.

235. "Al asesino de un Bracmán, al bebedor de licores fermentados[204], al hombre que ha robado oro perteneciente a un Bracmán y al que mancilla el lecho de su maestro espiritual o de su padre, debe considerarse a cada cual como culpable de un gran crimen.

236. "Que, si estos hombres no hacen expiación, el rey les inflija con justicia un castigo corporal y una multa.

237. "Que por haber mancillado el lecho de su padre espiritual se imprima sobre la frente del culpable una señal que represente las partes naturales de la mujer; por

haber bebido licores espirituosos, se le grabe una señal que represente la bandera de un destilador; por haber robado el oro de un sacerdote, el pie de un perro; por el asesinato de un Bracmán, la figura de un hombre sin cabeza.

238. "No debe comerse con estos hombres ni sacrificar con ellos; ni estudiar con ellos; ni aliarse en matrimonio con ellos; que yerren sobre la tierra en miserable estado, excluidos de todos los deberes sociales;

239. "Estos hombres, marcados con señales deshonrosas, deben ser abandonados por sus parientes paternos y maternos y no merecen compasión ni cuidados: tal es el mandamiento de Manú.

240. "Los criminales de todas las clases que hacen la expiación que prescribe la ley, no deben ser marcados en la frente por orden del rey; que sean solamente condenados a la multa más elevada.

241. "Por los crímenes más arriba enunciados que ha cometido un Bracmán, hasta entonces recomendable por sus buenas cualidades, debe infligirse la multa media; o que si ha obrado con premeditación sea desterrado del reino y se lleve consigo sus efectos y su familia.

242. "Pero los hombres de las otras clases que han cometido estos crímenes sin premeditación deben perder todos sus bienes y ser desterrados o condenados a muerte, si el crimen fue premeditado.

243. "Que príncipe virtuoso no se apropie el bien de un gran criminal; si se apodera de él por avaricia, está manchado con el mismo crimen.

244. "Que, habiendo arrojado esta multa al agua, la ofrende a Varuna o que la dé a un Bracmán virtuoso e imbuido en la Santa Escritura.

245. "Varuna es el señor del castigo y extiende su poder aun sobre los reyes; y un Bracmán llegado al término de los estudios sagrados es el señor de este universo.

246. "En donde un rey se abstiene de apoderarse de la fortuna de los criminales, nacen en tiempo oportuno hombres destinados a gozar de larga vida.

247. "El grano de los labradores brota en abundancia según y como lo ha sembrado cada cual; los niños mueren en sus primeros años y no nacen monstruos.

248. "Si un hombre de la clase inferior se complace en torturar a los Bracmanes, el rey debe castigarlo con diversos castigos corporales, capaces de inspirarle terror.

249. "Considerase tan injusto en un rey el dejar irse al culpable como el castigar a un inocente: la justicia consiste en aplicar la pena conforme a la ley.

250. "Las reglas según las que uno debe pronunciarse en un asunto judicial, entre dos contendientes, van a seros expuestas en detallé en dieciocho artículos.

251. "Un rey que cumple así perfectamente los deberes impuestos por la ley, debe tratar, conciliándose al afecto de los pueblos, de poseer los países que no le están sometidos y gobernarlos convenientemente cuando caen bajo su poder.

252. "Que, establecido en una comarca floreciente y habiendo puesto a su fortaleza en estado de defensa, según las reglas del arte, haga los mayores esfuerzos para extirpar a los malvados.

253. "Protegiendo a los hombres que se comportan honorablemente, y castigando a los malos, los reyes que tienen por única mira la felicidad de sus

pueblos alcanzan el paraíso.

254. "Pero cuando un soberano cobra la renta real sin cuidarse de la represión de los ladrones, se convulsionan sus Estados con desórdenes y él mismo se ve excluido de la mansión celeste.

255. "Por el contrario, cuando el reino de un príncipe, colocado bajo la salvaguardia de su brazo poderoso, goza de profunda seguridad, este reino prospera sin cesar, como el árbol regado cuidadosamente.

256. "Que el rey, empleando como espías a sus propios ojos, distinga bien dos clases de ladrones: unos, que se muestran en público; otros, que se esconden y roban los bienes ajenos.

257. "Los ladrones públicos son los que subsisten vendiendo diferentes objetos de manera fraudulenta; los ladrones ocultos son los que se introducen secretamente en una casa por una brecha abierta en un muro, los bandidos que viven en los bosques y otros.

258. "Los hombres que se dejan corromper con obsequios, los que arrebatan dinero con amenazas, los falsificadores, los jugadores, los que dicen la buenaventura, las falsas gentes honradas, los quirománticos,

259. "Los adiestradores de elefantes y los charlatanes que no hacen lo que prometen hacer, los hombres que ejercen sin derecho artes liberales y las cortesanas duchas.

260. "Tales son, con otros más, los ladrones que se muestran en público; que en este mundo el rey sepa distinguirlos, así como a los otros que se esconden para obrar; hombres despreciables que llevan las insignias de las gentes de honor.

261. "Que después de haberlos descubierto, con ayuda de personas seguras, disfrazadas, y que en apariencia ejercen la misma profesión que ellos y son espías diseminados por todas partes, los atraiga y se apodere de ellos.

262. "Que, después de haber proclamado todas las malas acciones de cada uno de estos miserables, el rey les inflija una pena exactamente proporcionada a sus fechorías y a sus facultades.

263. "Pues sin el castigo es imposible reprimir los delitos de los ladrones de intenciones perversas que se difunden furtivamente por este mundo.

264. "Los sitios frecuentados, las fuentes públicas, las panaderías, las casas de cortesanas, las tiendas de destilación, las casas de bodegoneros, los lugares en que se cruzan cuatro caminos, los grandes árboles consagrados, las asambleas y los espectáculos,

265. "Los antiguos jardines reales, los bosques, las casas de los artesanos, los edificios desiertos, las selvas y los parques.

266. "Tales son los sitios, así como otros del mismo género, que el rey debe hacer vigilar con centinelas y patrullas y con espías, a fin de apartar a los ladrones.

267. "Que valiéndose de espías diestros, que hayan sido ladrones, y se asocien con los ladrones, y los acompañen y estén al tanto de sus diferentes costumbres, los descubra y los haga salir de sus retiros.

268. "Que los espías logren reunir a estos hombres con diversos pretextos, un

festín compuesto de delicados manjares, una entrevista con un Bracmán que asegurará el éxito de su empresa o un espectáculo de prodigios de habilidad.

269. "Que el rey se apodere a viva fuerza de los que, por temor de ser arrestados, no van a esas reuniones y de quienes se han comprometido con los antiguos ladrones que hoy sirven al rey y no se reúnen con ellos; que los condene a muerte, así como a sus amigos y a sus parientes paternos y maternos si están de acuerdo con ellos.

270. "Que un príncipe justo no haga morir a un ladrón, a menos que sea sorprendido con el objeto robado y los instrumentos del robo; si se le coge con lo que ha robado y los utensilios de que se ha servido, debe dársele la muerte sin vacilar.

271. "Que condene igualmente a muerte a los que en los pueblos y en las ciudades dan víveres a los ladrones, les procuran instrumentos y les ofrecen asilo.

272. "Si los hombres encargados de la custodia de ciertos cantones, o los de la vecindad que han sido designados, permanecen neutrales durante los ataques de los ladrones, él debe hacerlos castigar en seguida como tales.

273. "Si un hombre que subsiste haciendo para otros prácticas piadosas se aparta de su deber particular, el rey debe castigarlo severamente con una multa, como a un miserable que infringe su deber.

274. "Cuando un pueblo es saqueado por los ladrones, cuando los diques se rompen o cuando los bandidos frecuentan los grandes caminos, los que no se apresuran a acudir en auxilio deben ser desterrados, llevándose consigo todo lo que poseen.

275. "Que el rey haga morir con diversos suplicios a las gentes que roban su tesoro, o le rehúsan obediencia, así como a los que alientan a los enemigos.

276. "Si los ladrones, después de haber abierto una brecha en el muro, cometen un robo durante la noche, es de ordenar que los empalen en un agudo dardo después de haberles hecho cortar las dos manos.

277. "Que haga cortar dos dedos al que corta bolsas, sí es su primer robo; si reincide, un pie y una mano; la tercera vez debe condenarlo a muerte.

278. "Los que dan a los ladrones pan y alimento, les procuran armas o habitación y ocultan los objetos robados, deben ser castigados por el rey como ladrones.

279. "Que el rey haga ahogar en el agua al que rompe el dique de un estanque y ocasiona la pérdida de las aguas o le haga cortar la cabeza; o que, si el culpable repara el daño, sea condenado a la multa más elevada.

280. "El rey debe hacer morir sin vacilar a los que abren una brecha en el edificio del tesoro público, en el arsenal o en la capilla, o a los que roban elefantes, caballos o carros que pertenecen al rey.

281. "El hombre que desvía en su provecho una parte del agua de un antiguo estanque o detiene la corriente de un arroyo, debe ser condenado a pagar la multa de primer grado.

282. "El que deposita sus excrementos en el camino real, sin estar urgido por

necesidad; debe pagar dos karshapanas y limpiar inmediatamente el sitio que ha ensuciado.

283. "Un enfermo, un anciano, una mujer encinta y un niño deben ser únicamente reñidos y obligados a limpiar el sitio: tal es lo ordenado.

284. "Todos los médicos y cirujanos que ejercen mal su arte merecen la multa; ésta debe ser de primer grado en caso relativo a animales; de segundo grado si se trata de hombres.

285. "El que rompe un puente, una bandera, una empalizada o ídolos de arcilla debe reparar todo el perjuicio y pagar quinientos panas.

286. "Por haber mezclado mercaderías de mala calidad con mercaderías de buena ley, por haber horadado piedras preciosas y por haber perforado torpemente perlas debe sufrirse la multa de primer grado y pagarse el daño.

287. "El que da a compradores que pagan el mismo precio cosas de diferente calidad, unas buenas, otras malas, y el que vende la misma cosa a precios diferentes, deben, según las circunstancias, pagar la primera multa o la multa media.

288. "Que el rey sitúe todas las prisiones junto al camino público, para que los criminales, afligidos y horribles, estén expuestos a la mirada de todos.

289. "Que destierre inmediatamente al que derriba un muro, al que llena los fosos y al que rompe las puertas, cuando estos objetos son del dominio público o real.

290. "Por todos los sacrificios cuyo objeto es hacer perecer al inocente se debe imponer una multa de doscientos panas, así como por los conjuros mágicos y por los sortilegios de toda clase, cuando estos actos perversos no hayan tenido éxito.

291. "El que vende mala semilla como buena o coloca encima la buena semilla para esconder la mala, y el que destruye la señal de los límites, deben sufrir un castigo que los desfigure.

292. "Pero el más perverso de todos los bribones es el orfebre que comete un fraude; que el rey le haga cortar en pedazos con navajas:

293. "Que por robo de instrumentos de labranza, de armas y de medicamentos el rey aplique una pena, teniendo en consideración el tiempo y la utilidad de los objetos.

294. "El rey, su consejo, su capital, su territorio, su tesoro, su ejército y sus aliados son las siete partes de que se compone el reino, que se dice por esto que está formado de siete miembros (Saptanga).

295. "Entre los siete miembros del reino así enumerados por orden, debe considerarse la ruina del primero como una calamidad mayor que la ruina del que le sucede en la enumeración, y así sucesivamente.

296. "Entre los siete poderes cuya reunión forman aquí bajo un reino, y que se sostienen recíprocamente como los tres bastones de un devoto ascético que están ligados juntos, y de los que ninguno sobresale, no hay superioridad alguna derivada de la preeminencia de cualidades.

297. "Sin embargo, ciertos poderes son más. estimados por ciertos actos y el poder por medio del cual se ejecuta un asunto es preferible en este asunto particular.

298. "Que valiéndose de emisarios, desplegando su poderío, ocupándose de los asuntos públicos un rey trate siempre de conocer su fuerza y la de su enemigo.

299. "Que después de haber considerado maduramente las calamidades y los desórdenes que afligen a sus Estados y a los del extranjero, y su mayor o menor importancia, ponga en ejecución lo que ha resuelto.

300. "Que comience de nuevo sus operaciones diversas veces, por fatigado que esté, pues la fortuna está siempre unida al hombre emprendedor y dotado de perseverancia.

301. "Todas las edades, llamadas Krita, Treta, Dwapara y Kali, dependen de la conducta del rey; en efecto, se dice que el rey representa a una de estas edades.

302. "Cuando duerme, es la edad Kali; cuando se despierta, la edad Dwapara; cuando obra con energía, la edad Treta; cuando hace el bien, la edad Krita.

303. "Un rey, por su poder y sus acciones, debe mostrarse émulo de Indra, de Arica[205], de Yama, de Varuna, de Chandra, de Añi y de Prithivi.

304. "Así como durante los cuatro meses lluviosos Indra vierte el agua del cielo en abundancia, así el rey, imitando los actos del Soberano de las nubes, debe difundir sobre sus pueblos una lluvia de beneficios.

305. "Así como durante ocho meses Adytya absorbe el agua con sus rayos, así también el rey debe sacar de su reino la renta legal por una acción semejante a la del sol.

306. "Así como Maruta[206] se introduce y circula en todas las criaturas, así también el rey, al igual del Dios del viento, debe penetrar por medio de sus emisarios en todas partes.

307. "Así como Yama, cuando llega la ocasión, castiga a amigos y enemigos o a los que le respetan y a los que le desprecian, así también el rey debe castigar a sus súbditos criminales, a ejemplo del juez de los infiernos.

308. "Así como Varuna no deja nunca de coger en sus lazos al culpable, así también el príncipe debe condenar a la detención a los malos, al igual del Dios de las aguas.

309. "El rey a cuya vista los súbditos sienten tanto placer como al mirar el disco de Chandra en su plenitud representa al Regente de la luna.

310. "Que esté siempre armado de enojo y de energía contra los criminales, que sea implacable para con los malos ministros; así desempeñará las funciones de Añi.

311. "Así como Dhara[207] lleva igualmente a todas las criaturas, así también el rey que sostiene a todos los seres desempeña un oficio semejante al de la diosa de la tierra.

312. "Que, dedicándose sin tregua a estos deberes y a otros más, el soberano reprima a los ladrones que residen en sus Estados y a los que residen en el territorio de los otros príncipes y vienen a infestar el suyo.

313. "Que por miseria en que esté se cuide de irritar a los Bracmanes tomándoles sus bienes, pues si se enfurecieran lo destruirían inmediatamente a él, con su ejército y equipo, por medio de sus imprecaciones y sus sacrificios mágicos.

314. "¿Quién podría no verse arruinado después de haber provocado la cólera

de los que han creado por el poder de sus imprecaciones el fuego que todo lo devora[208], el Océano con sus aguas amargas y la luna[209], cuya luz ora se apaga, ora se enciende[210]?

315. "¿Cuál sería el príncipe que prosperara oprimiendo a los que en su enojo podrían formar otros mundos y otros regentes de los mundos[211] y cambiar a los dioses en mortales?

316. "Qué hombre deseoso de vivir querría perjudicar a aquellos por cuyo auxilio, con oblaciones, el mundo y los Dioses subsisten perpetuamente y quienes tienen por riqueza el saber divino?

317. "Instruido o ignorante, un Bracmán es una poderosa divinidad, así como el fuego, consagrado o no, es una poderosa divinidad.

318. "Dotado de puro brillo, el fuego no está manchado ni aun en los sitios en que se quema a los muertos y arde en seguida con mayor actividad durante los sacrificios, cuando se le arroja mantequilla clarificada.

319. "Así, aun cuando los Bracmanes se dedican a toda clase de empleos viles, deben ser constantemente honrados; pues tienen en ellos mismos algo de eminentemente divino.

320. "Que si un Chatrya se deja llevar a algún extremo de insolencia con Bracmanes en toda ocasión, un Bracmán lo castigue pronunciando contra él una maldición o un conjuro mágico; pues el Chatrya tiene su origen en el Bracmán.

321. "De las aguas procede el fuego; de la clase sacerdotal, la clase militar; de la piedra, el hierro; su poder, que penetra todo, se amortigua contra lo que los ha producido.

322. "Los Chatryas no pueden prosperar sin los Bracmanes; los Bracmanes no pueden prosperar sin los Chatryas; uniéndose entre sí la clase sacerdotal y la clase militar, se elevan en este mundo y en el otro.

323. "Que después de haber dado a los Bracmanes todas las riquezas que son producto de las multas legales, abandone, cuando se acerca su fin, el cuidado del reino a su hijo y vaya a buscar la muerte en un combate, o que si no hay guerra, se deje morir de hambre.

324. "Que, conduciéndose del modo prescrito y cuidando siempre de los deberes de rey, el monarca ordene a sus ministros que trabajen por la felicidad del pueblo.

325. "Tales son las reglas inmemoriales concernientes a la conducta de los príncipes; apréndase ahora sucesivamente cuáles son las reglas que se refieren a la clase comerciante y a la clase servil.

326. "El Vaisya, después de haber recibido el sacramento de la investidura del cordón sagrado y después de haberse casado con una mujer de su misma clase, debe siempre ocuparse con asiduidad de su profesión y de la manutención de los ganados.

327. "En efecto, el Señor de las criaturas, después de haber creado a los animales útiles, los confió al cuidado del Vaisya y colocó a toda la raza humana bajo la tutela del Bracmán y del Chatrya.

328. "Que no se le ocurra nunca a un Vaisya decir: "No quiero en adelante

cuidar de los ganados"; y cuando está dispuesto a ocuparse de ellos, ningún otro hombre debe cuidarlos.

329. "Que esté bien informado de la alza y baja del precio de las piedras preciosas; de las perlas, del coral, del hierro, de los tejidos, de los perfumes y de los condimentos.

330. "Que sepa bien el modo como hay que sembrar las semillas y las buenas o malas cualidades de los terrenos; que conozca también perfectamente el sistema completo de pesos y medidas.

331. "Las ventajas o los defectos de las mercaderías; las ventajas y las desventajas de las diferentes comarcas, el beneficio o la pérdida probable en la venta de los objetos y los medios de aumentar el número de los ganados.

332. "Debe saber los salarios que hay que dar a los criados y los diferentes lenguajes de los hombres, las mejores precauciones que se pueden tomar para conservar las mercancías y todo lo que concierne a la compra y la venta.

333. "Que haga los mayores esfuerzos para aumentar su fortuna de un modo legal y que tenga cuidado de dar alimento a todas las criaturas animadas.

334. "Una obediencia ciega a las órdenes de los Bracmanes versados en el conocimiento de los santos Libros, dueños de casa y renombrados por su virtud, es el principal deber de un Sudra y le trae la felicidad después de su muerte.

335. "Un Sudra puro de espíritu y de cuerpo, sometido a la voluntad de las clases superiores, dulce en su hablar, exento de arrogancia y apegado principalmente a los Bracmanes, obtiene un nacimiento más elevado.

336. "Tales son las reglas propicias concernientes a la conducta de las cuatro clases cuando no están en la miseria; aprended ahora, por orden, cuáles son sus deberes en las circunstancias críticas."

LIBRO DÉCIMO:

Clases mezcladas. Épocas de miseria.

1. "Que las tres clases regeneradas, manteniéndose en el cumplimiento de sus deberes, estudien los Libros santos; pero que sea un Bracmán quien se los explique: tal es la decisión.

2. "El Bracmán debe conocer los medios de subsistencia que prescribe la ley para todas las clases; que los declare a los otros y él mismo se conforme a estas reglas.

3. "Por su primogenitura, por la superioridad de su origen, por su conocimiento perfecto de los Libros sagrados y por la distinción de su investidura, el Bracmán es el señor de todas las clases.

4. "Las tres clases, sacerdotal, militar y comerciante, son regeneradas; la cuarta, la clase servil, no tiene sino un nacimiento: no hay quinta clase primitiva.

5. "En todas las clases, sólo a los que han nacido en orden directo de mujeres iguales a sus maridos en cuanto a la clase y que eran vírgenes en el momento del matrimonio, deben ser considerados como. pertenecientes a la misma clase que sus padres.

6. "Los hijos engendrados por los Dwidjas casados con mujeres pertenecientes a la clase que inmediatamente sigue a la suya, han sido declarados por los legisladores semejantes a sus padres, pero no de la misma clase, y despreciables a causa de la inferioridad de nacimiento de sus madres[212].

7. "Tal es la regla inmemorial tratándose de los hijos nacidos de mujeres que pertenecen a la clase que sigue inmediatamente a la de sus maridos; en cuanto a los hijos nacidos de mujeres cuya clase está separada de la de sus maridos por una o dos clases intermediarias, he aquí cuál es la regla legal:

8. "Del matrimonio de un Bracmán con una Vaisya nace un hijo llamado Ambashtaha; con una Sudra, un Nishada, también llamado Parasava.

9. "De la unión de un Chatrya con una Sudra nace un ser llamado Ugra, feroz en sus actos, que se complace en la crueldad y que participa de la naturaleza de la clase guerrera y de la clase servil.

10. "El hijo de un Bracmán casado con mujeres pertenecientes a las tres clases inferiores; el de un Chatrya casado con mujeres de las dos clases que le suceden; el de un Vaisya casado con la mujer de la única clase inferior a la suya: son mirados los seis como viles (Apasadas) con respecto a los otros hijos.

11. "Del matrimonio de un Chatrya y de una Brahmani nace un hijo llamado Suta; de la unión de un Vaisya con mujeres pertenecientes a la clase militar y a la sacerdotal, nacen dos hijos llamados Magadha y Vedeha.

12. "De la unión de un Sudra con mujeres pertenecientes a las clases comerciante, militar y sacerdotal resultan hijos producidos por la mezcla impura de clases, y que son el Ayogava, el Kshattri y el Chándala, el último de los mortales.

13. "Así como al Ambashtaha y al Ugra nacidos en orden directo con una clase intermedia entre las de sus padres, considera la ley que puede tocárseles sin impureza; así también al Kshattri y al Vedeha nacidos en el orden inverso con una clase intermedia entre la de sus padres, puede tocárseles sin impureza.

14. "A los hijos de Dwidjas, más arriba mencionados, y nacidos en el orden directo de mujeres cuya clase sigue inmediatamente a la de sus maridos o está separada de ella por una o dos clases intermedias, se les distingue, según el grado de inferioridad del nacimiento de sus madres, con el nombre de Anantaras, de Akantaras, de Dwyantaras.

15. "De la unión de un Bracmán con una Ugra se origina un Avrita; con una Ambastha, un Abhira; con una Ayogavi, un Dhigvana.

16. "El Ayogavi, el Kshattri y el Chándala, que es el último de los hombres, nacen de un Sudra en el orden inverso de clases y los tres están excluidos de la celebración de las ceremonias fúnebres en honor de los antepasados.

17. "El Magadha y el Vedeha, nacidos de un Vaisya y el Suta solamente, nacido de un Chatrya, igualmente en el orden inverso, son otros tres hijos excluidos también de los mismos deberes.

18. "El hijo de un Nishada[213] y de una mujer Sudra pertenecen a la raza de los Pukkasas; pero al hijo de un Sudra y de una mujer Nishadi se le llama Kukkutaka.

19. "Al que ha nacido de un Kshattri y de una mujer Ugra, se le llama Swapaka; al que ha sido engendrado por un Veheda y una Ambashthi se le llama Vena.

20. "Los hijos que engendran los Dwidjas con mujeres de su clase, sin celebrar en seguida las ceremonias como la de la investidura, privados del sacramento que confiere la Savitri, están llamados Vratyas (excomulgados).

21. "De un Bracmán así excomulgado nace un hijo de muy mal natural, llamado, según los países, Bhurdjagantaka, Avantya, Vatadhana, Pushpadha y Sekha.

22. "Un Chatrya excomulgado da el ser a un hijo llamado Djhala, Mala, Nichhivi, Nata, Karana, Cassa y Dravira.

23. "De un Vaisya excomulgado nace un hijo llamado Sudhanhwa, Charía, Karusha, Vidjanma, Metra y Satwata.

24. "La mezcla ilícita de las clases, los matrimonios contrarios a los reglamentos y la omisión de las ceremonias prescritas, son el origen de las clases impuras.

25. "Voy a declarar ahora enteramente qué personas producen las clases mezcladas, cuando éstas se unen entre sí en el orden directo y en el orden inverso.

26. "El Sudra, el Vedeha, el Chándala, que es el último de los mortales; el Magadha, el Kshattri y el Ayogava.

27. "Engendran, los seis, hijos semejantes con mujeres de su clase, con mujeres de la misma clase que sus madres, con mujeres de las altas clases y con mujeres de la clase servil.

28. "Así como un hijo apto para recibir un segundo nacimiento puede nacer en el orden directo de un Bracmán y de una mujer perteneciente a la segunda o a la tercera de las tres primeras clases como de una mujer de su clase; así también entre los hombres serviles, es decir, entre el hijo de un Vaisya y de una Chatrya, el hijo de

un Vaisya y de una Brahmani y el hijo de un Chatrya y de una Brahmani, no hay superioridad alguna.

29. "Estas seis personas, uniéndose recíprocamente con mujeres de estas razas, engendran un gran número de razas abyectas y despreciables, más infames que aquellas de que han salido.

30. "Así como un Sudra engendra con una mujer de la clase sacerdotal un hijo más vil que él; así también uno de estos seres viles engendra con una mujer de las cuatro clases puras un hijo todavía más vil que él.

31. "Las seis clases abyectas, casándose entre ellas en el orden inverso[214], engendran quince clases todavía más abyectas y más viles.

32. "Un Dasyu uniéndose a una mujer Ayogavi engendra un Serindhra que sabe lavar y componer a su amo, que desempeña funciones serviles, aunque no sea esclavo, y que gana también su alimento tendiendo redes para cazar a las bestias salvajes.

33. "Un Vedeha engendra con una Ayogavi un Metreyaka de voz dulce que hace profesión de alabar a los hombres poderosos y toca una campana al levantarse el sol.

34. "Un Nishada que se une a una mujer Ayogavi da el ser a un Margava o Dasa que vive de la profesión de batelero y al que llaman Kevarta los habitantes de Aryavarta.

35. "Estas tres personas de nacimiento vil, el Serindhra, el Metrevaka y el Margava, son engendrados por mujeres Ayogavis que se ponen los vestidos de los muertos y comen los alimentos prohibidos.

36. "De un Vishada y de una mujer Vedehi nace un Karavara, zurrador de profesión; de un Vedeha con una Karavara y una Nishadi nacen un Andhra y un Meda, que deben vivir fuera del pueblo.

37. "De un Chándala y de una Vedehi nace un Pandusopaka, que gana su vida trabajando en bambú, y de un Nishada y una Vedehi, un Ahindika, que ejerce la profesión dé carcelero.

38. "De un Chándala y de una mujer Pukkasi nace un Sopaka, cuya profesión es la de ejecutar a los criminales, miserable expuesto, sin cesar, al desprecio de las gentes de bien.

39. "Una mujer Nishadi, uniéndose a un Chándala, da a luz a un hijo llamado Antyavasayi, empleado en los lugares en que se quema a los muertos y despreciado aun por los hombres despreciables.

40. "Estas razas, formadas por la mezcla impura de clases y designadas por el padre y la madre, estén o no escondidas, deben ser reconocidas por medio de sus ocupaciones.

41. "Seis hijos, tres dados a luz por mujeres de la misma clase que sus maridos y tres nacidos de mujeres pertenecientes a las clases regeneradas que siguen[215], pueden cumplir los deberes de los Dwidjas y recibir la investidura; pero los hijos nacidos en el orden inverso y cuyo nacimiento es vil, son iguales, con respecto al deber, a los simples Sudras e indignos de iniciación.

42. "Por el orden de sus austeridades, por el mérito de sus padres, pueden todos en cada edad llegar aquí abajo, entre los hombres, a un nacimiento más elevado, así como pueden ser rebajados a una condición inferior.

43. "Por la omisión de los sacramentos y por la no frecuentación de los Bracmanes, las razas que siguen a los Chatryas han bajado gradualmente en este mundo al rango de Sudras.

44. "Son los Pondrakas, los Odras, los Dravidas, los Kambodjas, los Yavanas, los Saka, los Paradas, los Pahlavas, los Chinas, los Kiratas, los Dharadas y los Khasas.

45. "Todos los hombres salidos de las razas que tienen origen en la boca, el brazo, la cadera y él pie de Brahama, pero que han sido excluidos de sus clases por haber descuidado sus deberes, son llamados Dasyus (ladrones), ya sea que hablen la lengua de los Bárbaros (Mlehhas), ya la de los hombres honorables (Aryas).

46. "Los hijos de Dwidjas nacidos de la mezcla de clases en el orden directo y los que han nacido en el orden inverso, no deben subsistir sino ejerciendo las profesiones despreciadas por los Dwidjas.

47. "Los Sutas deben adiestrar caballos y guiar carros; los Ambashtas, ejercer la Medicina; los Vedehas, cuidar a las mujeres; los Magadhas, viajar, para comerciar.

48. "Los Nishadas, ocuparse de la pesca; los Ayogava, ejercer la profesión de carpinteros; los Medas, los Andhras, los Chunchus y los Madgus[216], combatir a los animales de las selvas.

49. "Los Kshattris, los Ugras y los Pukkasas, matar o coger a los animales que viven en agujeros; los Dhigvanas, preparar los cueros; los Venas, tocar instrumentos de música.

50. "Que estos hombres establezcan su mansión al pie de los grandes árboles consagrados, cerca de los lugares en que se quema a los muertos, de las montañas y de los bosques; que. sean conocidos por todo el mundo y vivan de su trabajo.

51. "La mansión de los Chándalas y de los Swapakas debe estar situada fuera del pueblo; no deben tener vasos enteros y no deben poseer por todo bien sino perros y asnos.

52. "Que tengan como vestidos los de los muertos; como fuentes,. vasijas rotas; como adorno, hierro; que continuamente vayan de un lugar a otro.

53. "Que ningún hombre fiel a sus deberes tenga relación con ellos ; no deben tener asuntos sino entre ellos, y sólo deben casarse con sus semejantes.

54. "Que el alimento que reciben de los otros no se les dé sino en tiestos, y por intermedio de un criado, y que no circulen en la noche en las ciudades y los pueblos.

55. "Que vengan a ellas durante el día a cumplir sus tareas, pero de modo que sea fácil reconocerlos, mediante las señales que el rey ha ordenado que lleven; y que sean ellos los encargados de transportar los cuerpos de los hombres que mueren sin dejar parientes: tal es lo prescrito.

56. "Que ejecuten, de orden del rey, a los criminales condenados a muerte por sentencia legal y que se guarden los vestidos, lecho y adornos de aquellos a quienes han ejecutado.

57. "Debe reconocerse por sus actos al hombre que pertenece a una clase vil, que ha nacido de una madre despreciable, pero que no es muy conocido y que tiene la apariencia de un hombre de honor, aunque no siéndolo.

58. "La falta de sentimientos nobles, la rudeza de palabras, la crueldad y el olvido de los deberes, denotan aquí abajo al hombre que debe el ser a una madre digna de desprecio.

59. "El hombre de nacimiento abyecto adquiere el mal natural de su padre o el de su madre, o los dos a la vez; nunca puede ocultar su origen.

60. "Por distinguida que sea la familia de un hombre, si debe el ser a la mezcla de clases, participa de grado más o menos visible del natural perverso de sus padres.

61. "Toda comarca en que nacen estos hombres de raza mezclada, que corrompen la pureza de clases, es pronto destruida, así como los que la habitan.

62. "El abandono de la vida sin esperanza de recompensa para la salvación de un Bracmán, de una vaca, de una mujer y de un niño, hace alcanzar el Cielo a los hombres de nacimiento vil.

63. "Abstenerse de hacer el mal, decir siempre la verdad, abstenerse de todo robo, ser puro y reprimir sus órganos, he aquí sumariamente en qué consiste el deber prescrito a las cuatro clases por Manú.

64. "Si la hija de una Sudra y un Bracmán, uniéndose a un Bracmán, da a luz una hija que se une también a un Bracmán, y así sucesivamente, la baja clase subirá al más elevado puesto, a la séptima generación.

65. "Un Sudra puede así elevarse a la condición de Bracmán, y el hijo de un Bracmán y de una Sudra bajará a la de Sudra, por una sucesión de matrimonios; la misma cosa puede ocurrir con la prole de un Chatrya y la de un Vaisya.

66. "Si hay dudas relativas a la preferencia entre el hombre que ha sido engendrado por un Bracmán, para darse gusto, con una mujer de la clase servil no casada, y el que debe el ser a una mujer Brahmani y a un Sudra.

67. "El que ha sido engendrado por un hombre honorable y por una mujer vil puede tornarse honorable por sus cualidades; pero el que ha sido engendrado por una mujer de clase distinguida y por un hombre vil, debe ser mirado como vil; tal es la decisión.

68. "No obstante, determina la ley que estas dos personas no deben recibir el sacramento de la investidura: el primero, a causa de la bajeza de su madre; el segundo, a causa del orden de clases intervertido.

69. "Así como una buena semilla que brota en un buen terreno se desarrolla perfectamente, así también el que debe el ser a un padre y una madre honorables es digno de recibir todos los sacramentos.

70. "Algunos Sabios elogian de preferencia la simiente; otros, el campo; otros, estiman a la vez el campo y la simiente; he aquí cuál es la decisión:

71. "La simiente esparcida en un terreno ingrato se pierde sin producir nada; un buen terreno en el que no se arroja simiente alguna permanece enteramente desnudo.

72. "Pero puesto que por la excelencia de las virtudes de sus padres, aun los hijos

de animales salvajes se han tornado en santos varones honrados y glorificados, el poder macho prevalece.

73. "Después de haber comparado a un Sudra que cumple los deberes de las clases honorables con un hombre de las clases distinguidas que se conduce como un Sudra, el mismo Brahama ha dicho: "No son iguales ni desiguales", pues su mala conducta establece relación entre ellos.

74. "Que los Bracmanes que emplean fervorosamente los medios de alcanzar la beatitud final y que son fieles al cumplimiento de sus deberes, se conformen perfectamente a las seis prescripciones siguientes:

75. "Leer la Santa Escritura, enseñar a leer a los otros, sacrificar, asistir a los otros en sus sacrificios, dar y recibir: tales son las seis prácticas ordenadas a la primera de las clases.

76. "Pero entre estos seis actos del Bracmán, tres sirven para su subsistencia, a saber: enseñar los Vedas, dirigir un sacrificio y recibir presentes de un hombre puro.

77. "Tres de estas prácticas están reservadas al Bracmán y no conciernen al Chatrya, a saber: hacer leer los Libros santos, oficiar en un sacrificio y recibir presentes.

78. "Estas tres prácticas están igualmente prohibidas por la ley al Vaisya; pues Manú, el Señor de las criaturas, no ha prescrito estos actos a las dos clases militar y comerciante.

79. "Los medios de subsistencia propios al Chatrya son: llevar la espada o el dardo; los propios al Vaisya son: comerciar, cuidar a los ganados y labrar la tierra; pero los deberes de ambos son: dar limosnas, leer la Santa Escritura y sacrificar.

80. "Enseñar el Veda, proteger a los pueblos, comerciar y ocuparse de los ganados son, respectivamente, las ocupaciones más recomendables para el Bracmán, el Chatrya y el Vaisya,

81. "Pero si un Bracmán no puede subsistir desempeñando los deberes más arriba mencionados, vivirá cumpliendo con el deber de un Chatrya; pues viene inmediatamente después del suyo.

82. "Sin embargo, si se pregunta cómo debe vivir en el caso en que no pueda ganar su subsistencia ni por uno ni por otro de estos dos empleos, he aquí lo que debe hacer: que trabaje la tierra, cuide los ganados y lleve la vida de un Vaisya.

83. "Sin embargo, un Bracmán o un Chatrya, obligado a vivir de los mismos recursos que un Vaisya, debe cuidadosamente, cuanto le sea posible, evitar la labranza, trabajo que hace perecer a los seres animados, y que depende de la ajena ayuda, como de la de los bueyes.

84. "Ciertas gentes aprueban la agricultura; pero este medio de subsistencia está censurado por los hombres de bien; pues el madero armado de un hierro cortante desgarra la tierra y a los animales que ella encierra.

85. "Pero si por falta de alimento un Bracmán o un Chatrya se ve obligado a renunciar a la perfecta observancia de sus deberes para ganar con qué vivir, puede vender las mercaderías con que trafican los Vaisyas, evitando las que es preciso evitar,

86. "Que se abstenga de vender jugos vegetales de toda clase: arroz preparado, granos de sésamo, piedras, sal, ganado, criaturas humanas,

87. "Toda tela roja, todo tejido de cáñamo, de lino o de lana, aun cuando no fuera rojo; frutos, raíces, plantas medicinales.

88. "Agua, armas, pescado, carne, jugo de asclepiadea, perfumes de toda clase, leche, miel, leche cuajada, mantequilla líquida, aceite de sésamo, cera, azúcar y césped consagrado.

89. "Animales de los bosques de cualquier clase que sean, bestias feroces, pájaros, licores embriagadores, índigo, laca y todo animal de pezuña no hendida.

90. "Pero el Bracmán labrador puede, si quiere, vender para usos piadosos semillas de sésamo sin mezcla, después de haberlas producido por propio cultivo, siempre que no las conserve largo tiempo con la esperanza de sacar más provecho.

91. "Si emplea el sésamo en cualquier otro uso que no sea el de preparar su alimento, untar sus miembros y hacer oblaciones, será reducido al estado de gusano, así como sus abuelos, en los excrementos de un perro.

92. "Un Bracmán está degradado inmediatamente si vende carne, laca o sal; está reducido en tres días a la condición de Sudra si comercia en leche.

93. "Por haber vendido de buena gana las otras mercaderías prohibidas, un Bracmán desciende en siete noches al estado de Vaisya.

94. "Sin embargo, pueden cambiarse líquidos con líquidos; pero no darse sal en cambio de líquidos; puede también cambiarse arroz preparado por arroz crudo y semillas de sésamo por igual peso o por igual medida de otras semillas.

95. "Un hombre de la clase militar, en caso de miseria, puede recurrir a estos diferentes medios de existencia; pero nunca ni en ningún tiempo debe pensar en desempeñar funciones más elevadas, como las de Bracmán.

96. "Que un hombre de bajo origen que por avaricia vive desempeñando las ocupaciones de las clases superiores sea privado en seguida por el rey de todo lo que posee y desterrado.

97. "Vale más desempeñar sus propias funciones de una manera defectuosa que desempeñar perfectamente las de otro; pues el que vive cumpliendo los deberes de otra clase pierde en seguida la suya.

98. "Un hombre de la clase comerciante que no .puede subsistir cumpliendo sus propios deberes puede descender a las funciones de un Sudra, siempre que evite cuidadosamente lo que no debe hacer; pero que las deje tan luego como le sea posible.

99. "Un Sudra que no encuentra ocasión de servir a los Dwidjas, puede dedicarse para vivir a los trabajos de los artesanos, si su mujer y sus hijos están necesitados.

100. "Que ejerza de preferencia los oficios, como el de carpintero, y las diferentes artes, como la pintura, por medio de las cuales puede prestar servicios a los Dwidjas.

101. "Un Bracmán que no quiere desempeñar las funciones de los Chatryas ni las de los Vaisyas, y que prefiere permanecer firme en su camino, aunque esté extenuado por falta de alimento y próximo a sucumbir, debe conducirse del modo

siguiente:

102. "El Bracmán que ha caído en la miseria debe recibir de quienquiera que sea; pues, según la ley, no puede suceder que se manche la pureza perfecta.

103. "Enseñando la Santa Escritura, dirigiendo los sacrificios, recibiendo presentes en estos casos prohibidos, cuando están en la miseria, no cometen falta alguna; son tan puros como el agua y el fuego.

104. "Al que, hallándose en peligro de morir de hambre, recibe alimento de quienquiera que sea, no lo mancha más el pecado que el barro al éter sutil.

105. "Adjigarta, hambriento, estuvo a punto de hacer morir a su hijo Sunahsefa; sin embargo, no se hizo culpable de crimen alguno, pues buscaba un socorro contra el hambre.

106. "Vamadeva, que sabía distinguir perfectamente el bien y el mal, no se tornó absolutamente impuro por haber deseado, en un momento en que. lo apuraba el hambre, comer carne de perro para conservar la vida.

107. "El rígido penitente Bahradwadja, atormentado por el hambre y solo con su hijo en una selva desierta, le aceptó algunas vacas al carpintero Vridhu.

108. "Viswamitra, quien, sin embargo, conocía perfectamente la distinción del bien y del mal, urgido por la necesidad, se decidió a comer el muslo de perro que había recibido de mano de un Chándala.

109. "De estos tres actos, generalmente desaprobados, a saber: recibir presentes dados por hombres despreciables, dirigir sacrificios para ellos y explicarles la Escritura Santa, lo que hay de más bajo y lo que se le reprocha más a un Bracmán en el otro mundo es recibir presentes.

110. "Oficiar en un sacrificio y explicar la Escritura Santa son dos actos que siempre hacen para los que tienen el alma purificada por el sacramento de la iniciación; pero un don se recibe aun de un hombre servil de la clase baja.

111. "El pecado sometido por asesorar a hombres despreciables en un sacrificio y por explicarles la Santa Escritura, se borra con la plegaria en voz baja y con las oblaciones; el pecado cometido por recibir algo de ellos, con el abandono de este presente y con las austeridades.

112. "Un Bracmán privado de recursos debe rebuscar espigas o semillas en cualquier parte; recoger semillas una tras otra es más digno de alabanza.

113. "Los Bracmanes que están en la miseria y tienen necesidad de un metal no precioso o de cualquier otro objeto, deben pedirlo al rey; no hay que dirigirse a un rey que no esté dispuesto a dar y cuya avaricia es muy conocida.

114. "La primera de las cosas que van a ser enumeradas, y así sucesivamente, pueden recibirse más inocentemente que las que vienen después, a saber: un campo no sembrado, un campo sembrado, vacas, cabras, ovejas, metales preciosos, grano nuevo, grano preparado.

115. "Hay seis medios legales de adquirir bienes, que son: las herencias, las donaciones, los cambios o las compras, medios permitidos a todas las clases; las conquistas, que están reservadas a la clase militar; el préstamo a rédito, el comercio y la labranza, que conciernen a la clase comerciante, y los presentes recibidos de

personas honorables, que están reservados a los Bracmanes.

116. "Las ciencias, como la medicina; las artes, como el de preparar los perfumes; el trabajo por salario, el servicio por sueldo, el cuidado de los ganados, el comercio, la labranza, el contentarse con poco, la mendicidad y la usura, son los medios de sostener su vida en épocas de miseria.

117. "El Bracmán y el Chatrya, aun en un momento crítico, no deben prestar a rédito; pero ambos pueden prestar, si quieren, a un hombre culpable de un crimen mediante un pequeño interés, una suma, en caso de que éste haga un uso piadoso del dinero.

118. "Un rey que toma hasta la cuarta parte de las cosechas de su reino en caso de necesidad urgente y que protege al pueblo con todo empeño, no comete falta alguna.

119. "Su deber particular es el de vencer; que nunca vuelva espaldas en un combate; que después de haber defendido con las armas en la mano a los hombres de la clase comerciante reciba el impuesto legal.

120. "El impuesto sobre la clase comerciante, que en épocas de prosperidad sólo llega a la dozava parte de las cosechas y al quincuagésimo de los beneficios pecuniarios, puede ser, en los casos de apuro, la octava y aun la cuarta parte de las cosechas y la vigésima de las ganancias en dinero; los Sudras, los obreros y los artesanos deben concurrir con su trabajo y no pagar impuesto alguno.

121. "Un Sudra que desee procurarse subsistencia y no halla ocasión de entrar al servicio de un Bracmán, puede servir a un Chatrya, o, a falta de éste, puede procurarse medios de existencia poniéndose al servicio de un rico. Vaisya.

122. "Que sirva a un Bracmán con la esperanza de obtener el Cielo o con el doble motivo de procurarse la subsistencia en este mundo y la felicidad en el otro; el que es designado como servidor de un Bracmán alcanza el objeto de sus deseos.

123. "Servir a los Bracmanes es, según ha sido declarado, la acción más digna de alabanza de un Sudra; cualquier otra cosa que pueda hacer no le trae recompensa.

124. "Deben darle en sus casas medios de vida suficientes, después de haber tomado en consideración su habilidad, su celo y el número de las personas a quienes está obligado a sostener.

125. "Debe dársele el resto del arroz preparado, así como los vestidos usados, el desecho de los granos y los muebles viejos.

126. "No incurre de ningún modo en falta el Sudra que come ajo y otros alimentos prohibidos, y no debe recibir el sacramento de la investidura; los deberes piadosos, como las oblaciones al fuego, no le están prescritas, pero no le está prohibido cumplir con el deber religioso, que consiste en hacer ofrendas de arroz preparado.

127. "Los Sudras que desean cumplir con su deber enteramente, que lo conocen perfectamente e imitan las prácticas de las gentes de bien en la celebración de las oblaciones domésticas, absteniéndose de recitar todo texto sagrado, excepto el de la adoración, no cometen pecado alguno y se atraen justas alabanzas.

128. "Cuantas veces un Sudra, sin maldecir de nadie, hace los actos de los

Dwidjas que no le están prohibidos, llega, sin ser censurado, a la elevación en este mundo y en el otro.

129. "Un Sudra no debe amontonar riquezas superfluas aun cuando esté en la posibilidad de hacerlo; pues un Sudra, cuando ha adquirido fortuna, veja a los Bracmanes con su insolencia.

130. "Tales son, como han sido declarados, los deberes de las cuatro clases en caso de miseria; observándolos con exactitud, se llega a la felicidad suprema.

131. "Este sistema de los deberes que conciernen a las cuatro clases, ha sido expuesto por entero; voy a declarar ahora la ley pura de la expiación de los pecados."

LIBRO UNDÉCIMO:

Penitencias y expiaciones.

1. "El que quiere casarse para tener hijos, el que debe hacer un sacrificio, el que viaja, el que ha dado toda su fortuna en una ceremonia piadosa, el que quiere sostener a su director, a su padre o a su madre, el que necesita una ayuda para sí mismo cuando estudia por primera vez el Texto sagrado, el que sufre de una enfermedad.

2. "Deben ser considerados estos nueve Bracmanes como mendigos virtuosos llamados Snatakas; cuando no tienen nada, deben dárseles regalos en oro o en ganados, proporcionados a su ciencia.

3. "Debe dárseles a estos eminentes Bracmanes, arroz al mismo tiempo que presentes, en el recinto consagrado a la ofrenda al fuego; pero que a todos los otros el arroz preparado se les dé fuera del terreno consagrado; esta regla no es aplicable a los otros presentes.

4. "Que el rey dé, como es menester, a los Bracmanes muy versados en el Veda, joyas de toda clase y la recompensa que les toca por su presencia en el sacrificio.

5. El que tiene una mujer, y que después de haber pedido dinero a alguien, se casa con otra mujer, no saca otro provecho que el placer sensual; los hijos pertenecen al que ha dado el dinero.

6. "Que todo hombre, según sus medios, haga presentes a los Bracmanes versados en el conocimiento de la Santa Escritura y desligados de las cosas de este mundo; después de su muerte, obtiene el cielo.

7. "El que tiene provisiones de granos, bastantes para alimentar durante tres años y aun más a los que la ley le ordena sostener, puede beber el jugo de la asclepiada (soma) en un sacrificio ofrecido voluntariamente por él y diferente del sacrificio prescrito.

8. "Pero el Dwidja que teniendo menor provisión de .grano bebe el jugo de la asclepiada, no sacará fruto alguno aun del primer sacrificio en que ha bebido ese licor, y con mayor razón del sacrificio que ha ofrecido motu proprio sin derecho de hacerlo.

9. "El que, por vanagloria, hace presentes a extranjeros, mientras su familia vive en la privación, aunque él tenga medios de sostenerla, saborea la miel y traga el veneno; no practica sino una falsa virtud.

10. "Lo que hace en perjuicio de los que está en el deber de sostener, con la esperanza de un estado futuro, acatará por causarle una miserable condición en este mundo y en el otro.

11. "Si el sacrificio celebrado por un Dwidja y particularmente por un Bracmán, tiene que suspenderse por falta de algo, bajo el reino de un príncipe conocedor de la ley.

12. "El sacrificador tomará este objeto, por fuerza o por astucia, para la

celebración del sacrificio, en la casa de un Vaisya que posee numerosos ganados, pero que no sacrifica y no bebe el jugo de la asclepiada.

13. "Si no puede procurarse lo que necesita en casa de un Vaisya, puede tomar si quiere los dos o tres objetos necesarios en casa de un Sudra; pues un Sudra no necesita lo que concierne a los ritos religiosos.

14. "Que los tome también sin vacilar en casa de un Chatrya que no tiene fuego consagrado y que posee cien vacas, y al que tiene mil y no celebra sacrificios con asclepiada.

15. "Que los tome igualmente por fuerza o por astucia en casa de un Bracmán que recibe continuamente presentes y no da nada jamás, si no se los da a pedido suyo; por este acto su fama se extiende y su virtud se acrecienta.

16. "Igualmente, un Bracmán que ha pasado seis comidas o tres días sin comer, debe, al momento de la séptima comida, es decir, en la mañana del cuarto día, tomarle a un hombre no caritativo con qué alimentarse durante el día sin ocuparse del mañana.

17. "Puede tomar lo qué necesita en el hórreo, en el campo, en la casa o en otro lugar cualquiera; pero debe decir el motivo al propietario si éste se lo pregunta.

18. "Un hombre de la clase militar no debe nunca apoderarse de lo que pertenece a un Bracmán; pero si está en la miseria, puede tomar lo que es propiedad de un hombre que tiene mala conducta y del que no cumple sus deberes religiosos.

19. "El que se apodera de las cosas pertenecientes a los malvados para darlas a las gentes de bien, se transforma en un barco en el que los hace atravesar a unos y a otros.

20. "A la riqueza de los hombres que celebran con exactitud los sacrificios, la llaman los Sabios la fortuna de los Dioses; pero a la riqueza de las gentes que no hacen sacrificios se le llama la fortuna de los malos Genios (Asuras).

21. "Que un rey justo no inflija multa alguna al hombre que roba o toma por fuerza lo que le es necesario para un sacrificio; pues por la locura del príncipe es por lo que un Bracmán muere de necesidad.

22. "Después de haberse informado del número de personas que el Bracmán debe sostener; después de haber examinado sus conocimientos teológicos y su conducta moral, el rey debe asignarle, sobre los gastos de su casa, medios de existencia correctos.

23. "Y que después de haberle asegurado la subsistencia lo proteja contra todos, pues el rey obtiene la sexta parte de las obras meritorias del Bracmán que protege.

24. "Que un Bracmán no implore nunca la caridad de un Sudra para subvenir a los gastos de un sacrificio, pues si hace un sacrificio después de haber mendigado de este modo, renace, después de su muerte, en el estado de Thandala.

25. "El Bracmán que ha pedido algo para hacer un sacrificio y no emplea en éste todo lo que ha recibido, se tornará en milano o corneja durante cien años.

26. "Todo hombre de alma perversa que, por avaricia, roba lo que es propiedad de los Dioses o de los Manes, vivirá en el otro mundo de los restos de un buitre.

27. "La oblación llamada Veswanari debe celebrarse al renovarse el año, para

expiar la omisión involuntaria de sacrificios de animales y de las ceremonias en que se emplea la asclepiada.

28. "El Dwidja que sin necesidad urgente cumple un deber, según la forma prescrita para los casos de miseria, no obtiene fruto alguno en la otra vida; así ha sido decidido.

29. "Los Dioses Viswas, los Sadhyas y los Santos eminentes de la clase sacerdotal siguieron la regla secundaria en vez de la regla principal, cuando temieron por su vida en circunstancias críticas.

30. "No está reservada recompensa alguna, en, el otro mundo, al insensato que, pudiendo conformarse al precepto principal, sigue el precepto secundario.

31. "El Bracmán que conoce la ley no debe dar queja alguna al rey, que se valga de sus propias fuerzas para castigar, a los hombres que lo ofenden.

32. "Sus propias fuerzas, que no dependen más que de él, comparadas a las del rey, que dependen de los otros, son más poderosas; un Bracmán no debe recurrir, pues, sino a su propio poder para enseñorearse de sus enemigos.

33. "Que emplee sin vacilar las plegarias mágicas del Atharva-veda y de Angiras; la palabra es el arma del Bracmán; con ayuda de ella debe destruir a sus opresores.

34. "Que el Chatrya se libre de peligro con la fuerza de su brazo; el Vaisya por medio de sus riquezas, como también el Sudra; el Bracmán con sus plegarias y las ofrendas de los sacrificios mágicos.

35. "El que cumple sus deberes, el que corrige oportunamente a su hijo o a su discípulo, el que da consejos saludables y el que es bien intencionado con todas las criaturas, está llamado con razón Bracmán; no debe decírsele nada desagradable o injurioso.

36. "Que una joven casada o no casada, un hombre poco instruido y un imbécil, no hagan oblaciones al fuego; como tampoco un hombre afligido, ni un hombre privado del sacramento de la iniciación.

37. "En efecto, cuando semejantes, personas hacen una oblación, son arrojadas al infierno con aquel para quien se hace la oblación; en consecuencia, un Bracmán conocedor de los preceptos sagrados y que ha leído todos los Vedas, debe hacer sólo ofrendas al fuego consagrado.

38. "Un Bracmán que posee riqueza y que no da como presente al que santifica su fuego un caballo consagrado a Pradjapati, es igual al que no tiene fuego sagrado.

39. "Que el que tiene fe y que es el dueño de su sentidos, celebre otras prácticas piadosas, pero que no sacrifique nunca en este mundo si no puede ofrecer al que oficia sino mediocres honorarios.

40. "Un sacrificio en que no se distribuyen sino pobres honorarios, aniquila los órganos de los sentidos, la reputación, la felicidad futura en el cielo, la vida, la gloria después de la muerte, los hijos y los ganados; que, en consecuencia, un hombre poco rico no haga sacrificios.

41. "El Bracmán que tiene que alimentar un fuego sagrado y que lo ha descuidado voluntariamente mañana y tarde, debe hacer durante un mes la penitencia del Chandrayana; su falta iguala al asesinato de un hijo.

42. "Los que después de haber recibido presentes de un Sudra hacen oblaciones al fuego, están considerados como sacerdotes de los Sudras y son despreciados por los hombres que recitan la Santa Escritura.

43. "El que les hace un presente, hollando con el pie la frente de estos hombres ignorantes que honran el fuego, por medio de lo que les da un Sudra, se librará para siempre de las penas del otro mundo.

44. "Todo hombre que no cumple los actos prescritos o que se entrega a actos prohibidos o que se abandona a los placeres de los sentidos, está obligado a hacer una penitencia expiatoria.

45. "Algunos sabios teólogos consideran las expiaciones como sólo aplicables a las faltas involuntarias; pero otros las extienden a las faltas cometidas voluntariamente según las pruebas sacadas de la Santa Escritura.

46. "Se borra una falta involuntaria recitando ciertas partes de la Escritura Santa; pero la falta cometida a propósito y en un transporte de odio o de cólera, no se expía sino con penitencias austeras de diversas clases.

47. "El Dwidja que está obligado a hacer una expiación por una falta cometida, sea durante su vida actual, ya en su vida precedente, como lo atestiguan ciertas enfermedades, no debe tener relaciones con las gentes de bien, mientras no se ha cumplido la penitencia.

48. "Por crímenes cometidos en esta vida o por faltas de una existencia precedente, algunos hombres de corazón perverso padecen de ciertas deformidades o enfermedades.

49. "El que ha robado oro a un Bracmán tiene una enfermedad de uñas; el bebedor de licores espirituosos prohibidos tiene los dientes negros; el que mató a un Bracmán padece de consunción pulmonar; el hombre que manchó el lecho de su padre espiritual, está privado de prepucio.

50. "El que se complace en divulgar las malas acciones tiene un olor fétido en la nariz; al calumniador le apesta el aliento; al ladrón de grano le falta un miembro; al que hace mezclas le sobra uno.

51. "El que ha robado grano padece de dispepsia; el ladrón de la doctrina sagrada, es decir, el que estudia sin estar autorizado a ello, es mudo; el ladrón de vestidos tiene la lepra blanca; el ladrón de caballos es cojo.

52. "De este modo, según los diferentes actos, nacen hombres despreciados por las gentes de bien, idiotas, mudos, ciegos, sordos y deformes.

53. "En consecuencia, es preciso siempre hacer penitencia para purificarse; pues los que no hayan expiado sus pecados renacerán con esas señales ignominiosas.

54. "Matar a un Bracmán, beber licores espirituosos prohibidos, robar el oro de un Bracmán, cometer adulterio con la mujer de su padre natural o espiritual, han declarado los legisladores que son crímenes de mayor grado, así como toda relación con los hombres que los han cometido.

55. "Jactarse falsamente de ser de condición elevada, darle al rey un informe malintencionado, y acusar injustamente a un maestro espiritual, son crímenes casi semejantes al de matar a un Bracmán.

56. "Olvidar la Santa Escritura, mostrar desdén a los Vedas, dar un falso testimonio, matar a un amigo, comer cosas prohibidas, o cosas que no se deben probar a causa de su impureza, son seis crímenes casi semejantes al de beber licores espirituosos.

57. "Robarse un depósito, una criatura humana, un caballo, plata, un campo, diamantes u otras piedras preciosas, es casi igual a robar oro a un Bracmán.

58. "Todo comercio carnal con hermanas de madre, con jóvenes, con mujeres de la más vil de las clases mezcladas o con las esposas de un amigo o de un hijo, lo consideran los Sabios casi igual a mancillar el lecho paterno.

59. "Matar una vaca, oficiar en un sacrificio hecho por gentes indignas de sacrificar, cometer un adulterio, venderse a sí mismo, abandonar a un maestro espiritual, a una madre o a un padre, no recitar los Textos santos o no alimentar el fuego sagrado prescrito por los Sastras, no ocuparse de un hijo.

60. "Dejar que el hermano menor se case antes que uno, cuando se es el mayor, tomar esposa antes que el hermano mayor, cuándo se es el menor, dar una hija a uno de estos dos hermanos y hacer para ellos el sacrificio nupcial.

61. "Deshonrar a una moza, practicar la usura infringir las reglas de castidad impuestas al novicio, vender un estanque consagrado, un jardín, una mujer o un niño.

62. "Descuidar el sacramento de la investidura, abandonar a un pariente, enseñar el Veda por salario, vender mercaderías que no deben ser vendidas.

63. "Trabajar en minas de toda clase, emprender grandes trabajos de construcción, echar a perder repetidas veces plantas medicinales, vivir de la profesión vergonzosa de una mujer, hacer sacrificios para causar la muerte a un

64. "Derribar árboles verdes todavía para hacer leña con ellos, cumplir un acto religioso con miras personales, comer alimentos prohibidos una sola vez y sin intención.

65. "Descuidar el alimentar el fuego sagrado, robar objetos de valor, excepto oro, no pagar las tres deudas, leer obras irreligiosas, amar apasionadamente el baile, el canto y la música instrumental.

66. "Robar grano, metales de bajo precio y ganados retozar con mujeres dadas a las bebidas espirituosas, matar por descuido a una mujer, a un Sudra, a un Vaisya, a un Chatrya, negar un futuro estado y las recompensas y penas después de la muerte son crímenes secundarios.

67. "Hacer daño a un Bracmán, oler cosas que no se deben olfatear a causa de su fetidez o licores espirituosos, engañar y unirse carnalmente con un hombre, se considera que traen la perdición de la clase.

68. "Matar a un asno, a un caballo, a un camello, a un ciervo, a un elefante, a un cabro, a un morueco, a un pez, a una serpiente o a un búfalo, está declarado un acto que rebaja a una clase mezclada.

69. "Recibir presentes de hombres despreciables, hacer algún comercio ilícito, servir a un amo Sudra y decir mentiras, deben ser considerados como motivos de exclusión de la sociedad de las gentes de bien.

70. "Matar un insecto, un gusano, un pájaro, comer lo que ha sido traído en el mismo canasto que un licor espirituoso, robar fruta, madera o flores y ser pusilánime, son faltas que manchan.

71. "Aprended ahora enteramente por medio de qué penitencias particulares pueden borrarse todos los pecados que acaban de ser enumerados uno tras otro.

72. "El Bracmán asesino de otro Bracmán a quien ha matado sin quererlo y a quien le era muy superior en buenas cualidades, debe construirse una cabaña en una selva y permanecer allí doce años[217], no viviendo sino de limosnas para la purificación de su alma y habiendo tomado en señal de su crimen el cráneo del muerto o cualquier otro cráneo humano a falta del primero.

73. "O que si el culpable pertenece a la clase militar y si ha dado muerte voluntariamente a un Bracmán recomendable, se ofrezca de buena gana como blanco a arqueros conocedores de su deseo de expiar este crimen o que tres veces o hasta que muera se arroje de cabeza a un fuego ardiente.

74. "O que, si mató al Bracmán por descuido, el asesino celebre el sacrificio de la Aswamedha, del Swardjit, del Gosava, del Abhidjit, del Viswadjit, del Tritwrit o del Añishtut.

75. "O que, si el crimen ha sido cometido involuntariamente, y en la persona de un Brasmán poco recomendable, el Dwidja culpable haga cien yodjanas[218] a pie, recitando el texto de uno de los Vedas, comiendo poco y dominando sus sentidos, a fin de expiar el crimen de haber matado a un Bracman.

76. "O que, si el Bracmán matado por descuido no tenía cualidad alguna que lo hiciera recomendable y si el matador es un Bracmán rico, dé todo lo que posee a un Bracmán versado en los Vedas, o fortuna bastante para que pueda vivir, o una casa provista de los utensilios necesarios para toda su vida.

77. "O que camine contra la corriente hacia la fuente de la Saraswati, comiendo solamente los granos salvajes que se ofrecen a los Dioses o reduciendo a una pequeñísima cantidad su alimento, debe repetir tres veces la Sanhita del Veda[219].

78. "En lugar de retirarse a una selva el culpable que sufre la penitencia de doce años puede, después de haberse afeitado cabello y barba, establecerse cerca de un pueblo, o de un prado de vacas, o en una ermita, o al pie de un árbol consagrado, sin otro deseo que el de hacer el bien a las vacas y a los Bracmanes.

79. "Que allí, tratándose de salvar a una vaca o a un Bracmán, haga en seguida el sacrificio de su vida; el que ha salvado a una vaca o a un Bracmán expía el crimen de haber matado a un hombre de la clase sacerdotal.

80. "Se borra también su crimen cuando intenta, tres veces por lo menos, quitarles a los ladrones la propiedad del Bracmán que han robado, ya sea que la recobre enteramente en una de esas tentativas, ya que pierda por esta causa la vida.

81. "Permaneciendo firme en sus austeridades, de tal manera, siendo casto como un novicio y perfectamente recogido, expía, en el espacio de doce años, el asesinato de un Bracmán.

82. "O, si un Bracmán virtuoso mata sin intención a otro que no tenía ninguna buena cualidad, puede expiar su crimen proclamándolo en una asamblea de

Bracmanes y de Chatryas reunidos para el sacrificio de un caballo (Aswamendha) y bañándose con los otros Bracmanes a la salida de la ceremonia.

83. "Está declarado que los Bracmanes son la base y los Chatryas la cima del sistema de las leyes; en consecuencia, se purifica el que declara su falta en su presencia, cuando están reunidos.

84. "Un Bracmán sólo por su nacimiento es ya un objeto de veneración, aun para los Dioses, y sus decisiones forman autoridad para el mundo; la Santa Escritura les confiere este privilegio.

85. "Que habiéndose reunido tres Bracmanes versados en los Vedas, declaren a los culpables la expiación que exige su crimen; la penitencia indicada bastará para su purificación, pues las palabras de los santos borran la mancha.

86. "Así un Bracmán u otro Dwidja que ha cumplido en perfecto recogimiento una de las expiaciones precedentes, según la circunstancia, borra el crimen de haber matado a un hombre de la clase sacerdotal, pensando firmemente que hay otra vida para el alma.

87. "Debe cumplir la misma penitencia por haber matado a un feto cuyo sexo no se conocía, pero cuyos parientes pertenecían a la clase sacerdotal o a un Chatrya o a un Vaisya ocupado en un sacrificio, o a una mujer Srahmani que acababa de bañarse después de su mancha periódica.

88. "Lo mismo que por haber dado un falso testimonio en un proceso concerniente a oro o a terreno, por haber perjudicado a su maestro espiritual, por haberse apropiado de un depósito y por haber matado a la mujer de un Bracmán que alimenta un fuego sagrado y a un amigo.

89. "Se ha estatuido esta purificación de doce años para el que ha matado involuntariamente a un Bracmán; pero por el asesinato de un Bracmán cometido a propósito, no basta esta purificación[220].

90. "El Dwidja que ha llegado a cometer la insensatez de beber intencionadamente licor espirituoso extraído del arroz, debe beber licor inflamado; cuando ha quemado así su cuerpo, queda libre de pecado.

91. "O debe beber hasta morir por esta causa los orines de vaca o agua, o leche o mantequilla clarificada o jugo exprimido de la boñiga de vaca; todo esto hirviendo.

92. "O que si ha bebido por descuido, espíritu de arroz e intencionadamente licores extraídos del azúcar y del madhuka, coma para expiar la falta de haber bebido licores espirituosos, durante un año, una vez por noche, granos de arroz triturado y residuos de aceite de sésamo, estando ceñido con un cilicio, conservando largos los cabellos y llevando estandarte de destilador.

93. "El espíritu del arroz es el mala (extraído) del grano y se designa también una mala acción con la palabra mala; por lo que un Bracmán, un Chatrya y un Vaisya no deben beber espíritu de arroz.

94. "Deben reconocerse tres clases principales de licores embriagadores: el que se saca de los residuos del azúcar, el que se extrae del arroz molido, el que se obtiene de las flores del madhuga; pasa con uno lo que con todos; los Bracmanes no deben beberlos.

95. "Las otras bebidas embriagadoras que están en número de nueve, la carne de los animales prohibidos; los tres licores espirituosos más arriba mencionados, el que llaman asava, que se hace con dragas embriagadoras, componen el alimento de los Gnomos (Yakshas), de los Gigantes (Rakshasas) y de los Vampiros (Pisachas); no debe jamás probarlos el Bracmán que come la mantequilla clarificada ofrendada a los Dioses.

96. "Un Bracmán ebrio puede caer sobre un objeto impuro o pronunciar algunas palabras del Veda o dejarse llevar a algún acto culpable, hallándose privado de razón por la embriaguez.

97. "Aquel cuya divina esencia esparcida en todo su ser se halla inundada una vez de licor embriagador, pierde su puesto de Bracmán y desciende al estado de Sudra.

98. "Tales son, como han sido enunciados, los diferentes modos de expiación por haber bebido licores espirituosos; voy ahora a declarar la penitencia requerida por haber robado oro a un Bracmán.

99. "El que ha robado oro a un Bracmán debe ir a buscar al rey, declararle su falta y decirle: "Señor, castigadme."

100. "El rey, tomando una porra de hierro que el culpable lleva sobre los hombros, debe golpearlo una vez; muera, o no el ladrón con este golpe, se liberta de su crimen; la falta de un Bracmán no debe expiarse sino con austeridades; los otros Dwidjás pueden también purificarse por el mismo medio.

101. "El Dwidja que desea purificarse con austeridades de la falta de haber robado oro, debe sufrir en la selva, cubierto con un vestido de corteza, la penitencia del que ha matado involuntariamente a un Bracmán.

102. "Con tales expiaciones puede un Dwidja borrar la falta que cometió robando oro a un Bracmán; pero que expíe con las penitencias siguientes el crimen de adulterio con la mujer de su padre espiritual o natural.

103. "El que ha manchado con conocimiento de causa a la esposa de su padre, la cual era de la misma clase, debe, confesando en alta voz su crimen, extenderse en un lecho de hierro quemante y abrazar una imagen de mujer enrojecida al fuego; sólo con la muerte puede purificarse.

104. "O que habiéndose cortado él mismo el pene y las bolsas y teniéndolos en la mano, camine con firme paso a la región de Nirrití[221], hasta que caiga muerto.

105. "O si ha cometido por equivocación la falta, tome en sus manos un pedazo del lecho, se cubra con un vestido de corteza, deje crecer sus cabellos, su barba y sus uñas y se retire a una selva desierta y haga allí la penitencia del Pradjapatya durante un año entero en perfecto recogimiento.

106. "O que si la mujer está disoluta o de una clase inferior, haga durante tres meses la penitencia del Chandrayana dominando sus órganos y no alimentándose sino de frutas y de raíces salvajes y de grano hervido en agua, a fin de expiar el crimen de haber manchado el lecho de su padre.

107. "Con las penitencias que acaban de mencionarse es como los grandes culpables deben expiar sus fechorías; los que no han cometido sino faltas

secundarias pueden borrarlas por medio de las diversas austeridades siguientes.

108. "El que ha cometido el crimen secundario de matar una vaca por descuido, debe afeitarse la cabeza enteramente, tomar durante un mes granos de cebada hervidos en agua y establecerse en un prado de vacas cubierto con la piel de la que ha matado.

109. "Que durante los dos meses que siguen coma una vez en la tarde, cada dos días, una pequeña cantidad de granos salvajes, no condimentados, con sal facticia; que haga sus abluciones con orina de vaca y sea enteramente dueño de sus órganos.

110. "Que siga a las vacas todo el día y permaneciendo detrás de ellas, aspire el polvo que levantan sus pezuñas; que, después de haberlas servido y haberlas saludado, se coloque junto a ellas en la noche para cuidarlas.

111 "Que, puro y exento de cólera, se detenga cuando ellas se detienen; que las siga cuando caminan ; se siente cuando descansan.

112. "Que si una vaca está enferma o es asaltada por bandidos y tigres o cae o se hunde en un cenagal, la libre por todos, los medios posibles.

113. "Durante el calor, la lluvia o el frío, o cuando el viento sopla con violencia, no debe tratar de ponerse al abrigo antes de haber guarecido lo mejor posible a las vacas.

114. "Que si ve a una vaca comer grano en una casa, un campo o un hórreo que pertenecen ya sea a él mismo, ya a otras personas, se cuide de decir algo, lo mismo que cuando se ve que un tierno becerro bebe leche.

115. "El matador de una vaca que se consagra, según esta regla, al servicio de un rebaño, borra en tres meses la falta cometida.

116. "Que, además, cuando está enteramente cumplida su penitencia, dé diez vacas y un toro, o si no tiene medios de hacerlo, abandone todo lo que posee a Bracmanes versados en el Veda.

117. "Que todos los Dwidjas que han cometido faltas secundarias, excepto el que ha infringido el voto de castidad, hagan, para purificarse; la penitencia precedente o la del Chandrayana.

118. "En cuanto al que ha violado el voto de castidad, debe sacrificar a Nirriti un asno tuerto o negro, según el rito de las oblaciones domésticas, en un lugar en que se cruzan cuatro caminos y durante la noche.

119. "Que después de haber esparcido, según la regla, grasa en el fuego, como ofrenda, al fin del sacrificio haga oblaciones de mantequilla clarificada a Vata[222], Indra. Gurú[223] y Vahni[224], recitando la plegaria que comienza por SAM.

120. "Los hombres versados en la Santa Escritura y que conocen la ley, consideran como una violación de la regla de castidad la emisión voluntaria de la simiente si el que la hace es un Dwidja todavía novicio.

121. "A los cuatro Dioses, Maruta Puruhuta[225], Gurú y Pavaka[226], vuelve todo el brillo que da el estudio asiduo de la Santa Escritura y que pierde el novicio que infringe sus votos.

122. "Que cuando ha cometido esta falta, se cubra con la piel del asno sacrificado y vaya a pedir limosna en siete casas, confesando su pecado.

123. "Tomando una sola comida al día, del alimento obtenido así mendigando y bañándose en los tres momentos (savanas) del día, se purifica al cabo de un año.

124. "Que después de haber cometido voluntariamente una de las acciones que llevan a la clase a la ruina, se imponga la penitencia del Santapana; y si la falta ha sido involuntaria, la penitencia del Pradjapatya.

125. "Por las faltas que hacen descender a una clase mezclada o que hacen indigno de ser admitido entre las gentes de bien, el culpable debe sufrir, para purificarse, la penitencia del Chandrayana durante un mes; por las faltas que manchan, debe comer durante tres días granos de cebada hervidos y calientes.

126. "Por haber matado intencionadamente a un hombre virtuoso de la clase militar, la penitencia será de la cuarta parte de la que se impone por el asesinato de un Bracmán; no debe ser sino de la octava parte de un Vaisya de conducta recomendable y de la décimasexta parte por un Sudra que cumplía con exactitud sus deberes.

127. "Pero el Bracmán que, sin quererlo, hace perecer a un hombre de la clase real, debe dar a los Bracmanes mil vacas y un toro para purificarse.

128. "O que, enseñoreándose de sus órganos y llevando largos los cabellos, sufra durante tres años la penitencia impuesta al asesino de un Bracmán; que resida lejos del pueblo y escoja como mansión el pie de un árbol.

129. "Un Dwidja debe someterse a la misma penitencia durante un año por haber matado involuntariamente a un Vaisya cuya conducta era digna de elogio o debe dar cien vacas y un toro.

130. "Durante un mes debe hacer esta penitencia entera por haber asesinado, sin quererlo, a un Sudra, o debe dar a un Bracmán diez vacas blancas y un toro.

131. "Si ha matado a propósito un gato, una mangosta (nakula), un arrendajo azul, una rana, un perro, un cocodrilo, un buho o una corneja, debe hacer la penitencia prescrita por el asesinato a un Sudra, la del Chandrayana.

132. "O que si lo ha hecho por descuido, no beba sino leche durante tres noches y tres días; o que si tiene alguna enfermedad que se lo impida, haga a pie una yodjana de camino; o que si no lo puede, se bañe todas las noches en un río o que repita en silencio la plegaria dirigida al Dios de las aguas.

133. "Que el Bracmán que ha matado a una serpiente dé a otro Bracmán una pala o un bastón herrado; que si ha matado a un eunuco, dé una carga de paja y un mashaka de plomo.

134. "Que por haber matado un puerco dé un tarro de mantequilla clarificada; por un francolín (tittiri), una drona de sésamo; por un loro, un becerro de dos años; por un kroncha[227], un becerro de tres años.

135. "Si ha matado un cisne (hansa), una balaka[228], una garza, un pavo real, un mono, un halcón o un milano, debe dar una vaca a un Bracmán.

136. "Que dé un vestido por haber matado un caballo; cinco toros negros por haber matado un elefante; un toro por un cabrón o un morueco; por un asno, un becerro de un año.

137. "Que si ha matado animales carnívoros salvajes, dé una vaca que produzca

mucha leche; por bestias feroces no carnívoras, una hermosa ternera; por un camello, un krishnala de oro.

138. "Que si ha matado a una mujer de una de las cuatro clases, sorprendida en adulterio, dé, para purificarse, un saco de piel, un arco, un cabrón o un morueco, en el orden directo de clases[229].

139. "Que si un Bracmán se halla en la imposibilidad de expiar con donativos la falta de haber matado una serpiente o a cualquier otra criatura, haga cada vez la penitencia del Pradjapatya para borrar su pecado.

140. "Por haber matado mil pequeños animales que tienen huesos, o una gran cantidad de animales sin huesos, bastante para llenar un carro, debe someterse a la misma penitencia que por el asesinato de un Sudra.

141. "Pero que cuando ha matado animales que tienen huesos, dé también algo cada ves, como un pana de cobre, a un Bracmán; por animales sin hueso se purifica, cada ves, reteniendo su aliento y recitando la Savitri con el comienzo (Siras), el monosílabo Aum y las tres palabras Bhur, Bluvah, Swar.

142. "Por haberse cortado sin mala intención y una sola ves árboles que dan fruto, matorrales, lianas, plantas trepadoras o plantas rastreras en flor, se deben repetir cien plegarias del Rig-Veda.

143. "Por haber matado insectos de todas clases que nacen en el arroz y en los otros granos, en los líquidos, como el jugo de la caña de azúcar, en los frutos o en las flores, la purificación consiste en comer mantequilla clarificada.

144. "Si se arrancan inútilmente plantas cultivadas o plantas nacidas espontáneamente en una selva, se debe seguir a una vaca durante un día entero y no alimentarse sino de leche.

145. "Son éstas las penitencias por las que puede borrarse la falta de haber hecho daño a los seres animados a sabiendas o por descuido; oíd ahora cuáles son las penitencias prescritas por haber comido o bebido cosas prohibidas.

146. "El que sin saberlo bebe un licor espirituoso que no sea el espíritu de arroz, se purifica recibiendo nuevamente el sacramento de la investidura del cordón, después de haber sufrido la penitencia del Taptakrichra; no puede ordenarse una penitencia que implique la pérdida de la vida aun por haber bebido a propósito licores espirituosos, con excepción del de arroz: tal es la regla establecida.

147. "Por haber bebido agua que ha permanecido durante algún tiempo en una vasija que encerraba espíritu de arroz o cualquier otro licor espirituoso, debe beberse durante cinco días y cinco noches leche hervida con la planta sankhapushpi.

148. "Si un Bracmán toca o da un licor espirituoso o lo recibe con los modales del cuerdo; es decir, agradeciendo, y si bebe el agua dejada por un Sudra, no debe beber durante tres días sino agua hervida con kusa.

149. "Cuando un Bracmán, después de haber bebido el jugo de la asclepiada en un sacrificio, huele el aliento de un hombre que ha bebido licores fuertes, sólo se purifica reteniendo tres veces su respiración en medio del agua y comiendo mantequilla clarificada.

150. "Todos los hombres que pertenecen a las tres clases regeneradas y que por

equivocación han probado orines o excrementos humanos, o una cosa que ha estado en contacto con un licor espirituoso, deben recibir de nuevo el sacramento de la investidura del cordón sagrado.

151. "Pero en esa segunda ceremonia de la investidura de los Dwidjas no necesitan renovarse la tonsura, el cinturón, el bastón, la colecta de limosnas y las reglas de abstinencia.

152. "El que ha comido el alimento ofrecido por gentes con las que no debe comer o los restos de una mujer o un Sudra o carnes prohibidas, sólo debe beber durante siete días y siete noches orégano deshecho en agua.

153. "Si un Bracmán ha bebido licores de naturaleza dulce, pero que se han tornado agrios y jugos astringentes, aun que estén puras estas sustancias, queda impuro hasta que haya digerido lo que tomó.

154. "Que después de haber probado, por casualidad, orines o excrementos de un puerco doméstico, de un asno, de un camello, de un chacal, de un mono o de una corneja, haga la penitencia del Chandrayana.

155. "Si come carne seca u hongos terrestres y algo que provenga de una carnicería, a pesar suyo, debe imponerse la misma penitencia.

156. "Por haber comido, con conocimiento de causa, la carne de un animal carnívoro, de un puerco doméstico, de un camello, de un gallo, de una criatura humana, de una corneja o de un asno, la única expiación es la penitencia quemante.

157. "El Bracmán que después de haber terminado su noviciado toma su parte en la comida mensual hecha en honor de un pariente, recientemente fallecido, debe ayunar durante tres días y tres noches y permanecer un día en el agua.

158. "El novicio que prueba miel o carne sin quererlo, o en un momento de miseria, debe sufrir la penitencia más ligera, la del Pradjapatya y terminar en seguida su noviciado.

159. "Que después de haber comido lo que ha dejado un gato, un perro, una corneja, una rata o una mangosta o algo que un piojo ha tocado, beba una infusión hecha con la planta llamada brahmasuvarchala.

160. "El que trata de conservarse puro no debe comer alimentos prohibidos; que si lo hace por descuido los vomite en seguida o se purifique inmediatamente por medio de las expiaciones prescritas.

161. "Tales son las diferentes clases de penitencias prescritas por haber comido alimentos prohibidos; aprended ahora la regla de las penitencias con que se puede expiar el crimen de robo.

162. "El Bracmán que ha tomado voluntariamente un objeto, como grano cocido o crudo, en la casa de un hombre de la misma clase que él, queda absuelto haciendo la penitencia del Pradjapatya durante un año.

163. "Pero por haberse robado hombres o mujeres, por haberse apoderado de un campo o de una casa, o por haber tomado el agua de un pozo o de un lavadero, está prescrita la penitencia del Chandrayana.

164. "Que después de haber robado en casa de otro objetos de poco valor, el culpable haga la penitencia del Santapana para purificarse, restituyendo antes los

objetos robados, lo que debe hacerse en todos los casos.

165. "Por haber tomado cosas susceptibles de ser comidas o tragadas, un carruaje, un lecho, un asiento, flores, raíces o frutos, la expiación consiste en tragar las cinco cosas que produce una vaca : leche, leche cuajada, mantequilla, orines y boñiga.

166. "Por haber robado hierbas, maderas, árboles, arroz seco, azúcar en bruto, vestidos, pieles o carne hay que observar un estricto ayuno durante tres días y tres noches.

167. "Por haber robado piedras preciosas, perlas, coral, cobre, plata, hierro, latón o piedras, no debe comerse durante doce días sino arroz triturado.

168. "No debe tomarse sino leche durante tres días por haber robado algodón, seda o lana o un animal de pezuña hendida o no hendida, o pájaros o perfumes o plantas oficinales o cuerdas.

169. "Con penitencias es corno un Dwidja puede borrar la falta que deriva de un robo; pero no puede expiar sino con las penitencias siguientes el crimen de haberse acercado a una mujer con la que está prohibido el comercio carnal.

170. "El que ha tenido relaciones carnales con sus hermanas de madre, con las mujeres de su amigo o de su hijo, con mozas que no han llegado a la edad de la pubertad, debe sufrir la penitencia impuesta al que ha manchado el lecho de su padre espiritual o natural.

171. "El que ha conocido carnalmente a la hija de su tía paterna, que es como su hermana, o a la hija de su tía materna, o a la hija de su tío materno, debe hacer la penitencia del Chandrayana.

172. "Que ningún hombre juicioso escoja por esposa a una de estas tres mujeres; en razón del grado de parentesco, no debe casarse con ellas; el que se casa con una de ellas, se va a las regiones; infernales.

173. "El hombre que ha esparcido su simiente con hembras de animales, exceptuando a la vaca[230], o con una mujer que tiene sus reglas, o en sitio diferente del natural o en el agua, debe hacer la penitencia del Santapana.

174. "El Dwidja que se entrega a su pasión por un hombre en cualquier lugar que sea, o por una mujer en un carro tirado por bueyes o en el agua o durante el día, debe bañarse vestido.

175. "Cuando un Bracmán se una carnalmente a una mujer Chandali o Mlechla o come con ella o recibe de ella presentes, está degradado si ha obrado a sabiendas; si lo ha hecho voluntariamente, queda rebajado a la misma condición que esta mujer.

176. "Que el marido encierre en un departamento separado a la mujer enteramente corrompida; que le imponga la penitencia a que esté sometido un hombre por haber cometido adulterio.

177. "Pero si ella comete una nueva falta, seducida por un hombre de su clase, le están prescritas, para purificarse, las penitencias del Pradjapatya y la del Chandrayana.

178. "El pecado que comete un Bracmán acercándose durante una sola noche a una mujer Chandali puede borrarlo viviendo de limosnas durante tres años y

repitiendo sin cesar la Savitri.

179. "Tales son las expiaciones aplicables a estas cuatro clases de pecadores: los que hacen daño a las criaturas, los que comen alimentos prohibidos, los que roban y los que se unen carnalmente con mujeres a quienes no debían unirse; escuchad ahora las expiaciones siguientes prescritas para los que tienen relaciones con estos hombres degradados.

180. "El que tiene relaciones con un hombre degradado queda degradado al cabo de un año; no sólo sacrificando, leyendo la Santa Escritura, o contrayendo una alianza con él, lo que trae una degradación inmediata, sino simplemente yendo en el mismo carruaje, sentándose en el mismo asiento, comiendo en la misma comida.

181. "El hombre que tiene relaciones con alguna de estas personas degradadas debe hacer la misma penitencia a que está sometido este pecador, para purificarse de esas relaciones.

182. "Los sapindas y los samanodahas de un gran criminal degradado deben hacer por él, como si estuviera muerto, una libación de agua fuera del pueblo, en la tarde de un día favorable, en presencia de sus parientes paternos, de su capellán (Ritwidj) y de su guía espiritual (Gurú).

183. "Una esclava debe, volviéndose al sur, derribar una vieja vasija llena de agua, semejante a la que se ofrenda a los muertos; después de esto, los parientes próximos o lejanos se quedan impuros durante un día y una noche.

184. "Debe uno abstenerse de hablar con este hombre[231] degradado, de sentarse en compañía suya, de darle su parte en una herencia y de invitarlo a las reuniones mundanas.

185. "Que pierda los privilegios de la progenitura, así como toda la fortuna que le toca a un hermano mayor; que la parte del hermano mayor vaya al menor que le supera en virtud.

186. "Pero cuando ha hecho la penitencia requerida, sus parientes y él, deben derribar un vaso nuevo lleno de agua, después de haberse bañado juntos en un estanque muy puro.

187. "Que habiendo arrojado el vaso de agua entre a su casa y se ocupe como antes de todos los asuntos concernientes a su familia.

188. "Debe hacerse la misma ceremonia tratándose de mujeres degradadas; es preciso darles vestidos, alimentos y agua y alojarlas en cabañas situadas cerca de la casa.

189. "Que ningún hombre entre en comunicación con los pecadores que no han cumplido su penitencia; pero que cuando han expiado su falta no les haga nunca reproches.

190. "Sin embargo, debe abstenerse de vivir en compañía de los que han matado a niños, de los que han devuelto; mal por bien, que han dado muerte a suplicantes, que pedían asilo, o que han asesinado mujeres, aun cuando se hayan purificado según la ley.

191. "Los que pertenecen a las tres primeras clases, pero a quienes no se les ha hecho aprender la Savitri según la regla, deben sufrir tres veces la penitencia

ordinaria, la del Pradjapatya y después ser iniciados según el rito.

192. "Debe prescribirse la misma penitencia a los Dwid, las que deseen expiar un acto ilegal o la omisión del estudio del Veda,

193. "Los Bracmanes que adquieren alguna cosa por medio de actos censurables, se purifican con el abandono de la cosa, con plegarias y austeridades.

194. "Un Bracmán se purifica de haber recibido un presente reprensible repitiendo en el más profundo recogimiento tres mil veces la Savitri, tomando leche por todo alimento durante un mes en un prado dé vacas.

195. "Que cuando enflaquecido por el largo ayuno vuelve del prado, salude a los otros Bracmanes, quienes deben preguntarle: "Digno hombre, ¿deseáis ser admitido de nuevo a alternar con nosotros y prometéis no volver a cometer el mismo pecado?"

196. "Que después de haber respondido afirmativamente a los Bracmanes, dé hierba a las vacas y en este lugar purificado por la presencia de las vacas deben ocuparse de su rehabilitación las personas de su clase.

197. "El que ha oficiado en un sacrificio, por excomulgados (Vratyas), que ha quemado el cuerpo de un extranjero, que ha hecho conjuros mágicos para causar la muerte de un inocente o el sacrificio impuro llamad ahina, expía su falta con tres penitencias.

198. "El Dwidja que ha rehusado proteger a un suplicante o que ha enseñado la Santa Escritura en un día prohibido, borra este pecado no comiendo sino cebada durante un año.

199. "El que ha sido mordido por un perro, por un chacal, por un asno, por animales carnívoros que frecuentan un pueblo, por un hombre, un caballo, un camello, un puerco, se purifica reteniendo el aliento.

200. "No comer sino en el momento de la sexta comida o en la tarde del tercer día, durante un mes; recitar una Sanhita de los Vedas, hacer las ofrendas al fuego llamadas Sakalas[232] : tales son las expiaciones que convienen a los que están excluidos de las comidas y para quienes no se ha prescrito una expiación particular.

201. "Si un Bracmán sube voluntariamente a un carro tirado por camellos o asnos, o si se ha bañado enteramente desnudo, queda absuelto reteniendo una vez su aliento y repitiendo al mismo tiempo la Savitri.

202. "El que por estar muy apurado, ha depositado sus excrementos por falta de agua disponible, o lo ha hecho en el agua, puede purificarse bañándose vestido fuera de la ciudad y tocando a una vaca.

203. "Por la omisión de los actos que ordena cumplir constantemente el Veda y por la violación de los deberes prescritos a un dueño de casa, la penitencia prescrita consiste en ayunar un día entero.

204. "El hombre que ha impuesto silencio a un Bracmán o que ha tuteado a un superior, debe bañarse, no comer nada el resto del día y apaciguar al ofendido prosternándose respetuosamente ante él.

205. "El que ha golpeado a un Bracmán, aunque sea con una brizna de hierba, o lo ha atado del cuello con un vestido, o lo ha vencido en una disputa, debe calmar

su resentimiento arrojándose a sus pies.

206. "El hombre que se ha precipitado impetuosamente contra un Bracmán con intención de matarlo, permanecerá en el infierno cien años; mil años, si lo ha golpeado.

207. "Cuantos granos de polvo absorbe la sangre del Bracmán herido, que se ha esparcido en tierra, tantos otros miles de años permanecerá en la mansión infernal el autor de esta mala acción.

208. "Que por haberse precipitado un hombre, de manera amenazante, contra un Bracmán, recita la penitencia ordinaria; que sufra la penitencia rigurosa si lo ha herido; que si ha hecho correr su sangre se imponga a la vez la penitencia ordinaria y la penitencia rigurosa.

209. "Que tratándose de la expiación de las faltas a las que no se ha asignado penitencia particular, la asamblea declare la expiación oportuna, después de haber considerado las facultades del culpable y la naturaleza de la falta.

210. "Voy ahora a explicaros en qué consisten esas penitencias, por medio de las cuales borra un hombre sus pecados; penitencias que usaron los Dioses, los Santos y los antepasados divinos (Pitris).

211. "El Dwidja que sufre la penitencia ordinaria, llamada Pradjapatya, debe, durante tres días, comer sólo en la mañana, durante tres días solamente en la tarde, durante tres días alimentos no mendigados, sino que le han dado voluntariamente, y en fin, ayunar durante los tres últimos días.

212. "Comer durante un día orines y boñiga de vaca mezclados con leche, leche cuajada, mantequilla clarificada y agua hervida con kusa, después ayunar un día y una noche, es en lo que consiste la penitencia llamada Santapana,

213. "El Dwidja que sufre la penitencia llamada rigurosa (Atikrichhra), debe comer un solo bocado de arroz durante tres veces tres días, del mismo modo que en la penitencia ordinaria y durante los tres últimos días no tomar alimento.

214. "Un Bracmán que cumple la penitencia ardiente (Taptakrichhra), no debe tomar sino agua caliente, leche caliente, mantequilla clarificada caliente y vapor caliente, cada una de estas cosas durante tres días, bañándose una vez y guardando el más profundo recogimiento.

215. "El que dueño de sus sentidos, y con entera atención, soporta un ayuno de doce días, hace la penitencia llamada Baraka, que expía todas las faltas.

216. "Que el penitente que desea cumplir la Chandrayana, después de haber comido quince el día de la luna llena, disminuya su alimento de un bocado por día durante a quincena oscura que sigue, de suerte que el décimocuarto día no coma sino un bocado y que ayune el décimoquinto, que es el día de la luna mueva; que por el contrario, aumente su alimento, de un bocado por día durante una quincena iluminada, comenzando el primer día por un bocado, y que se bañe en la mañana, en el mediodía y en la tarde: tal es la primera clase de penitencia lunar (Chandrayana) que está comparada con el cuerpo de la hormiga, el cual es estrecho en el medio.

217. "Debe observar la misma regla enteramente, cumpliendo la especie de castigo lunar comparado al grano de cebada, el cual es largo en el medio,

comenzando con la quincena iluminada[283] y reprimiendo sus órganos de los sentidos.

218. "El que sufre la penitencia lunar de un devoto ascético (Yati) debe domeñar su cuerpo y comer solamente ocho bocados de granos salvajes la quincena iluminada, ya con la quincena oscura.

219. "El Bracmán que cumple la penitencia lunar, debe comer durante un mes cuatro bocados por la mañana en profundo recogimiento y cuatro bocados después de la puesta del sol.

220. "El que poniendo freno a sus órganos, durante todo un mes, no come más de tres veces ochenta bocados de granos salvajes, de cualquier manera que sea, llegará a la mansión del regente de la luna.

221. "Los once Rudras[234], los doce Adytyas[235], los ocho Vasus[238], los Genios del viento (Maruts), los siete grandes Santos (Rishis) han cumplido esta penitencia lunar para librarse de todo mal.

222. "Cada día el penitente debe hacer la oblación de mantequilla clarificada al fuego, pronunciando las tres grandes palabras (Maga-Vyahritis); que evita la maldad, la mentira, la cólera y los caminos tortuosos.

223. "Que tres veces al día y tres veces en la noche entre al agua vestido y que nunca dirija la palabra a una mujer, a un Sudra o a un hombre degradado.

224. "Que esté siempre en movimiento, levantándose y sentándose alternativamente o, que si no lo puede, se tienda en la tierra desnuda; que sea casto como un novicio, que siga las mismas reglas relativas al cinturón y al bastón, y que reverencie a su maestro espiritual, a los Dioses y a los Bracmanes.

225. "Que repita continuamente, con todas sus fuerzas, la Savitri y las otras plegarias expiatorias, y que despliegue la misma perseverancia en todas las penitencias que tienen por fin borrar los pecados.

226. "Debe imponerse esta penitencia a los Dwidjas, cuyas faltas son conocidas por el público, para su expiación; pero que la asamblea ordene a aquellos cuyas faltas no son públicas que se purifiquen con plegarias y oblaciones al fuego.

227. "Por una confesión hecha ante todo el mundo por el arrepentimiento, por la devoción, por recitar las plegarias sagradas, puede librarse de su falta un pecador, así como también dando limosnas cuándo se halla en la imposibilidad de hacer otra penitencia.

228. "Según la franqueza y la sinceridad de la confesión, hecha por un hombre que ha cometido una iniquidad, se libra de su iniquidad, del mismo modo que una serpiente de su piel.

229. "Cuanto más remordimiento siente su alma por una mala acción, tanto más libre del peso de esta acción perversa quedará su cuerpo.

230. "Si después de haber cometido una falta se arrepiente vivamente, quedará libertado de ella; cuando dice: "No lo volveré a hacer", esta intención de enmienda lo purifica.

231. "Que habiendo bien meditado en su espíritu en la certidumbre de un premio reservado a las acciones después de la muerte, haga de modo que sus

pensamientos, palabras y actos sean siempre virtuosos.

232. "Que cuando ha cometido un acto represible, ya sea por descuido, ya voluntariamente, se cuide de volver a hacerlo, si desea obtener la remisión de su pecado; debe duplicarse la penitencia por la reincidencia.

233. "Si después de haber hecho una expiación siente todavía un peso en la conciencia, debe continuar sus devociones, hasta que ellas le hayan traído una satisfacción perfecta.

234. "Está declarado por los Sabios que conocen el sentido de los Vedas, que toda la felicidad de los Dioses y de los hombres tiene a la devoción por origen, por punto de apoyo y por límite.

235. "La devoción de un Bracmán consiste en el conocimiento de los santos dogmas; la de un Chatrya en la protección otorgada a los pueblos; la de un Vaisya en los deberes de su profesión; la de un Sudra en la sumisión y la obediencia.

236. "Los santos que dominan su cuerpo y su espíritu, que sólo se nutren con frutas, raíces y aire, contemplan los tres mundos[237] con los seres móviles e inmóviles que encierran, por el poder de su austera devoción.

237. "Los medicamentos saludables, la salud, la ciencia divina y las diversas mansiones celestes, se obtienen con la devoción austera; sí, la devoción es el medio de obtenerlos.

238. "Todo cuanto es difícil de obtener, difícil de atravesar, difícil de abordar y difícil de cumplir, puede lograrse con la austera devoción, pues la devoción es lo que presenta más obstáculos,

239. "Los grandes criminales y todos los hombres culpables de diversas faltas, se libran de sus pecados por medio de austeridades exactamente practicadas.

240. "Las almas que animan a los gusanos, las serpientes, las langostas, los animales, los pájaros y aun los vegetales, llegan al cielo por el poder de la austera devoción.

241. "Todo pecado que han cometido los hombres con pensamientos, palabras y obras, pueden consumirlo enteramente y en el acto con èl fuego de sus austeridades cuando tienen como riqueza la devoción.

242. "Los habitantes del cielo aceptan los sacrificios y cumplen los deseos del Bracmán purificado siempre por la devoción.

243. "El todopoderoso Brahama produjo a fuerza de sus austeridades este libro (Sastra); igualmente por la devoción adquieren los Rishis un perfecto conocimiento de los Vedas.

244. "Los Dioses mismos han proclamado la suprema excelencia de la devoción, considerando que la devoción es el origen santo de todo lo que hay de feliz en este mundo.

245. "El estudio diario y asiduo de los Vedas, la celebración de las cinco grandes oblaciones (Maha-Yadjanas) y el olvido de las injurias, pronto borran la mancha, aun la que deriva de los grandes crímenes.

246. "Así como con su llama ardiente el fuego consume en seguida el leño que toca, así también el que conoce los Vedas consume en seguida sus pecados con el

fuego de su saber.

247. "Os he declarado, según la ley, el medio de expiar las faltas públicas; aprended ahora cuáles son las expiaciones oportunas por las faltas secretas.

248. "Diez y seis supresiones de aliento al mismo tiempo que se recita el monosílabo Aum y la Savitri y las tres grandes palabras (Vyahritis) continuadas diariamente durante un mes, pueden purificar aun al asesino de un Bracmán.

249. "Un bebedor de licores espirituosos, queda absuelto repitiendo diariamente la plegaria de Kotsa[238] que comienza por Apa, o la de Vasishtha, cuya primera palabra es Patri, o el Mahitra, o el Suddhavatyah.

250. "El que ha robado oro a un Bracmán se torna puro en el acto, repitiendo una vez al día durante un mes, el Asyavamiya y el Sivasankalpa.

251. "Recitando diez y seis veces al día durante un mes el Havishyantiya o el Natamanha, o repitiendo interiormente el himno Purusha, queda absuelto de su falta el que ha manchado el lecho de su padre espiritual.

252. "El hombre que desea expiar sus pecados secretos, grandes y pequeños, debe repetir una vez al día, durante un año, la plegaria que comienza por Ava o el Yatkinchida.

253. "Después de haber recibido un presente represible o después de haber comido alimentos prohibidos, se purifica uno en tres días, repitiendo el Taratsamandya.

254. "Aun el que ha cometido muchas faltas secretas, queda purificado recitando durante un mes el Sumarodra o las tres plegarias que comienzan por Ayrama y bañándose en un río.

255. "El que ha cometido una falta grave debe repetir las siete estancias que comienzan por Indra durante medio año, y el que ha manchado con alguna impureza el agua, debe vivir sólo de limosna durante un mes.

256. "El Dwidja que ofrende mantequilla clarificada durante un año con las plegarias de las oblaciones llamadas Sakalas o recitando la invocación cuyo comienzo es Nama, borrará la falta más grave.

257. "El que ha cometido un gran crimen, siga en perfecto recogimiento a un rebaño de vacas, repitiendo las plegarias llamadas Pavamanis y alimentándose de cosas dadas por caridad; quedará absuelto al cabo de un año.

258. "O aún, si recita tres veces una Sanhita de los Vedas con los Mantras y los Brahmanas, retirado en medio de un bosque, en perfecta disposición de cuerpo y de espíritu, y purificado con tres Parakas obtendrá la absolución de sus crímenes todos.

259. "O que ayune tres días seguidos señoreando sus órganos, bañándose tres veces al día y repitiendo tres veces la Agamarshana; quedarán expiados todos sus crímenes.

260. "Así como el sacrificio del caballo (Aswamedha), este rey de los sacrificios, borra todos los pecados, así también el himno Agamarshàna borra todas las faltas.

261. "Un Bracmán que poseyera el Rig-Veda por entero no se mancharía con ningún crimen aunque hubiera matado a todos los habitantes de los tres mundos y hubiera aceptado alimento del hombre más vil.

262. "Después de haber recitado tres veces, en el más profundo recogimiento, un Sanhita del Rich, del Yadjus o del Sama, comprendidos los Mantras y los Brahmanas, con las partes misteriosas[239], queda un Bracmán libre de toda falta.

263. "Así como un terrón de tierra arrojado a un gran lago desaparece, así también todo acto culpable queda sumergido en el triple Veda.

264. "Debe considerarse que las plegarias del Rich, las de los Yadjus y las diferentes secciones del Sama, componen el triple Veda; el que lo conoce, conoce la Santa Escritura.

265. "La santa sílaba primitiva, compuesta de tres letras, en la cual está comprendida la triada Védica, debe conservarse secretamente como otro triple Veda; el que conoce el valor místico de esta sílaba, conoce el Veda."

LIBRO DUODÉCIMO:

Transmigración de las almas.

1. "¡Oh tú, que estás exento de pecado! dijeron los Maharshis, nos has declarado todos los deberes de las cuatro clases; explícanos ahora, conforme a la verdad, la recompensa suprema de las acciones.

2. "El descendiente de Manú, Brighu soberanamente justo, respondió a los Maharshis: Escuchad la soberana decisión de la retribución destinada a todo lo que está dotado de la facultad de obrar.

3. "Todo acto de la palabra, del pensamiento o del cuerpo, según sea bueno o malo, produce buen o mal fruto, de las acciones de los hombres resultan sus diferentes condiciones superiores, medias o inferiores.

4. "Que se sepa que en el mundo el espíritu (Manas), es el instigador de este acto, unido al ser animado que tiene tres grados, el superior, el intermedio y el inferior, y que se opera de tres maneras, que es de diez clases.

5. "Pensar en los medios de apropiarse el bien ajeno, meditar en un acto culpable, abrazar el ateísmo y el materialismo, son los tres malos actos del espíritu.

6. "Decir injurias, mentir, maldecir de todo el mundo y hablar intempestivamente, son los cuatro malos actos de la palabra.

7. "Apoderarse de cosas no dadas, hacer daño a los seres animados sin estar autorizado a ello por la ley, y cortejar a la mujer del prójimo, está reconocido que son tres malos actos del cuerpo; los diez actos opuestos son buenos en el mismo grado.

8. "El ser dotado de razón obtiene una recompensa o un castigo en su espíritu, por los actos del espíritu; por los de la palabra, en los órganos de la palabra; por los actos corporales, en su cuerpo.

9. "Por actos corporales provenientes principalmente del cuerpo, el hombre pasa después de su muerte al estado de criatura privada de movimiento; por faltas consiguientes, sobre todo, en palabras, reviste la forma de un pájaro o de una bestia feroz; por faltas mentales especialmente, renace en la más vil condición humana.

10. "Aquel cuya inteligencia ejerce una autoridad soberana (danda) sobre su palabra, su espíritu y su cuerpo, puede ser llamado Tridandi (que tiene tres poderes), con mayor título que el devoto mendigo que lleva simplemente tres bastones[240].

11. "El hombre que despliega esta triple autoridad que tiene sobre sí mismo con respecto a todos los seres y que reprime el deseo y la cólera, obtiene por este medio la beatitud final.

12. "El principio vital motor de este cuerpo es llamado por los hombres instruidos Kshetradjna, y este cuerpo que desempeña las funciones es designado por los Sabios bajo el nombre de Bhutatma (compuesto de elementos).

13. "Otro espíritu interno llamado Djiva o Mahat, nace con todos los seres animados y por este espíritu en que se transforma y se torna en la conciencia y los

sentidos, es por quien, en todos los nacimientos y el dolor percibe el alma (Kshetradjna) el placer y el dolor.

14. "Estos dos principios, la inteligencia (Mahat) y el alma (Kshetradjna), unidos a los cinco elementos, se mantienen en un estrecho lazo con esta: Alma suprema (Paramalma) que reside en los seres de orden más elevado y en los del orden inferior.

15. "De la sustancia de esta alma suprema, se escapan, como las chispas del fuego, innumerables principios vitales que comunican incesantemente el movimiento a las criaturas de diverso orden.

16. "Después de la muerte, las almas de los hombres que han cometido malas acciones, toman otro cuerpo, a la formación del cual concurren los cinco elementos sutiles y el que está destinado a ser sometido a las torturas del infierno.

17. "Cuando las almas revestidas de este cuerpo han sufrido en el otro mundo las penas infligidas por Yama, las partículas elementales se separan y entran de nuevo en los elementos sutiles de que habían salido[241].

18. "Después de haber recogido el fruto de las faltas nacidas de abandonarse a los placeres de los sentidos, el alma cuya mancha se ha barrado vuelve a los dos principios dotados de una inmensa energía, el Alina suprema (Paramalma) y la inteligencia .(Mahat).

19. "Estos dos principios examinan juntos, sin tregua, las virtudes y los vicios del alma; y según que ésta se haya entregado al vicio o a la virtud, obtiene en este mundo y en el otro la pena o la alegría.

20. "Si el alma practica casi siempre la virtud y rara vez el vicio, saboreará las delicias del paraíso (Swarga), revestida de un cuerpo formado con los cinco elementos.

21. "Pero si ella se ha dado con frecuencia al mal y rara vez al bien, se la despojará después de la muerte, de su cuerpo sacado de los cinco elementos y revestida de otro cuerpo formado con partículas sutiles de tos elementos, se la someterá a las torturas infligidas por Yama.

22. "Después de haber soportado estos tormentos, conforme a la sentencia del juez de los infiernos, el alma (Djiva) cuya mancha está completamente borrada, reviste de nuevo partículas de los cinco elementos, es decir, toma un cuerpo.

23. "Que el hombre, considerando, con ayuda de su espíritu, que estas transmigraciones del alma dependen de la virtud y el vicio, encamine siempre su espíritu a La virtud.

24. "Que sepa que el alma (Atama), les decir, la inteligencia, tiene tres cualidades (Gunas): la bondad (Sattwa), la pasión (Radjas) y la oscuridad (Tamas), y dotada de una de estas cualidades, es como la inteligencia (Mahat) permanece incesantemente ligada a las sustancias creadas.

25. "Cuando una de estas cualidades domina enteramente en cuerpo mortal, hace que el ser animado dotado de esta cuerpo se distinga eminentemente por las señales de esta cualidad.

26. "La señal distintiva de la bondad es la ciencia; la de la oscuridad es la

ignorancia; la de la pasión consiste en el deseo apasionado y en La aversión: tal es la manera como se manifiestan invariablemente estas cualidades que acompañan a todos los seres.

27. "Que cuando un hombre descubre en un alma inteligente un sentimiento afectuoso, enteramente sosegado y puro como el día, reconozca que es la cualidad de bondad (Sattwa).

28. "Pero a toda disposición del alma que está acompañada de pena, que causa aversión y lleva sin cesar a los seres animados a los placeres de los sentidos, debe considerarla como la cualidad de pasión (Radjas) que es difícil de vencer.

29. "En cuanto a esta disposición del alma que está privada de la distinción del bien y del mal, incapaz de discernir los objetos, inconcebible, no apreciable por la conciencia y los Mentidos exteriores, debe reconocérsele como la cualidad de oscuridad (Tamas).

30. "Ahora voy a declararos enteramente los actos excelentes, mediocres y malos que proceden de estas tres cualidades.

31. "El estudio del Veda, la devoción austera, la ciencia divina, la pureza, el acto de domeñar a los órganos de los sentidos, el cumplimiento de los deberes y la meditación del Alma suprema, son los efectos o la cualidad de bondad.

32. "No obrar sino con esperanza de recompensa, abandonarse al desaliento, hacer cosas prohibidas por la ley y darse sin cesar a los placeres de los sentidos, son los indicios de la cualidad de pasión.

33. "La avaricia, la indolencia, la irresolución, la maledicencia, el ateísmo, la omisión de los actos prescritos, la inoportunidad y la negligencia denotan la cualidad de oscuridad.

34. "Además, en cuanto a estas tres cualidades situadas en tres momentos del pasado, del porvenir y del presente, he aquí, en resumen, los indicios que deben considerarse como los mejores.

35. "El acto del que se tiene vergüenza, cuando se le acaba de hacer, cuando se le hace o cuando uno se prepara a hacerlo, debe considerarlo el hombre cuerdo como marcado con la cualidad de oscuridad.

36. "Todo acto por el que se desea adquirir gran notoriedad en el mundo, sin afligirse mucho, por lo demás, de que no tenga éxito, debe mirarse como perteneciente a la cualidad de pasión.

37. "Cuando se desea con toda el alma conocer los santos dogmas, cuando no se tiene vergüenza de lo que se hace y el alma siente más bien satisfacción, este acto lleva la marca de la cualidad de bondad.

38. "El amor al placer distingue a la cualidad de oscuridad; el amor a la riqueza, a la cualidad de pasión; el amor a la virtud, a la cualidad de bondad; la superioridad de mérito, tratándose de estas cosas, sigue el orden de enumeración.

39. "Voy ahora a declararos sucintamente y por orden las diversas transmigraciones que experimenta el alma en este sentido, por la influencia de estas tres cualidades.

40. "Las almas dotadas de la cualidad de bondad adquieren la naturaleza divina; a

las que están dominadas por la pasión, les toca la naturaleza humana; las almas sumidas en la oscuridad descienden al estado de animales; tales son las tres principales clases de transmigraciones.

41. "Debe considerarse que cada una de estas tres clases de transmigraciones causadas por las diferentes cualidades tienen tres grados: inferior, intermedio y superior, en razón de los actos y del saber.

42. "Los vegetales, los gusanos y los insectos, los peces, las serpientes, las tortugas, los ganados y los animales salvajes, son las condiciones inferiores que se derivan de la cualidad de oscuridad.

43. "Los elefantes, los caballos, los Sudras, los Bárbaros (Mlechas) despreciados, los leones, los tigres y los jabalíes, forman los estados medios que causa la cualidad de oscuridad.

44. "Los bailarines, los pájaros, los hombres que hacen profesión de engañar, los gigantes (Rakshasas) y los vampiros (Pisachas) componen el orden más elevado de la cualidad de oscuridad.

45. "Los jugadores de bastón (Djhalas), los luchadores (Malas), los actores, los maestros de armas y los hombres dados al juego o las bebidas embriagadoras,, son los estados más bajos causados por la cualidad de pasión.

46. "Los reyes, los guerreros (Chatryas), los consejeros espirituales de los reyes y los hombres muy hábiles en la controversia, forman el orden intermedio de la cualidad de pasión.

47. "Los Músicos celestes (Gandhargas), los Guhyacas y los Yakshas, los genios que siguen a los Dioses y todas las Ninfas celestes (Apsaras), son las más elevadas de todas las condiciones a que lleva la cualidad de pasión.

48. "Los anacoretas, los devotos ascéticos, los Bracmanes, las legiones de semidioses de carros aéreos, los Genios de los asterismos lunares y los Detyas, forman el primer grado de las condiciones que ocasiona la cualidad de bondad.

49. "Los sacrificadores, los Santos (Rishis), los Dioses, los Genios de los Vedas, los Regentes de Las estrellas, las Divinidades de los años, los Pitris y los Sadhyas, componen el grado intermedio a que lleva la cualidad de bondad.

50. "Brahama, los creadores del mundo, como Marichi; el Genio de la virtud, las dos divinidades que presiden al principio intelectual (Mahat) y al principio invisible (Avykata) del sistema Sankya, están considerados como el supremo grado de la cualidad de bondad.

51. "Os he revelado en toda su extensión este sistema de las transmigraciones dividido en tres clases, cada una de las cuales tiene tres grados, el cual corresponde a tres clases de actos y comprende a todos los seres.

52. "Entregándose a los placeres de los sentidos y descuidando sus deberes a los más viles de los hombres que ignoran las expiaciones santas, les corresponden las condiciones más despreciables.

53. "Aprended ahora enteramente y por orden, por qué acciones cometidas aquí abajo, el alma debe entrar a tal o cual cuerpo en este mundo.

54. "Después de haber pasado numerosas series de años en las terribles

mansiones infernales, al concluir este período, los grandes criminales están condenados, para que acaben de expiar sus faltas, a las transmigraciones siguientes.

55. "El asesino de un Bracmán pasa al cuerpo de un perro, de un jabalí, de un asno, de un camello, de un toro, de un cabrón, de un morueco, dé una bestia salvaje, de un pájaro, de un chándala y de un pukkasa, según la gravedad del crimen.

56. "Que el Bracmán que bebe licores espirituosos renazca bajo la forma de un insecto, de un gusano, de una langosta, de un pájaro que se alimenta con excrementos y de un animal feroz.

57. "El Bracmán que ha robado oro pasará mil veces a cuerpos de arañas, de serpientes, de camaleones, de animales acuáticos y de vampiros maléficos.

58. "El hombre que ha manchado el lecho de su padre espiritual o natural renace cien veces en estado de hierba, de matorral, de liana, de pájaro carnívoro, como el buitre; de animal armado de dientes agudos, como el león, y de bestia feroz, como el tigre.

59. "Los que cometen actos de crueldad se tornan en animales ávidos de carne sangrienta, como los gatos; los que comen alimentos prohibidos se tornan gusanos; los ladrones se vuelven seres que se devoran entre sí; los que cortejan a mujeres de baja clase, espíritus.

60. "El que ha tenido relaciones con hombres degradados, el que ha conocido a la mujer ajena o que ha robado algo, pero no oro, a un Bracmán, se volverá un espíritu denominado Brahmarakshasa.

61. "Si un hombre ha robado por avaricia piedras preciosas, perlas, coral o joyas de diversas clases, renacerá en la tribu de los orfebres (o en el cuerpo del pájaro hemakara).

62. "Por haber robado grano, se vuelve rata en el nacimiento siguiente; si ha robado latón, se vuelve cisne; si agua, somorgujo; si miel, tábano; si leche, corneja; sí el jugo extraído de una planta, perro; si mantequilla clarificada, mangosta.

63. "Si ha robado carne, renace buitre; si grasa, madgú[242]; si aceite, telapaka[243]; si sal, cigarra; si leche cuajada, cigüeña (balaha).

64. "Si ha robado vestidos de seda, renace perdiz; si una tela de lino, rana; si un tejido de algodón, chorlito; si una vaca, cocodrilo; si azúcar, vagguda[244].

65. "Por el robo de perfumes agradables se vuelve ratón almizclero; por hortalizas, pavo real; por grano diversamente preparado, erizo; por grano crudo, puercoespín.

66. "Por haber robado fuego, renace garza; por un utensilio doméstico, abejón; por vestidos teñidos, perdiz roja.

67. "Si ha robado un ciervo o un elefante, renace lobo; si un caballo, tigre; si frutos o raíces, mono; si a una mujer, oso; si agua de beber, chataka[245]; si carruajes, camello; si ganado, cabrón.

68. "El hombre que se lleva por fuerza tal o cual objeto perteneciente a otro o que come mantequilla clarificada y pasteles antes que sean ofrendados a una Divinidad, será rebajado inevitablemente a la condición de bruto.

69. "Las mujeres que han cometido semejantes robos incurren en la misma

mancha; están condenadas a unirse a estos seres como hembras suyas.

70. "Cuando los (hombres de las cuatro) clases, sin que haya necesidad urgente, se apartan de sus deberes particulares, pasarán a los cuerpos más viles y se verán reducidos a ser esclavos bajo el poder de sus enemigos.

71. "Un Bracmán que descuida sus deberes renace, después de su muerte, bajo la forma de un espíritu (Preta) denominado Ulkamuka[246], que come lo que ha sido vomitado; un Chatrya bajo la de un espíritu llamado Kataputana que se nutre con alimentos impuros y cadáveres en putrefacción.

72. "Un Vaisya se torna en un maligno espíritu llamado Metrakshadjyotika, que devora materias purulentas; un Sudra que no atiende a sus ocupaciones se torna en un genio malo llamado Chelasaka, que se alimenta con piojos.

73. "Mientras más se entregan al placer de los sentidos los seres inclinados a la sensualidad, tanto mayor desarrollo adquiere la agudeza de sus sentidos.

74. "Y en razón, su grado de obstinación en cometer malas acciones experimentarán aquí abajo estos insensatos penas cada vez más crueles, volviendo al mundo bajo tal o cual forma innoble.

75. "Se van, desde luego, el Tamisra y a las otras horribles mansiones del infierno, a la Asipatravana (selva que tiene por hojas de espada) y a diversos lugares de cautiverio y de tortura.

76. "Les están reservados tormentos de toda clase; serán devorados por cuervos y por buhos; devorarán pasteles quemantes; caminarán sobre arenas inflamadas y sufrirán el insoportable dolor de ser expuestos al fuego como las vasijas de un alfarero.

77. "Nacerán bajo formas de animales expuestos a continuas penas; sufrirán alternativamente el dolor del exceso de frío y del calor y serán presa de toda clase de terrores.

78. "Más de una vez residirán en diferentes matrices y vendrán al mundo con dolor; sufrirán crueles detenciones y estarán condenados a servir a otras criaturas.

79. "Se verán obligados a separarse de sus padres, de sus amigos, y a vivir con malvados; amontonarán riquezas y las perderán; los amigos que lograron con esfuerzo se tornarán en enemigos.

80. "Tendrán que soportar una vejez sin recursos, enfermedades dolorosas, penas de toda clase y la muerte, que es imposible vencer.

81. "Según sea la disposición del espíritu producida por una de estas tres cualidades, en la que un hombre celebre tal o cual acto, así recogerá el fruto de éste en un cuerpo dotado de esa cualidad.

82. "Os ha sido revelada enteramente la retribución debida a los actos; conoced ahora los actos de un Bracmán que pueden llevarlo a la felicidad eterna (Nihsreyasa)[247].

83. "Estudiar y comprender los Vedas, practicar la devoción austera, conocer a Dios (Brahama), dominar los órganos de los sentidos, no hacer daño y honrar a su maestro espiritual, son las principales obras que llevan a la beatitud final.

84. "Pero entre todos estos actos virtuosos practicados en este mundo, dijeron

los Santos: ¿no hay alguno que esté considerado como más poderoso que los demás para llevar a la felicidad suprema?'

85. "De todos estos deberes, respondió Brighú, el principal es adquirir, por medio del estudio de los Updnishads, el conocimiento del alma (Atma) suprema; es la primera de todas las ciencias; por ella, en efecto, se adquiere la inmortalidad.

86. "¡Sí! Entre estos seis deberes, el estudio del Veda, con objeto de conocer el Alma suprema (Paramatma), está mirado como el más eficaz para conseguir la felicidad en este mundo como en el otro.

87. "Pues en esta obra del estudio del Veda y en la adoración del alma suprema están enteramente comprendidas todas las reglas de buena conducta enumeradas más arriba por orden.

88. "El culto prescrito por los libros santos es de dos clases: el uno, en relación con el mundo, y que logra goces, como el del Paraíso, por ejemplo; el otro, desligado de las cosas del mundo y que conduce a la felicidad suprema.

89. "El acto piadoso que procede de la esperanza de un provecho en este mundo, como, por ejemplo, un sacrificio para obtener la lluvia, o, en la otra vida, como una oblación hecha con el objeto de ser recompensado por ella después de la muerte, se dice que está ligado al mundo; pero el que es desinteresado y está guiado por el conocimiento del Ser divino (Brahama), ni dice que está desligado del mundo.

90. "El hombre que practica frecuentemente actos religiosos interesados llega al nivel de los Dioses (Devas); pero el que realiza a menudo obras piadosas desinteresadas se despoja para siempre de los cinco elementos y obtiene la liberación de las lasos. del cuerpo.

91. "Viendo igualmente al alma suprema en todos los seres y a todos los seres en el alma suprema, ofreciendo su alma en sacrificio, se identifica con el ser que refulge por su propio brillo.

92. "Descuidando los ritos religiosos prescritos por los Sastras, el Bracmán debe meditar con perseverancia en el Alma suprema, vencer sus sentidos y repetir los Textos santos.

93. "En esto es en lo que consiste el provecho del segundo nacimiento, principalmente para el Bracmán, puesto que el Dwidja, cumpliendo con este deber, obtiene la realización de todos sus deseos y no de otra manera.

94. "El Veda es un ojo eterno para los Manes (Pitris), los Dioses y los hombres; el Libro santo no puede haber sido compuesto por los mortales, y no es susceptible de ser medido con la razón humana; tal es la decisión.

95. "Las colecciones de leyes que no están fundadas en el Veda, así como los sistemas heterodoxos de cualquier clase, no producen buen fruto alguno después de la muerte, pues los legisladores han declarado que no tienen otro resultado que las tinieblas infernales.

96. "Todos los libros que no se basan en la Santa Escritura han salido de mano de los hombres y perecerán; su posteridad prueba que son inútiles y mentirosos.

97. "El conocimiento de las cuatro clases, de los tres mundos y de las cuatro órdenes distintas con todo lo que ha sido, lo que es y lo que será, deriva del Veda.

98. "El sonido, el atributo tangible, la forma visible, el gusto y el olor, que es el quinto objeto de los sentidos, de los elementos cuyas cualidades son ellos y con las funciones de los elementos.

99. "El Veda-Sastra primordial sostiene a todas1 las criaturas; en consecuencia, lo considero como la causa suprema de prosperidad para el hombre.

100. "El que comprende perfectamente el Veda-Sastra merece el mando de los ejércitos, la autoridad real, el poder de infligir castigos y la soberanía de toda la tierra.

101. "Así como un fuego violento quema hasta a los árboles todavía verdes, así también el hombre que estudia y comprende los Libros santos borra en sí toda mancha nacida del pecado.

102. "El que conoce perfectamente el sentido del Veda-Sastra, cualquiera que sea la orden en que se halle, se prepara, durante su estadía en este bajo mundo, para la identificación con Dios (Brahama).

103. "Los que han leído mucho valen más que los que han estudiado poco; los que poseen lo que han leído, son preferibles a los que han leído y olvidado; los que comprenden tienen más mérito que los que saben de memoria; los que cumplen con su deber son preferibles a los que lo conocen simplemente.

104. "La devoción y el conocimiento del Alma divina son para un Bracmán los mejores medios de llegar a la felicidad suprema: con la devoción borra sus faltas; con el conocimiento de Dios (Brahama) consigue la inmortalidad.

105. "Tres modos de pruebas, la evidencia, el razonamiento y la autoridad de los diferentes libros deducidos de la Santa Escritura, debe comprender bien el que trata de adquirir un conocimiento positivo de sus deberes.

106. "Sólo el que razona fundándose en la Santa Escritura y en la colección de la ley, apoyándose en reglas de lógica conforme a la Escritura Santa, conoce el sistema de deberes religiosos y civiles.

107. "Las reglas de conducta que conducen a la beatitud han sido declaradas exacta y enteramente; va a sernos revelada la parte secreta de este código de Manú.

108. "En los casos particulares que no se mientan especialmente, si se pregunta lo que debe hacerse, helo aquí: Que la decisión pronunciada por Bracmanes instruidos tenga fuerza de ley sin disputa.

109. "Debe reconocerse que son muy instruidos los Bracmaríes que han estudiado, como lo ordena la ley, el Veda y sus ramas, que son los Angas, la doctrina Mimansa[248], el Dharma-Sastra y los Puranas, y que pueden sacar pruebas del Libro revelado.

110. Que nadie dispute sobre, un punto de ley que ha sido decidido por una asamblea de diez Bracmanes, por lo menos, o por un consejo de Bracmanes virtuosos, que deben reunirse en número de tres, por lo menos.

111. "La asamblea compuesta de diez jueces, por lo menos, debe contener tres Bracmanes versados en los tres Libros santos, un Bracmán imbuido en el sistema filosófico ortodoxo del Nyara, otro imbuido en la doctrina Mimansa, un erudito que conozca el Nirukta[249], un legista y un miembro de cada una de las tres primeras

órdenes.

112. "Un Bracmán que haya estudiado particularmente el Rig-Veda, otro que conozca especialmente el Yadjús, un tercero que posea el Sama-Veda, componen el consejo de tres jueces para la solución de todas las dudas en materia de jurisprudencia.

113. "Aun la decisión de un solo Bracmán, siempre que sea versado en el Veda, debe considerarse como una ley dé la mayor autoridad, y no la de diez mil personas que no conozcan la doctrina sagrada.

114. "Los Bracmanes que no han observado las reglas del noviciado, que no conocen los Textos santos y no tienen otra recomendación que su clase, no están admitidos a formar una asamblea general aunque estuvieran en número de varios miles.

115. "La falta de la persona a quien gentes ineptas penetradas en la cualidad de oscuridad explican la ley que ellos mismos ignoran, caerá sobre estos hombres y cien veces más considerable.

116. "Os han sido declarados los actos excelentes que llevan a la beatitud eterna; el Dwidja que no los descuida obtiene una felicísima condición.

117. "Así es como el poderoso y glorioso Manú, por benevolencia para con los mortales, me ha revelado enteramente estas leyes importantes, que sólo deben ser un secreto para los hombres indignos de conocerlas.

118. "Que el Bracmán, concentrando toda su atención, vea en el Alma divina a todas la cosas visibles e invisibles; pues considerando todo en el Alma, no entrega su espíritu a la iniquidad.

119. "El Alma es la reunión de los Dioses; el Universo reposa en el Alma suprema; el Alma es la que produce la serie de actos realizados por los seres animados.

120. "Que el Bracmán contemple con ayuda de la meditación; el éter sutil en las cavidades de su cuerpo; el aire en su acción muscular y en los nervios del tacto; la suprema luz del fuego y del sol en su calor digestivo y en sus órganos visuales; el agua en los fluidos de su cuerpo; la tierra en sus miembros.

121. "La luna (Indù) en su corazón; los Genios de las ocho regiones[250] en su órgano del oído; Vishnú[251] en su marcha; Hara[252] en su fuerza muscular; Añi en su palabra; Mitra[253] en su facultad excretoria; Pradjapati en su poder procreador.

122. "Pero debe representarse al gran Ser (Para-Purusha) como al soberano dueño del Universo, como más sutil que un átomo, como brillante al igual del más puro oro y como sólo capaz de ser concebido por el espíritu en el sueño de la más abstracta contemplación.

123. "Unos le adoran por el fuego elemental, otros en Manú, Señor de las criaturas; otros en Indra, otros en el aire puro, otros en el eterno Brahama.

124. "Este Dios es el que, envolviendo a todos los seres con cuerpo formado de cinco elementos, los hace pasar sucesivamente del nacimiento al crecimiento, del crecimiento a la disolución con un movimiento semejante al de una rueda.

125. "Así, el hambre que reconoce en su propia alma al Alma suprema presente

en todas las criaturas, se muestra igual ante todos y logra la más feliz suerte: la de ser absorbido al fin en Brahama.

126. "Así terminó el Sabio, y el Dwidja que lea este código de Manú promulgado por Brighú será siempre virtuoso y obtendrá la felicidad que desea."

NOTA GENERAL

Los sabios indostánicos piensan unánimemente que muchas de las leyes hechas por Manú, reputado como su más antiguo legislador, se limitaban a las tres primeras edades del mundo y no tienen vigor en la edad actual, hallándose, sin duda algunas de ellas fuera de uso, y fundan su opinión en los textos siguientes, reunidos en una obra intitulada MADANARATNA-PRADIPA.

I. KRATU[255]:

En 1a edad Kali el hermano del esposo fallecido, no puede engendrar un hijo con una viuda; dada una vez en matrimonio una señorita, no puede dársela por segunda vez, ni puede ofrecerse en sacrificio un toro, ni puede llevar un estudiante de teología una vasija de agua.

II. VRIHASPATI:

1. Las autorizaciones a los padres para engendrar hijos con viudas o con mujeres casadas, cuando los maridos han muerto o son impotentes, están mencionadas por el cuerdo Manú, pero prohibidas por él mismo con relación al orden de las cuatro edades: semejante acto no puede hacerlo legalmente en esta edad diferente persona del marido.

2. En la primera y en la segunda edad, los hombres estaban dotados de verdadera piedad y profundo saber; lo mismo acontecía en la tercera edad; pero en la cuarta, su creador ordenó una disminución de sus poderes intelectuales y morales.

3. Así adquirieron los antiguos Sabios hijos de diversas clases; pero ya no pueden ser adoptados tales hijos por los hombres privados de esos eminentes poderes.

III. PARASARA:

1. Un hombre que ha tenido relaciones con un gran criminal debe abandonar su país en la primera edad; debe abandonar su ciudad en la segunda; su familia, en la tercera; pero en la cuarta, le es sólo preciso apartarse del culpable.

2. En la primera edad está degradado; en la segunda, tocándolo; en la tercera, recibiendo de él alimento; en la cuarta, sólo el pecador carga con su culpa.

IV. NARADA:

La procreación de un hijo por un hermano del muerto, el acto de matar ganados para recibir a un huésped, la comida de carne en el servicio fúnebre y la orden del ermitaño, están prohibidas o fuera de usos en la cuarta edad.

V. ADITYA-PURANA:

1. Lo que era un deber en la primera edad no debe hacerse en todos los casos en la cuarta; pues en la cuarta edad los hombres están entregados al pecado.

2. Tales son un noviciado continuado durante muy largo tiempo y la necesidad de llenar una vasija de agua; el matrimonio con una parienta paterna o con una próxima parienta materna y el sacrificio de un toro.

3. O de un hombre, o de un caballo; y todo licor espirituoso debe ser evitado por los Dwidjas en la edad Kali; lo mismo debe ocurrir en el acto de dar por segunda es a una joven casada cuyo marido ha muerto antes de la consumación, y con la parte

más considerable de un hermano mayor y con la procreación de un hijo con la viuda o la mujer de un hermano.

VI. SMRITI:

1. La comisión dada a un hombre de engendrar a un hijo con la viuda de su hermano; el don de una joven casada a otro pretendiente, si su marido ha muerto, quedando ella virgen.

2. El matrimonio de los Dwidjas con señoritas que no pertenecen a la misma clase; una guerra religiosa, el asesinato de Bracmanes que atacan con la intención de matar.

3. Cualquiera relación con un Dwidja que ha atravesado el mar en un barco, aunque haya hecho una expiación; el acto de celebrar sacrificios para gentes de toda especie y la necesidad de llevar una vasija de agua.

4. El acto de caminar en peregrinación hasta la muerte del peregrino y de inmolar un toro en un sacrificio; el de aceptar un licor espirituoso, aun en la ceremonia llamada Sotramani,

5. El de recibir lo que se ha raspado en el tarro de mantequilla cuando se hace una oblación al fuego; el de ingresar en la tercera orden o en la de los ermitaños, aunque esto se haya prescrito tratándose de las primeras edades.

6. La disminución de los crímenes en proporción a los actos religiosos y a los conocimientos sagrados de los culpables, la regla dé expiación para un Bracmán extendida hasta la muerte.

7. La falta de mantener relaciones con los culpables, la expiación secreta de ninguno de los grandes crímenes, con excepción del robo; el acto de matar animales en honor de huéspedes eminentes o de antepasados.

8. La filiación de cualquier otro que no sea el hijo Legalmente engendrado o dado en adopción por sus padres; el acto de abandonar a una mujer legítima por una falta menor que el adulterio.

9. Son partes de la antigua ley que han sido abrogadas por los cuerdos legisladores, según que los casos se hayan presentado al comienzo de la edad Kali con el intento de garantizar contra el mal al género humano.

Es de notarse, en cuanto a los textos precedentes, que ninguno de ellos, con excepción del de Vrihaspati, está citado por Kuluka, quien no parece haber considerado a ninguna de las leyes de Manú corno restringida a las primeras edades; que el de la Smriti o del código sagrado está citado bajo el nombre del legislador y que la prohibición en toda edad de la defensa propia aun contra Bracmanes está en oposición con un texto de Sumantu, con el ejemplo y el precepto del mismo Krishna[256], según el Mahabarata, y aun con una sentencia del Veda, por la que se ordena a todo hombre que defienda su propia vida contra todos los violentos agresores.

NOTAS

1 Los Maharshis son personajes santos de orden superior.

2 Las clases primitivas eran cuatro, a saber: la clase sacerdotal (Bracmanes), la militar, la de los Chatryas (comerciantes), la de los Vaisyas (agricultores) y la de los Sudras o clase servil (esclavos).

3 El Veda es la Santa Escritura de los indios. Los principales Vedas son cuatro: Rich Veda, Tadyur Veda, Sama Veda y Atharva Veda.

4 Brahama es aquí el Dios único, creador del mundo. En la mitología india se le unen Vishnú y Siva y forman con él la triada (Trimurti). Brahama es también llamado Hiranyagarbha (salido de la matriz dorada), aludiéndose al huevo de oro.

5 El día de Brahama equivale a 4.320.000.000 de años humanos de 360 días; la noche tiene semejante duración. Al día de Brahama se le llama Kalpa. Treinta de estos kalpas forman un mes de Brahama; doce de estos meses, un año; el año de Brahama equivale, pues, a años humanos 3.110.400.000.000.

6 El Ahankara es la conciencia; más exactamente, lo que produce el yo o el sentimiento del yo.

7 Makat o Buddhi (la inteligencia).

8 Bondad (Sattwa), pasión. (Radjas) y oscuridad (Tamas).

9 Los filósofos indios distinguen once órganos de los sentidos: diez externos y uno interno. Entre los diez externos los cinco primeros llamados órganos de la inteligencia, son los ojos, las orejas, la nariz, la lengua y la piel; los otros cinco, llamados órganos de la acción, son el órgano de la palabra, las manos, los pies, el orificio interior del tubo intestinal y los órganos de la generación. El undécimo órgano, el interno, es el sentimiento (Manas) que participa de la inteligencia y de la acción.

10 Cinco Tanmatras, partículas sutiles, rudimentos o átomos, producen los cinco grandes elementos: el éter, el aire, el fuego, el agua y la tierra.

11 Estas condiciones son: el deseo y la cólera, el amor apasionado y el odio, el hambre y la sed, la tristeza y la infatuación, etc.

12 Los Devas son genios que tienen por jefe a Indra, rey del cielo; se les llama Suras y Adityas, de su madre Aditi, mujer de Kasyapa.

13 Yakshas, servidores de Kuvera, Dios de las riquezas y guardianes de sus jardines y sus tesoros.

14 Rakshasas, genios maléficos que parecen ser de varias clases: unos son gigantes enemigos de los Dioses, otros son especie de ogros o vampiros, ávidos de sangre y de carne humana, que frecuentan los bosques y los cementerios. El número de los Rakshasas es incalculable, y no cesa de renovarse, puesto que las almas criminales están a menudo condenadas a entrar en el cuerpo de un Rakshasa y a habitar allí más o menos tiempo, según la gravedad de su falta. Pisachas, espíritus malvados, ebrios de sangre.

15 Músicos celestes que forman parte de la corte de Indra, rey del firmamento.

16 Cortesanas o bayaderas del cielo de Indra.

17 Asuras, genios que están en perpetua hostilidad con los Devas.

18 Nagas, semidioses que tienen faz humana con una cola de serpiente. Su rey es Vasuki; habitan en las regiones infernales.

19 Sarpas, serpientes de orden inferior a los Nargas.

20 Suparnas, pájaros divinos cuyo jefe es Garuda, que está considerado en la mitología como el pájaro de la cabalgadura de Vishnú.

21 Los Pitris o Dioses Manes son personajes divinos, antepasados del género humano y que habitan la órbita de la luna.

22 Kinnaras, músicos que están al servicio de Kuvera, Dios de las riquezas y quien tiene cabeza de caballo.

23 Uno de los dogmas indios es la metempsicosis. El alma pasa por diversos cuerpos hasta que haya merecido ser absorbida en Brahama.

24 Hijo del sol. El nombre se relaciona con la historia del último diluvio, que relatan los poemas indios y de la que voy a dar un resumen según un episodio del Mahabarata, publicado en francés por el Sr. Bopp y del cuál el señor Pauthier ha publicado una traducción francesa insertada en la Revue de París, en septiembre 1832.—El santo monarca Vaívarwata se entregaba a las más rigurosas austeridades. Un día que practicaba sus devociones en las riberas del Varini, un pececito le dirigió la palabra para rogarle que lo sacara del río, en donde sería inevitablemente presa de los peces más grandes que él. Vaivaswata lo cogió y lo colocó en un vaso lleno de agua, en donde llegó a crecer de tal manera que el vaso no podía contenerlo, y Manú se vió obligado a transportarlo sucesivamente a un lago, después al Ganges y, en fin, al mar, pues el pez continuaba creciendo. Cada vez que Manú lo cambiaba de lugar, el pez, por enorme que estuviera, se volvía fácil de transportar y agradable al tacto y al olfato. Cuando estuvo en el mar dirigió así la palabra al santo personaje: "Dentro de poco todo lo que existe sobre la tierra será destruído: he aquí el tiempo de la sumersión de los mundos; ha llegado para todos los seres móviles e inmóviles el momento terrible de la disolución. Tú construirás un sólido navío, provisto de cuerdas, en el que te embarcarás con los siete Rishis, llevándote todos los granos. Me esperarás en este navío y yo vendré a ti con un cuerno en la cabeza que me hará reconocer." Vaivaswata obedeció: construyó un navío, se embarcó en él y pensó en el pez, que pronto apareció. El santo ató un cable muy fuerte al cuerno del pez, que hizo caminar al navío sobre el mar con la mayor rapidez, a pesar del ímpetu de las olas y la violencia de la tempestad, que no dejaba distinguir la tierra ni las regiones celestes. El pez arrastró así al navío durante un gran número de años y lo hizo abordar, en fin, a la cima del monte Himaval (Himalaya), en donde ordenó a los Rishis que ataran el navío: "Yo soy Brahama, señor de las criaturas, dijo entonces: ningún ser me es superior. Bajo forma de pez os he salvado del peligro. Manú, que aquí se encuentra, va ahora a ejecutar la creación." Habiendo hablado así, desapareció, y Vaívaswata, después de haber hecho austeridades, se puso a crear a todos los seres.—La metamorfosis en pez está comúnmente atribuida en los poemas indios al Dios Vishnú. Esta metamorfosis, que tenía por objeto recobrar los

Vedas que un gigante había Tobado, es la primera de las nueve encarnaciones o descendientes de este Dios, llamados Avutaras. (Véanse las Recherches Asiatiques, vol. I, pág. 170, y vol II, pág. 171, de la traducción francesa).

25 Los Pitris o Manes son los grandes antepasados del género humano y los antepasados deificados de los hombres; habitan en la luna.

26 Estas cuatro edades llamadas Prita, Treta, Dwapara y Kali han sido comparadas por W. Jones con las cuatro edades de los griegos: la edad de oro, la edad de plata, la edad de bronce y la edad de hierro. Las Vueltas periódicas de estas cuatro edades son innumerables; ya han transcurrido las tres primeras edades del período actual y estamos ahora en el Kali-yuga que ha comenzado 3.101 años antes de J. C.

27 Constando el año divino de 360 años, 4.000 años divinos hacen 1.440.000 años humanos; 400 años divinos, 144.000 años humanos, que duplicados dan 200.000. El total del Kritayuga es, pues, de 1.728.000 años humanos de 330 días.

28 Así la duración de la segunda edad, Treta-yuga, es de 300 años divinos con dos crepúsculos cada uno de 300 años, lo que hace 1.296.000 años humanos; la duración del Dwaparayuga es de 2.400 años divinos, comprendidos los dos crepúsculos, lo que da 864.000 años humanos; en fin, la duración del Kali-yuga es de 1.200 años divinos, con los dos crepúsculos, lo que hace 432.000 años humanos.

29 Estos 12.000 años corresponden a 4.320.000 años humanos.

30 Estas mil edades divinas equivalen a 4.320.000.000 de años humanos, al término de los cuales ocurre el Pralaya, es decir, la disolución del mundo. Entonces comienza la. noche de Brahama. Al fin del período de 100 años, cada uno de 360 kalpas o días de Brahama, ocurrirá el Maha-Pralaya, es decir, la destrucción general del universo; y el mismo Brahama cesará de existir. Han transcurrido cincuenta de estos años.

31 Brahama es el Ser Supremo, el Dios único, eterno, principio y esencia del mundo, dé donde salen todos los seres y a donde vuelven. La identificación con Brahama produce el moksha, es decir, la liberación de los lazos del cuerpo; el alma, en adelante, exenta de toda transmigración, es absorbida en la divinidad. La liberación final está mirada como la felicidad suprema; es el objeto de los deseos de todo indio piadoso. Hay esta diferencia entre Brahama. y Brahamá, que Brahama (nombre neutro) es el Eterno, el Ser Supremo, y Brahamá (nombre masculino) es este mismo Dios, manifestándose como creador.

32 La Sruti es la Escritura Santa, el Veda; la Smriti, la ley declarada por los legisladores inspirados a sus alumnos y recogida por estos últimos.

33 La Sadha es una ceremonia religiosa que tiene por objeto facilitar a las almas de los muertos el acceso del cielo y deificarlos en cierto modo entre los Manes. Si los hombres dejaran de hacer Sraddhas, las almas de sus antepasados se verían precipitadas de la mansión de los Manes al infierno.

34 En consecuencia, la lectura de este código no está permitida a los hombres de las. tres primeras clases; está prohibida a los Sudras.

35 Saraswati, río que desciende de las montañas que limitan al noroeste la

provincia de Dehli, de donde se dirige al sudoeste y se pierde en los arenales del Gran Desierto, en la comarca de Bhatti. Según los indios, continúa su curso bajo tierra y va a reunirse con el Ganges y el Yanuna, cerca de Alabahad. El Garswati se. llama hoy Sarsuti.

36 Drishadwati, río que corre al noroeste de Dehli.

37 Kurukshetra, comarca vecina a Dehli, que fue teatro de la sangrienta batalla que dieron los Pandavas a los Koravas. Estos príncipes eran los hijos de dos hermanos, Dritarashtra y Pandu, que descendían de un rey llamado Kurú. Los detalles de sus luchas están consignados en el gran poema épico intitulado Mahabarata.

38 Kanyakubja es el nombre indio que ha ido cambiándose en el de Kanudje. La palabra sánscrita Kanya significa moza y kubja, jorobada, etimología que tiene relación con la historia de las cien hijas de Kusanabha, rey de Kanudje, a quienes las volvió contrahechas el Dios Vayú por no haber querido ceder a sus deseos; el rey, su padre, las casó con un santo varón llamado Brahmadatta, y en el momento de la ceremonia recobraron su antigua belleza (Ramayana, lib. I, cap. XXXIV).

39 Mathura, ciudad de la provincia de Agra.

40 El Himavat o Himalaya, cuyo nombre significa mansión de la escarcha, es la cadena de montañas que limita a la India por el norte y la separa de la Tartaria; es el Imaús de los antiguos. El Ganges, el Inus, el Bramaputra y otros ríos considerables salen de estas montañas. En la mitología india el Himavat está personificado como esposo de Mena y padre de Ganga, diosa del Ganges y de Durga (llamada también Urna y Parvati), esposa del Dios Siva (Ramayana, lib. I, cap. XXXVI).

41 El Vindhya es la cadena de montañas que separa a la India Central del Dekhan y que se extiende desde la provincia de Behar casi hasta la de Guzerat.

42 Vinasana, comarca situada al noroeste de Dehli, en las cercanías del moderno Panniput.

43 Prayaga, célebre lugar de peregrinación en la confluencia del Ganges y del Djema, hoy Aalahabad.

44 Esta ceremonia consiste en afeitar toda la cabeza, a excepción de la parte alta, en la que se deja un mechón de cabello. Investirle del cordón sagrado y del cinturón.

45 Es decir, que un joven Bracmán debe llevar una piel de gacela y un tejido de cáñamo; un Chatrya, una piel de ciervo y un tejido de lino; un Vaisya, una piel de cabra y un tejido de lana.

46 Este saludo respetuoso, llamado Andjali, consiste en inclinar ligeramente la cabeza juntando las palmas de las manos y elevándolas hasta el medio de la frente.

47 AUM es el monosílabo sagrado, el nombre místico de la divinidad, que precede a todas las plegarias y a todas las invocaciones.—Para los indios adoradores de la Trimurti o Triada divina, AUM expresa la idea de los tres dioses en uno: A es el nombre de Vishnu; U, el de Siva; M, el de Brahama.

48 La Kusa (Poa cynosuroides) es una hierba sagrada.

49 Estás tres palabras (Vyahritis) significan tierra, atmósfera, cielo. Son los nombres de los tres mundos.

50 Las Angas y Vedangas son ciencias sagradas miradas como partes accesorias de los Vedas. Estas ciencias son seis: la primera trata de la pronunciación; la segunda, de las ceremonias religiosas; la tercera, de la gramática; la cuarta, de la prosodia; la quinta, de la astronomía; la sexta, de la explicación de las palabras y de las frases difíciles de los Vedas.

51 La lectura de los Vedas debe suspenderse en ciertas circunstancias.

52 La parte teológica y la parte arguyente de los Vedas están comprendidas en tratados llamados Upanishads.

53 El Vedanta es la parte teológica de los Vedas. Esta parte se compone de tratados llamados Upanishads.

54 La ambrosía (Amrita) es el alimento y la bebida de los dioses y les da la inmortalidad. Según el Vayú-Purana, la luna es el depósito de la ambrosía. Lo llena el sol durante la quincena del crecimiento de la luna; cuando la luna llena, los Dioses, los Manes y los santos beben todos los días una kala o un dedo hasta que se acabe la ambrosía.—Según otra leyenda mitológica, la ambrosía fue el resultado de batir el mar. Los Dioses y los Aitanes se reunieron para esta operación. El monte Mandara les sirvió como molinete y la gran serpiente Vasuki les sirvió de cuerda para ponerlo en movimiento. El mar, agitado por el movimiento de rotación transmitido al monte Mandara, produjo entonces diversas cosas preciosas, entre otras la Amrita (bebida de inmortalidad), que tenía en su mano (dentro de un vaso) Dhanwantari, Dios de la medicina. Los Dioses y los Titanes se disputaron la ambrosía, que acabó por pertenecer a los primeros. El origen de la ambrosía es el tema de un episodio del Mahabarata; está también contado en el Ramayana (lib. I, cap. XLV.)

55 Esta libación, llamada Tarpana, se hace con la mano derecha.

56 La leña empleada en los sacrificios debe ser la de la higuera de la mimosa catechu. Parece, sin embargo, que puede utilizarse la del adenantero espinoso y la del mango. La leña debe cortarse en pequeños pedazos de un palmo de largo y no mayores que el puño.

57 El peinado llamado djata consiste en llevar los cabellos largos pendientes sobre los hombros; á menudo se les levanta en totalidad o en parte y se les dispone en una especie de haz que se eleva recto en lo alto de la cabeza.

58 En el momento de abandonar a su director, el discípulo que ha terminado su noviciado (Bramacharga), hace una ablución (Snana), y toma entonces el nombre de Snataka (el que se ha bañado).

59 Atri, uno de los diez Pradjapatis, pasa por ser el autor de un tratado de leyes que existe todavía.

60 Gotama, legislador del que se citan textos todavía.

61 Sonaka, Mun de gran celebridad y descendiente de Suhotra, rey de Kasi.

62 Brighú, uno de los diez Pradjapatis y narrador de las leyes de Manú, habla aquí de sí mismo en tercera persona; está contado en el número de los legisladores.

63 La unión de las manos de los dos esposos es parte esencial en la ceremonia del matrimonio, llamada, a causa de esto, Panigraha (unión de las manos).

64 Añi, Dios del fuego, regente de uno de los puntos cardinales, del sudeste.

65 Soma o Chandra, Dios que preside a la luna.

66 Viswas-Devas, Dioses de una clase particular y de los que hay diez; sus nombres son: Vasú, Satya, Kratu, Daksha, Kala, Kama, Dhriti, Kuru, Puruava y Madrava.

67 Ahanwantari, Dios de la medicina, salido del mar al mismo tiempo que la ambrosía.

68 Kuhú, Diosa que preside el día siguiente a la luna nueva.

69 Anumati, Diosa del día que sigue a la luna llena.

70 El nombre de Pradjapati conviene a varias divinidades o santos varones.

71 Dyava es la Diosa del cielo, y Prithivi la de la tierra

72 Indra, jefe de los Devas, rey del cielo (Swarga), es el regente de uno de los ocho puntos cardinales: del Este. Tiene por arma el arco iris y su cuerpo está cubierto de mil ojos, que son las estrellas. Su reino concluye al cabo de uno de los catorce Manwantaras (períodos de Manú) que componen un kalpa o día de Brahama. Entonces el Indra reinante es reemplazado por el que entre los Dioses, los Asuras o los hombres ha merecido en mayor grado este honor. Aun antes del término fijado podría ser desposeído por un Santo que hubiera practicado austeridades que lo hicieran digno del trono de Indra. Este temor le preocupa a menudo, y tan luego como un santo se entrega a piadosas mortificaciones capaces de inquietarlo, le envía una seductora ninfa (Apsara) para tratar de hacerlo sucumbir y quitarle así todo el fruto de sus austeridades.

73 Yama es el juez de los muertos y el regente del mediodía. Soberano del Infierno, recompensa o castiga a los mortales según sus obras; envía a los buenos al cielo y a los malos a las mansiones infernales.

74 Varouna, Dios de las aguas, preside al Oeste. Está también considerado como el castigador de los malos; los retiene en el fondo de los abismos y los envuelve en lazos formados con serpientes.

75 Sri o Lakshmi, Diosa de la abundancia y de la prosperidad, es en la mitología la esposa del Dios Vishnú.

76 Bhadrakali, una de las formas de la Diosa Durga.

77 Vatospati parece ser un Dios doméstico.

78 El madhuparka es un obsequio de miel, de leche cuajada y de frutas.

79 Es decir, que el que ha dado alimento a un mercader de soma, renace entre los animales que se alimentan con excrementos.

80 Los Pitris o Dioses Manes son personajes divinos considerados como antepasados de los Dioses, de los Genios y del género humano; habitan en la luna. Se llama también Pitris a los Manes deificados de los antepasados de los hombres.

81 La kusa es la hierba empleada en los actos religiosos.

82 Los Puranas son colecciones en verso de las antiguas leyendas, en número de diez y ocho y a los que los indios suponen compilados y arreglados en la forma que actualmente tienen, por un sabio Bracmán llamado Vyasa, es decir, el compilador, que se supone que vivió mil a mil doscientos años antes de nuestra era, y a quien se

le atribuye también el arreglo de los Vedas en la forma que ahora tienen y el gran poema épico del Mahabarata. Los Puranas tratan principalmente de cinco cosas, a saber: la creación, la destrucción y el renovamiento de los mundos, la genealogía de los Dioses y de los héroes, los reinos de Manú y las acciones de sus descendientes. El Añi-Purana, uno de los más notables, encierra, además de nociones de astrología, de astronomía, de política, de jurisprudencia, de medicina, de poesía, de retórica y de gramática; es una verdadera enciclopedia india. El fondo de los Puranas es antiguo, puesto que se ve que están citados en el texto de Manú; pero algunos sabios los consideran como modernos en la forma que ahora tienen. Es esta una cuestión que exige ser aclarada por nuevos estudios. Está lejos de poder fijarse de manera segura la edad de los diversos monumentos de la literatura india.

83 Chándala, hombre impuro, nacido de un Sudra y de una mujer de la clase sacerdotal.

84 Los sacrificadores dan el nombre de vardhrinasa a un viejo cabrón blanco de largas orejas, llamado también tripiva (que bebe de tres maneras) parque cuando bebe se mojan al mismo tiempo su lengua y sus orejas en el agua.

85 A las estaciones, que están en número de seis, cada una de dos meses, se les llama vasanta (primavera), grishma (estación cálida), varsha (estación lluviosa), sarat (otoño), hemania (estación fría), sisira (invierno). Él antiguo año indio de trescientos sesenta días comenzaba hacia el equinoccio de otoño, con la estación llamada sarai. He aquí los nombres de los doce meses (masas), en este orden: aswina (septiembre-octubre), kartika (octubre-noviembre), margasirha (noviembre-diciembre), posha (diciembre-enero), magha (enero-febrero), falguna (febrero-marzo), chetra (marzo-abril), vesaka (abril-mayo), djyeshia (mayo-junio), ashada (junio-julio), sravana (julio-agosto), bhadra (agosto-septiembre). El año moderno comienza con el mes de chetra y con la estación de vasanta.

86 La vida de un Bracmán está dividida en cuatro períodos; entra sucesivamente a las cuatro órdenes religiosas, que son: la de Brahmachari o novicio, la de Grihastha o dueño de casa, la de Vanaprastha o anacoreta, la de Sannyasi o devoto ascético.

87 La palabra Sastra significa libro, ciencia; tomada en su sentido general, designa las obras sobre religión, leyes o ciencias que se considera que tienen origen sagrado.

88 El colirio es un polvo negro extremadamente fino, compuesto en gran parte de óxido de cinc, y que las mujeres indias aplican ligeramente sobre sus pestañas.

89 El zodíaco, llamado en sánscrito rasi-chakra, rueda o círculo de los signos, está dividido en trescientos sesenta grados o partes {ansas), de las cuales treinta por cada uno de los doce signos mencionados: mesha, el capricornio; vrisha, el toro; mithuna, los gemelos; kartakaka, el cangrejo; sinha, el león; kanya, la virgen; tula, la balanza; vrischika, el escorpión; dhanus, el arco o el sagitario; makara, el monstruo marino; kumbha, la urna o el acuario; minas, los peces.

90 Pukkasa, hombre impuro nacido de un Nishada y de una mujer de la clase servil.

91 Antyavasayi, hombre abyecto y despreciable, nacido de un Chandala y de una

mujer Nishadi.

92 La significación de varias de estas palabras es desconocida; otras son susceptibles de explicación: Tamisra y Andhatamisra pueden significar lugares de las tinieblas; Rorava y Maharorava, mansión de las lágrimas; Tahavichi. río de grandes olas; Tapana y Sampratapana, mansión de los dolores; Putimrittika, lugar infecto; Lohasanku, lugar de los dardos de hierro; Ridjisha, lugar en que los malos están expuestos al fuego en una sartén; Asipatravana, selva cuyas hojas son hojas de espadas.

93 Brahmi o Raraswati, Diosa del lenguaje y de la elocuencia.

94 Sravana, julio-agosto.

85 Bhadra, agosto-septiembre.

96 Rahu es el nudo ascendente personificado o la cabeza de dragón. Rahú era un Asura o Titán que cuando el batir del mar y la producción de la Amrita (véase más arriba, libro III, est. 162, nota), se mezcló con los Dioses para tener parte del licor que daba la inmortalidad. En el momento en que la iba a beber, el sol y la luna lo descubrieron y lo denunciaron a Vishnú, quien con un golpe de su disco le cortó la cabeza. El divino brebaje había vuelto a Asura inmortal, y, en venganza, su cabeza se arroja de tiempo en tiempo contra el sol y la luna para devorarlos. Tal es, según la mitología india, el origen de los eclipses.

97 Los dos Aswis, hijos del sol (Surya) y de la ninfa Aswini, son los médicos de los Dioses.

98 Surya, Dios del sol, es hijo de Kasyapa y de Aditi, lo que le vale el nombre de Adytya. Cuéntanse doce Adityas,, que son las formas del sol en cada mes del año.

99 Si un hombre no dejara hijo para celebrar después de él la Sraddha (servicio fúnebre), los Manes de sus antepasados se verían precipitados de la mansión celeste al infierno.

100 Samyava, manjar hecho con mantequilla, leche, azúcar y harina de trigo.

101 Ganso rojizo.

102 Grulla india.

103 Pájaro desconocido.

104 Gallineta.

105 Gracula religiosa. Este pájaro es muy dócil; imita fácilmente todos los sonidos y habla con más claridad que el loro. Véase la obra del teatro indio intitulada Ranaval.

106 Especie de grulla.

107 Pez del Nilo.

108 pez desconocido.

109 Cangrejo de mar.

110 Este pasaje presenta una grave dificultad, dado que no existen animales que no tengan sino una fila de dientes. En la estancia 39 del Libro I, en que el legislador narra la creación de los animales, se habla de bestias feroces provistas de doble fila de dientes; el comentador pone como ejemplo el león; todos los dientes de los carnívoros; son cortantes y se cruzan entre sí, mientras que los molares de los

herbívoros rumiantes son chatos por arriba y se juntan uno a otro. Quizás en esta diferencia que ofrece el sistema dentario de los animales es en la que es preciso buscar la explicación de dicho pasaje.

111 Agastya es el nombre de un santo famoso.

112 El aswamedha es un sacrificio del más elevado orden; celebrado por un príncipe cien veces, le da derecho a reinar sobre los Dioses en lugar de Indra. Este sacrificio que primero era emblemático (pues se ataba al caballo durante la ceremonia, pero no se le inmolaba) se ha tornado en real después.

113 Estas dos palabras están representadas en el original sánscrito por las palabras Mam, Sa, que reunidas hacen mamsa, que significa carne.

114 Cuando se quema un cuerpo se dispone el fuego de tal manera que quedan algunos huesos que se recogen en seguida.

115 El Bracmán que alimenta el fuego sagrado prescrito por la Sruti, y que ha estudiado el Veda con las Mantras y las Brahmanas, se purifica en un día; el que no tiene sino uno solo de estos dos méritos, en tres días; el que sólo alimenta el fuego sagrado prescripto por la Smriti se purifica en cuatro días; en fin, el que no es recomendable por cualidad alguna, se purifica en diez días.

116 El padre, el abuelo de un hombre y los cuatro abuelos que siguen en la línea ascendiente, seis personas en total, se les llama sapindas. La cualidad de sapinda se detiene en el séptimo abuelo. El hombre de quien las seis personas mencionadas son sapindas es también su sapinda. La calidad de sapinda abraza, pues, siete personas.

117 Los sapindas no deben lavarse, sino quedarse sucios y abstenerse de perfumes. No deben hacer igualmente las abluciones diarias ni practicar el culto divino.

118 El matrimonio hace veces de iniciación tratándose de los Sudras.

119 Una Sakha es una rama o subdivisión de los Vedas formada con varios Sanhitas o colecciones de plegarias en cada Veda.

120 Soma o Chandra, Dios de la luna, es también el soberano de los sacrificios, el Rey de los Bracmanes y preside a las plantas medicinales.

121 Añi, Dios del fuego, regente del Sudeste.

122 Surya o Arka es el Dios del sol.

123 Anilla, llamado también Vayú y Pavana, es el Dios del viento y el regente del Noreste.

124 Indra o Sakra es el rey del cielo y reina sobre el Este.

125 Kuvera, Dios de las riquezas, es el regente del Norte.

126 Varuna, Dios de las aguas, es el regente del Oeste.

127 Yama, Dios de los infiernos.

128 Es un mortero de madera que sirve para separar el arroz de su cáscara.

129 No se encuentra en las leyes de Manu nada que autorice la costumbre cruel que obligaba a las mujeres a subir a la hoguera después de la muerte de sus maridos; pero muchos otros legisladores les aconsejan que se quemen y prometen como recompensa el Cielo a las que se sacrifiquen.

130 Se vuelve Vanaprasha, es decir, habitante de la selva.

131 El Vitana consiste en tomar fuego del hueco (kunda) cavado para el fuego llamado Garhapatya y llevarlo a los dos huecos cavados para los fuegos llamados Ahavantya Dakshina.

132 La primavera (vasanta) comprende los meses de chetre (marzo-abril) y de vesaka (abril-mayo), el otoño (sarat) los meses de aswina (septiembre-octubre) y kartika (octubre-noviembre).

133 Es decir, la tarde del segundo o del cuarto día después de haber ayunado hasta entonces. Se hacen ordinariamente dos comidas al día, una en la mañana, otra en la tarde.

134 En la mañana, a mediodía y en la tarde; es lo que se llama las tres sovanas.

135 Cuatro de estos fuegos están colocados en los cuatro puntos cardinales; el sol forma el quinto.

136 Es decir, que ha sido sucesivamente alumno en teología (Braxmachari), dueño de casa (Grihasta) y anacoreta (Vanaprastha).

137 Es decir, para entrar a la cuarta orden, la de los Sannyais (devotos ascéticos), sin pasar por la de los anacoretas.

138 Los indios son muy supersticiosos y tienen gran fe en los presagios. En sus obras teatrales se hallan a cada instante huellas de sus prejuicios a este respecto. Así se considera que el temblor del ojo derecho es un presagio desgraciado para una mujer y feliz para un hombre. (Véase Salkuntala, acto V, y el Teatro Indio, tomo I, pág. 104 y 124, trad. francesa); el temblor del ojo izquierdo es un presagio funesto para un hombre (Ibid., p. 117, 149, 350), así como el temblor del brazo izquierdo (Teatro Indio, t. I, página 149). El movimiento del brazo derecho es un signo feliz para un hombre (Ibid., pág. 112). La vista de una serpiente y de un pájaro siniestro anuncian desgracias. (Ibid., pág. 149).

139 Las palabras Yati, Sannyasi y Parivradjaka designan a un religioso de la cuarta orden; Yati significa literalmente aquel que se ha dominado; Sannyasi, el que ha reanunciado a todo; Parivradjaka, el que lleva una vida errante.

140 Tales como la cólera, la avaricia, la maledicencia.

141 Es decir, aquel para quien el Ser supremo está presente en todas partes.

142 Los Yatis o Sannyasis, de cuatro clases, son, según el comentario, los Kuticharas, los Bahudakas, los Hansas y los Paramahansas.

143 Las cuatro órdenes son: la de los novicios, la dé los dueños de casa, la de los anacoretas y la de los devotos ascéticos.

144 Nahusha, príncipe de la dinastía lunar, rey de Praotishthana, y cuyo reino lo sitúa Francis Hamilton en el decimonoveno siglo antes de nuestra era. Según la fábula, habiendo perdido Indra el trono del cielo, Nahusha, que había hecho cien veces el sacrificio del caballo, fue colocado en lugar de Indra. Deseoso de gozar de todas sus prerrogativas, quiso obtener el amor de Satehi, mujer del Dios destronado. Ella consintió en recibirlo si él se mostraba a su vista con más pomposo tren que su antecesor. Nahusha pensó que nada sería más magnífico que hacerse llevar en hombros por los Bracmanes. Como iban demasiado lentamente a su modo de ver,

en su impaciencia golpeó en la cabeza a Agastya, diciéndole scarpa, sarpa, es decir, avanza, avanza. El santo, irritado, repitió las mismas palabras, pero en otro sentido; en sus labios significaban camina, serpiente; y, en efecto, Nahusha fue convertido en serpiente.

145 Sudasa, rey de Avodhya, que Hamilton sitúa en el décimoséptimo siglo antes de nuestra era.

146 Prithú, antiguo rey de la India, que se supone anterior a las dos antiguas y célebres dinastías, cuyo origen se remonta, según los indios, hasta los Dioses Soma y Surya.

147 Viswamitra, hijo de Gadhi, es un príncipe de la raza lunar, cuyas querellas con el Muni Vasishtha son célebres en los anales fabulosos de la India antigua. La posesión de una vaca que producía todo a discreción y que Viswamitra quería robar al santo personaje fue el origen de una, lucha en la que Vasishtha venció con ayuda de su vaca, que produjo legiones de bárbaros que destrozaron las tropas de su adversario. Viswamitra, reconociendo la superioridad del poder de los Bracmanes, se entregó a rigurosas austeridades para elevarse de la condición de Chatrya a la de Bracmán, y Brahama se vio obligado a concederle este favor.

148 Estas fuerzas consisten en el ejército, el tesoro, las ciudades y el territorio.

149 Hase creído que se trataba aquí de cohetes que contenían una composición inflamable semejante a la del fuego griego o de la pólvora de cañón; pero esto es muy dudoso. Los tiros inflamados que se mencionan en el texto de Manú son quizá simplemente flechas guarnecidas de materias que pueden prender fuego. Los antiguos usaban análogas.

150 El pana vale ochenta pequeñas conchas, llamadas coris.

151 Un vestido de encima y un vestido de abajo.

152 Un kunchi vale ocho mushtis o puñados de granos; un puskala, ocho kunchis; un adhaka, cuatro pushkalas; un drona, cuatro adhakas. Según el Sr. Wilson, el adhaka corresponde a siete libras once onzas (3 kilog. 486 gramos); por consiguiente, el chona equivale, según el mismo cálculo, a treinta libras doce onzas (13 kilog. 943 gramos).

153 Es decir en castigo de las faltas cometidas en una vida precedente.

154 Quizá mejor en castigo de las faltas cometidas en esta vida.

155 Margasirsha o agrahayana, noviembre-diciembre.

156 Falguna, febrero-marzo.

157 Chetra, marzo-abril.

158 Es decir, en columna dispuesta del modo siguiente: a la cabeza un general, al medio el rey, a la retaguardia un comandante, a los dos lados los elefantes, los caballos, en seguida los infantes; tal es la disposición que debe emplearse cuando se teme ser atacado por todos lados.

159 La cabeza alargada y la cola extendida, cuando se teme ser atacado por la espalda.

160 Cuando el centro-es fuerte y la vanguardia y la retaguardia son débiles, disposición necesaria cuando se puede ser atacado por los flancos.

161 Reunidas las principales fuerzas a vanguardia y a retaguardia, dejando débil el centro, cuando se teme ser atacado de frente y por la espalda.

162 Cuando las mejores tropas están a la cabeza de una larga columna por temor de un ataque a vanguardia.

163 Disposición análoga a la tercera, con las alas más extendidas. (Comentairio.) Garura o Garuda, hijo de Kasyapa y de Vinata y hermano menor de Aruna, cochero del sol, está representado con las alas y la cabeza de un pájaro y considerado como el soberano de la raza emplumada.

164 Es decir, en una larga línea o en tres cuerpos.

165 Esta prueba se hace con ayuda de la perdiz (chacora); a la vista de un manjar que encierra veneno, los ojos de la perdiz se enrojecen.

166 Por la mediación de amigos y parientes, con suaves reproches, siguiendo por todas partes a un deudor o permaneciendo constantemente en su casa, puede obligársele a pagar su deuda; se dice que este modo de cobranza es conforme al deber moral.

167 Cuando un acreedor, por astucia, le toma una cosa a su deudor o retiene una cosa que el otro había depositado y le obliga de este modo a pagar la deuda, se dice que esta manera es un fraude legal.

168 Cuando obliga a su deudor a pagarle encerrando a su hijo, a su mujer o a sus ganados, o velando continuamente a la puerta de su casa, se dice que esto es una obligación legal.

169 Cuando habiendo atado a su deudor lo lleva a su casa y pegándole o por otros medios semejantes le obliga a pagar, se dice que ésta es la manera violenta.

170 Literalmente, es Yama es Vevaswata. Yama es el juez de los muertos; Vevaswata es otro nombre del mismo Dios, considerado en sus atributos de castigador. En calidad de hijo del sol (Vivaswat), se llama a Yama Vevaswata.

171 Ganga, hija del monte Himavat y de la ninfa Mena, es la Diosa que en la mitología india reina sobre el Ganges. Al principio residía en el cielo, pero bajó a la tierra a ruegos de un santo rey llamado Bhagirotha.

172 Es decir, se hace tan culpable como si matara a cinco de sus parientes o precipitara a cinco de sus parientes en el infierno.

173 Saraswati, Diosa que reina sobre la elocuencia, las artes y la música; es la esposa de Brahama.

174 Los siete Maharshis o grandes Rishis son santos que reinan sobre las siete estrellas de la gran Osa. Sus nombres son Marishi, Alri, Angiras, Pulastya, Pulaha, Kratú. y Vasishtha. Estos nombres se encuentran todos en la lista de los diez Pradjapatis, lo que hace creer que los siete Rishis están en el número de los diez Pradjapatis.

175 El krishnala, llamado también ractika, o por corrupción ritti, es la baya de color rojo negruzco que produce un arbustito llamado gurja. Esta baya es el más pequeño peso del joyero y del orfebre; pesa cerca de un grano troy cinco diez y seis avos; pero el peso facticio llamado krishnala pesa cerca de dos granos tres diez y seis avos o dos granos y cuarto. Estos dos granos troy y cuarto equivalen a 43

miligramos.

176 El peso del masha sería, según este cálculo, de once granos troy y cuarto (729 milig.); pero según el Sr. Wilson, la masha equivale también a ocho y diez krishnalas, y el masha de uso corriente equivale a diez y siete granos troy (1 gr. 101 milig.).

177 Peso de oro que corresponde, según el cálculo de cinco krishnalas por masha, a cerca de 180 granos troy (11 gr. 600 milig.), pero que ha variado.

178 El peso del karshika de cobre es, según el comentador, de la cuarta parte de un pana; es decir, de 80 krishnalas. En la actualidad el pana vale ochenta Conchitas, llamadas coris.

179 La rochana es la bilis coagulada de la vaca, o, según otras autoridades, es una substancia que se halla, en la cabeza de este animal y que se emplea como perfume, como medicamento y como tinte.

180 Es de quinientas panas.

181 La multa inferior es de doscientas cincuenta panas; la media, de quinientas.

182 Es decir, que al Vaisy debe condenársele a la multa inferior y al Sudra a la multa media.

183 Literalmente, la cuerda nasal. Pásase ésta por una incisión hecha en la nariz de los toros para conducirlos.

184 Es de mil panas.

185 Otro legislador ordena lo contrario: "No golpeéis, ni siquiera con una flor, a una mujer culpable de cien faltas."

186 Debe entenderse aquí por censo la sexta parte de los frutos de la tierra.

187 Un kumbha de veinte dronas vale, según el señor Wilson, un poco más de tres celemines. Los tres celemines equivalen a un hectolitro. Según el comentador, un khumbha vale veinte dronas; un drona, doscientas palas.

188 Para ponerles allí una cuerda que sirva para conducirlas, a fin de emplearlas como bestias de carga.

189 La de doscientos cincuenta panas.

190 Varuna, Dios de las aguas, es el señor del castigo.

191 Sakra es uno de los nombres de Indra, rey del cielo.

192 Los hombres no son admitidos en la mansión celeste sino cuando dejan tras de sí hijos que celebren la Sraddha o servicio fúnebre que asegura la felicidad de las almas en el otro mundo.

193 Igualmente a causa de la anterioridad, el hijo pertenece al esposo de la mujer y no al que es su verdadero padre.

194 Esto debe entenderse de los que no están casados y que tienen relaciones con las mujeres de los otros hombres.

195 Radjarshi, santo varón, o Rishi, de la clase real.

196 Literalmente, suspendida de sus funciones. Su marido puede casarse con otra mujer.

197 Los antepasados del que no tiene hijo que celebre la Sraddha en su honor están excluidos de la mansión celeste.

198 Dharma es uno de dos nombres de Yama, llamado así como Dios de la justicia.

199 Kasyapa es un santo varón, hijo de Marichi, que está considerado como el padre de los Dioses y de los Asuras y de varias divinidades inferiores. De las hijas de Daksha, esposas de Kasyapa, las principales son: Aditi, madre de Adytyas, o Devas y Diti, madre de Detyas.

200 Estas veintisiete hijas de Daksha, esposas de Soma, son las ninfas que reinan sobre los veintisiete asterismos lunares.

201 O según otra lección que prefieren William Jones y Colebrooke: Cuando una mujer, aun estando legalmente autorizada a ello, engendra un hijo con el hermano o con cualquier otro pariente de su marido, declaran los sabios que el hijo no puede heredar, y ha nacido en vano si fue engendrado por un hombre que estaba animado de deseo impúdico. (Diges III, 199.)

202 La calidad de sapinda, en este caso, se extiende solamente hasta la cuarta persona y hasta el tercer grado en la descendencia.

203 La palabra samahwaya significa literalmente provocación; es el acto de excitar a los animales unos contra otros y hacerlos reñir por gusto.

204 Les está prohibido a los Chatryas y a los Vaisyas beber espíritu de arroz; a los Bracmanes beber espíritu de arroz, el licor que se saca del amdhuka y espíritu de azúcar.

205 Arka, uno de los nombres del sol (Surya).

206 Maruta, uno de los nombres de Vayu.

207 Dhara, uno de los nombres de Prithivi.

208 Drighu, Bracmán que alimentaba un fuego sagrado, maldijo un día a Añi porque no había protegido a su mujer embarazada cuando la atacó un gigante, y le condenó a devorarlo todo.

209 según una leyenda del Padma-Purana, Chandra, esposo de las veintisiete hijas de Daksha, se desinteresaba de todas ellas por Rohini, su favorita. Las hermanas de Rohini, celosas de esta preferencia,, se quejaron a su padre, que en diversas ocasiones se lo reprochó a su yerno, Pero viendo que sus reproches eran inútiles, lo condenó con una imprecación a no tener hijos y a vivir en la languidez y la consunción. Sus mujeres imploraron para él la compasión de Dakha, quien dulcificó la imprecación, que no podía enteramente revocar, y decidió que su languidez, en vez de ser constante, sería periódica. Tal es el origen del crecimiento y decrecimiento de la luna. En astronomía, Rohini es la cuarta casa lunar, formada por cinco estrellas, de las que la principal es Aldebarán.

210 Quizá estaría mejor traducida esta estancia del modo-siguiente: "¿Quién podría no ser aniquilada después de haber provocado la cólera de, aquellos por cuyas maldiciones el fuego ha sido condenado a devorarlo todo, el Océano a rodar aguas amargas y la luna a ver sucesivamente apagarse y reanimarse su luz?"

211 Aquí se hace alusión, probablemente, a un rasgo de la historia de Viswamitra. Mientras que este santo se entregaba a las más rígidas austeridades para elevarse a la dignidad de Bracmán, un rey llamado Trisankú se dirigió a él para

conseguir ser transportado al cielo con su cuerpo. Viswamitra se lo prometió; comenzó con este objeto un sacrificio, y por el poder sobrenatural que le había dado su devoción hizo subir al cielo a Trisankú. Pero Indra no quiso recibirlo y lo precipitó a tierra de cabeza; entonces, furioso, Viswamitra, como otro Pradjapati, creó por el poder de sus austeridades en la región del sur a siete nuevos Rishis y otras constelaciones (Nakshatras) y amenazó crear otro Indra y otras Divinidades. Entonces los Dioses, asustados. consintieron en que Trisankú se quedara en el cielo rodeado de las constelaciones nuevas (Ramayana, I, capítulo LX).

212 A estos hijos se les llama Murdabhishikta, Machya. y Karana. El empleo del primero (hijo de un Bracman y de una Chatrya) es enseñar a conducir un elefante, un caballo o un carro y servirse de las armas; la profesión del segundo (hijo de un Chatrya y de una Vaisya) es enseñar la danza, la música y la astronomía; la profesión del Karana (hijo de un Vaisya y de una Sudra) es servir a los príncipes.

213 Nishada, nacido de un Bracmán y de una Sudra. (Véase est. 8.)

214 El orden directo de las seis clases es el siguiente: el Suta, el Magadhal el Vedeha, el Ayogava, el Kshattri y el Chándala.—El Chándala, uniéndose en el orden inverso (es decir, subiendo sucesivamente de la clase de los Kshattris a la de los Sutas) a una mujer de cada una de las cinco clases que preceden a la suya, puede engendrar cinco hijos diferentes; el Kshattris, casándose igualmente con una mujer de cada una de las otras clases puede engendrar cuatro hijos; el Ayogava, igualmente, en el orden inverso, puede engendrar tres; el Vedeha, dos; el Magadha, uno; en total, quince hijos. Casándose en el orden directo, como por ejemplo, el Suta con una mujer de cada una de las cinco clases que siguen a la suya, etc., engendran otras quince hijos.

215 Es decir, nacidos del matrimonio de un Bracmán con una Chatrya y de la unión de un Chatrya con una mujer de la clase comerciante.

216 El Cunchú y el Magdú han nacido de un Bracmán en una mujer Vedehi y en una mujer Ugra.

217 Debe duplicarse este número de años si se trata de un Catrya. triplicarse si de un Vaisya, cuadruplicarse si de un Sudra.

218 Yodjana, medida de distancia igual a cuatro krosas que a ocho mil codos o cuatro mil yardas por kosa o kos, hacen exactamente nueve millas inglesas. Otros cálculos no dan al yodpana sino cinco millas y aun cuatro millas y media.

219 Sanhita, colección de plegarias, himnos e invocaciones de un Veda.

220 Debe duplicarse la penitencia o el asesino debe sufrir la pena de muerte.

221 Nirriti, divinidad que preside a sudoeste.

222 Vata es uno de los nombres de Vayu o Maruta, Dios del viento.

223 Gurú ,también llamado Vriaspati, es el regente del planeta Júpiter.

224 Vahmi es uno de los nombres de Añi, Dios del fuego.

225 Puruhuta es uno de los nombres de Indra, rey del cielo.

226 Pavaka quiere decir purificador; es uno de los nombres de Añi.

227 Especie de garza o de chorlito.

228 Especie de grulla.

229 Es decir, que da un saco de piel por haber matado a una Brahmani; un arco tratándose de una Chatrya, etc.

230 El que ha cometido el crimen de bestialidad con una vaca debe hacer durante Un año la Pradjapatya.

231 Es decir, que no han sido iniciados, que no han recibido el sacramento de la investidura del cordón; la comunicación de la Savitri es una parte esencial de esta ceremonia.

232 Estas ofrendas son ocho, acompañadas cada una con una plegaria especial; según otra explicación, se arroja al fuego para estas ofrendas ocho pedazos de leña.

233 El primer día de la quincena iluminada come el penitente un bocado, y aumenta cada día su alimento de manera que el día de la luna llena come quince bocados; a partir del primer día de la quincena obscura que sigue, disminuye su alimento de un bocado, de manera que ayuna completamente el décimoquinto día, que es el de la luna nueva.

234 Rudras, semidioses que, según la leyenda, han nacido de la frente de Brahama. Estos Rudras son: Adjekapada, Ahivradhana, Virupaksha, Sureswara, Djayanta, Vahurupa, Tryyambaka, Aparadjita, Savitra y Hara. Este último es el mismo Dios Siva, que desempeña un papel tan importante en los poemas mitológicos y los Puranas, donde se le representa como igual a Brahama. Entre los Rudras, Hara es el principal. (Véase el Bhagavad-Gita, cap. X, est. 23.)

235 Adytas, Dioses que reinan sobre cada mes del año y que son personificaciones distintas del sol. Se dan diferentes listas de ellos; la siguiente está sacada del Narasinga-Purana: Bhaga, Ansú, Aryama, Mitra, Varuna, Savitri, Dhatri, Vivaswat, Twashtri, Pusha, Indra y Vishnú. Este último es el más importante de los Adytas. Véase el Bhagavad-Gita, cap. X, est. 21.

236 Vasus, ocho dioses comprendidos bajo esta denominación, que son: Dhava, Dhruva, Soma (regente de la luna). Vishnú, Anita (el viento), Anala (el fuego), Prabhusha y Prabhava.

237 Estos tres mundos son la tierra (Prithivi), la atmósfera (Antariksha) y el cielo (Swarga).

238 Kotsa o Vasishtha son los Rishis o autores inspirados de varios himnos y plegarias de los Vedas.

239 Los Upanishads.

240 La palabra danda significa a la vez autoridad, mando y bastón.

241 O según otra interpretación, estas almas, cuando se disuelve el cuerpo, con el que han sufrido las penas del infierno, entran a los elementos groseros, a los que se unen para tomar de nuevo un cuerpo y volver al mundo.

242 El magdú es un pájaro de mar.

243 El elapaka es un pájaro desconocido; su nombre significa bebedor de aceite.

244 Pájaro desconocido.

245 Especie de cuclillo (cucutus-melano-leucus). Los indios creen que este pájaro no satisface su sed sino con agua de lluvia durante la caída de esta agua a través de los aires.

246 Ulkamukha significa cuya boca es como un blandón.

247 Wihsreyasa es el sinónimo de Moksha; estas dos palabras significan la beatitud final, el estado del alma libertada del cuerpo y que se reúne para siempre al Alma universal.

248 Mimansa, uno de los sistemas filosóficos de los indios.

249 Nirukta, uno de los Vedangas, glosario que encierra la explicación de las palabras oscuras que se encuentran en los Vedas.

250 Estos Genios dé las ocho regiones o puntos cardinales son: Indra, Añi, Yama, Nerita, Varuna, Vayu, Kuvera e Ysa.

251 Vishnú, nombrado uno sola vez en el Texto de Manú, no es aquí, sin duda, sino un Dios secundario, quizás uno de los doce Adityas que lleva este nombre. Los Puranas hacen de Vishnú un Dios superior a Brahama.

252 Hara, uno de los once Rudras.

253 Mitra, uno de los doce Adityas.

254 Nota agregada por William Jones a su traducción.

255 Kratú, Vrisraspati, Parasara y Narada son santos varones a quienes los indostanes les atribuyen códigos de ley que existen todavía en su totalidad o en parte. Véase el prefacio del Diges of Hindu Law on contracts and successions,

256 Krishna es el Dios Vishnú encarnado.

ÍNDICE ANALÍTICO

Versículos relativos a:

ABLUCIONES, DEBERES ESPIRITUALES Y PRECEPTOS ALUSIVOS A LA OBEDIENCIA.—Libro II: versículos 58, 60 a 62, 68 a 75, 109, 112 a 117, 164 a 224, 229, 241 a 249.—Libro II: versículos 1 a 3, 67, 121, 122, 127 a 129, 202 a 222, 258 a 261, 266 a 285.—Libro VI: versículos 70 a 72.—Libro VII: versículos 78, 80, 217.—Libro XI: versículos 27 a 30, 33, 36, 38 a 44, 224, 225.—Libro XII: versículos 85 a 94.

ADULTERIO.—Libro VIII: versículos 352 a 362, 371, 372, 375 a 377, 379. 382 a 385.—Libro IX: versículos 20, 58, 63.— Libro XI: versículos 59, 102 a 105, 176.—Libro XII: versículo 60.

ASCETISMO, PURIFICACIÓN, PENITENCIAS, EXPIACIONES.—Libro V: versículos 57 a 146.—Libro VI (todo).—Libro XI (todo).

BRACMANES (Los).—Libro I: versículos 31, 92 a 105, 109. Libro II: versículos 20, 31, 36, 37, 38, 40, 44 a 46, 58, 62, 65, 78, 118, 122, 126 134 135, 138 a 145, 150, 155, 157 a 159, 162, 163, 166, 190, 241, 242, 249.—Libro III: versículos 93 a 98, 102, 103, 109, 122 a 130, 132 a 135, 142.—Libro IV: versículos 1 a 217, 255 a 260.—Libro V: versículos 2 a 56, 81, 83, 86, 99, 101, 159.—Libro VI (todo).—Libro VII: versículos 82 a 85, 133 a 136.—Libro VIII: versículos 9 a 11, 37, 38, 89, 102, 104, 112, 113, 124, 267, 268, 270 272, 276, 282, 283, 314, 325, 338, 340, 341, 349, 359, 375, 378 a 381, 383, 385, 391 a 393 407, 411, 412.—Libro IX: versículos 45, 66, 85, 86, 87, 149 a 155, 229, 232, 235, 237; 241, 244, 245, 248, 317, a 323, 334, 335.—Libro X: versículos 1 a 3, 8, 10 a 12, 15, 21, 28, 41, 43, 62, 64, 65, 66, 73 a 78, 81 a 83, 92, 101 a 113 117, 122 a 125.—Libro XI: versículos 1 a 8, 242, 261, 262.—Libro XII: versículos 48, 55 a 57, 71, 82, 104, 109 a 126.

CLASES SOCIALES.—Libro I: versículo 31.—Libro X (todo).

COSMOGONÍA.—Libro I: versículos I a 28, 31.

DERECHO.—Libro I: versículos 107, 108, 110.—Libro II: versículo 18.—Libro VIII (todo).—Libro IX (todo).—Libro X: versículos 115, 117.

DETERMINACIÓN DE LÍMITES.—Libro VIII: versículos 245 a 266.

FALTA CONTRA EL PUDOR.—Libro VIII: versículos 352 a 385.—Libro IX: versículos 235, 237.—Libro XI: versículos 58, 59, 61, 102 a 106, 170 a 174, 179, 251.— Libro XII: versículo 73.

GEOGRAFÍA.—Libro II: versículos 17, 19, 21, 22,

HISTORIA NATURAL.—Libro I: versículos 43 a 43.—Libro II: versículos 88 a 92.—Libro VIII: versículos 246, 247.

JUEGOS DE AZAR.—Libro IX: versículos 220 a 228, 258.

JURAMENTOS.—Libro VIII: versículos III a 116.

LADRONES, ROBOS, VIOLENCIAS, PILLAJES.—Libro VIII: versículos 302, 310, 314 a 351.—Libro IX: versículos 235, 257, 260, 269 a 278, 293.—Libro X: versículo 45.—Libro XI: versículos 19, 26, 49, 57; 161 a 168, 250.—Libro XII: versículos 60 a 67, 69.

MATRIMONIO.—Libra II: versículo 67.—Libro III: versículos 4 a 66.—Libro VII:

versículo 77.—Libro VIII: versículos 204, 205, 224, 227.—Libro IX: versículos 4, 6 a 16, 20 a 30, 47, 85, 86 a 103, 196 a 200, 203, 238.—Libro X: versículos 5 a 41.—Libro XI: versículos 1, 60.

METEMPSICOSIS (Transmigraciones de las almas), RECOMPENSAS A LOS VIRTUOSOS EN LA OTRA VIDA.—Libro I: versículos 28 a 30, 50, 117.—Libro III: versículos 104, 110.—Libro VI: versículos 61, 63.—Libro VII: versículo 86.—Libro XI: versículo 26.—Libro XII (todo).

MORAL.—Libro I: versículos 33, 34, 82 a 86, 89, 90, 104, 110.—Libro II: versículos 1 a 13, 69, 93 a 100, 118, 154 a 156, 161 a 163, 178 a 181, 225 a 228, 231 a 240.¡ Libro IV: versículos 226 a 249.—Libro VI: versículos 57, 59, 60, 66, 68, 72, 92.—Libro VII: versículos 2, 13 a 35, 39, a 42, 44 a 53, 90 a 93, 99, 100, 104, 111, 124.—Libro VIII: versículos 14, 40, 41, 43 a 46, 307 a 313, 317, 318.—Libro IX: versículos 231, 243, 249, 251 a 255.—Libro X: versículos 42, 63.—Libro XI: versículos 53 a 70, 229 a 233, 236 a 241.—Libro XII: versículos 5 a 7, 30 a 38, 52.

MUJERES.—Libro II: versículos 213, 214, 240.—Libro V: versículos 146 a 169.—Libro VIII: versículos 7, 68, 226, 352 a 386.—Libro IX: versículos 1 a 30, 46, 56 a 103, 145 a 200, 283.—Libro X: versículos 5 a 41, 47, 64.—Libro XI: versículos 5, 36, 172, 176, 177, 183 a 188.—Libro XII: versículo 69.

PENAS, CASTIGOS, MULTAS.—Libro VIII: versículos 119 a 130, 138, 191, 194, 198, 202, 213, 215, 219, 220, 223 a 225, 230, 232, 235, 240 a 244, 267 a 300, 322, 333, 336, 337 341, 354, 363, 367, 368, 369 373, 375, 376, 378, 383, 384, 392, 393, 397, 399, 400.—Libro IX: versículos 213, 229, 234, 236, 237, 240, 242, 244, 248, 262 a 293.—Libro XI: versículo 21.

PESAS, MEDIDAS.—Libro VIII: versículos 131 a 137.

PLEGARIAS, SACRIFICIOS, OFRENDAS, CEREMONIAS RELIGIOSAS. Libro II: versículos 15, 16, 23, 26 a 29, 78 a 87, 101 a 108, 143.

PRECEPTOS MILITARES (Guerras).—Libro VII: versículos 70 a 76, 87 a 98, 101 a 109, 160, 164 a 176, 181 a 201.—Libro X: versículo 119.

REYES Y CHATRYAS (Guerreros).—Libro VII (todo).—Libro IX: versículos 243 a 315, 324.—Libro X: versículos 79, 95, 118, 119.—Libro XI: versículos 4, 18, 21, 23, 73, 100.— Libro XII: versículo 46.

COMERCIANTES E INDUSTRIALES.—Libro VIII: versículos 397 a 404.—Libro IX: versículos 325 a 334.—Libró X: versículos 79, 98, 120.—Libro XI: versículo 69.

SOBRE LOS HIJOS.—Libro IX: versículos 31 a 56, 121 a 195.—Libro X: versículos 6 a 41.

SOCOLOGÍA.—Libro I: versículos 87 a 91.—Libro II: versículos 24, 30, 67, 110, 111, 119 a 139, 145 a 149, 161.—Libro III: versículos 99 a 101, 105 a 120, 124, 125, 136 a 141, 144 a 192, 223 a 257.—Libro IV: versículos 250 a 252.—Libro VII: versículos 54 a 69, 80, 81, 110, 114, 115 a 132, 137 a 163, 177 a 180, 216, 222 a 226.—Libro VIII (todo).—Libro X. versículos 46 a 62, 81 a 100, 116.

SOBRE EL PROPIO CÓDIGO DE MANÚ.—Libro I: versículos 102 a 107.

SUCESIONES.—Libro IX: versículos 103 a 220.

ULTRAJES.—Libro VIII: versículos 266 a 278.

LA CRÍTICA LITERARIA

Todo sobre literatura clásica, religión, mitología, poesía, filosofía...

La Crítica Literaria es la librería y distribuidor oficial de Ediciones Ibéricas, Clásicos Bergua y la Librería-Editorial Bergua fundada en 1927 por Juan Bautista Bergua, crítico literario y célebre autor de una gran colección de obras de la literatura clásica.

Nuestra pagina web, LaCriticaLiteraria.com, es el portal al mundo de la literatura clásica, la religión, la mitología, la poesía y la filosofía. Ofrecemos al lector libros de calidad de las editoriales más competentes.

Leer los libros gratis online
www.LaCriticaLiteraria.com

La Crítica Literaria no sólo esta dedicada a la venta de libros nacional e internacional, también permite al lector la oportunidad de leer la colección de Ediciones Ibéricas gratis online, acceso gratuito a mas que 100.000 páginas de estas obras literarias.

LaCriticaLiteraria.com ofrece al lector un importante fondo cultural y un mayor conocimiento de la literatura clásica universal con experto análisis y crítica. También permite leer y conocer nuestros libros antes del adquisición, y tener la facilidad de compra online en forma de libros tradicionales y libros digitales (ebooks).

Colección La Crítica Literaria

Nuestro nueva **"Colección La Crítica Literaria"** ofrece lo mejor de los clásicos y análisis de la literatura universal con traducciones, prólogos, resúmenes y anotaciones originales, fundamentales para el entendimiento de las obras mas importantes de la antigüedad.

Disfrute de su experiencia con nosotros.

www.LaCriticaLiteraria.com

www.ingramcontent.com/pod-product-compliance
Lightning Source LLC
LaVergne TN
LVHW040039090426
835510LV00037B/204